Christel Deutsch • Auf sanften Schwingen zur Gesundheit

Christel Deutsch

AUF SANFTEN SCHWINGEN ZUR GESUNDHEIT

Bach-Blüten • Homöopathie • Edelsteine

Aquamarin Verlag

Deutsche Originalausgabe
1. Auflage 1999
© Aquamarin Verlag
Voglherd 1 • D-85567 Grafing

Umschlaggestaltung: Annette Wagner
Druck: Ebner Ulm
ISBN 3-89427-126-4

INHALT

Vorwort 7

Kapitel • Angst 9
    Aspen (Espe) 10
    Cherry Plum (Kirschpflaume) 15
    Mimulus (Gefleckte Gauklerblume) 21
    Red Chestnut (Rote Kastanie) 27
    Rock Rose (Gemeines Sonnenröschen) 30
    Agrimony (Odermennig) 37
    Elm (Ulme) 41
    Larch (Lärche) 48
    Walnut (Walnuß) 54

Kapitel 2 • Liebe und Vertrauen 59
    Gentian (Bitterer Enzian, Herbstenzian) 60
    Gorse (Stechginster) 65
    Heather (Heidekraut) 70
    Holly (Stechpalme) 78
    Chicory (Blaue Wegwarte) 84
    Pine (Die schottische Föhre) 92
    Rock Water (Quellwasser) 98
    Vervain (Eisenkraut) 104
    White Chestnut (Roßkastanienblüte) 109

Kapitel 3 • Dienst, Verständnis und Lebensfreude 115
    Beech (Rotbuche) 116
    Centaury (Tausendgüldenkraut) 121
    Impatiens (Drüsentragendes Springkraut) 128
    Mustard (Wilder Ackersenf) 135
    Oak (Eiche) 140

Olive (Olive) 148

Water Violet (Sumpfwasserfeder) 153

Wild Rose (Heckenrose) 159

Willow (Weide) 165

Hornbeam (Hainbuche) 171

Kapitel 4 • Lernen, Entscheiden, Erlösung 177

Scleranthus (Einjähriger Knäuel) 178

Wild Oat (Wald-Trespe/Hafergras) 183

Chestnut Bud (Kastanienknospe) 189

Clematis (gemeine Waldrebe) 196

Cerato (Bleiwurz) 204

Star of Bethlehem (Goldiger Michstern) 211

Vine (Weinrebe) 217

Crab Apple (Holzapfel) 224

Sweet Chestnut (Edelkastanie) 230

Honeysuckle (Geißblatt) 238

Nachwort 244

Bibliographie 246

VORWORT

Als ich Anfang der neunziger Jahre, nachdem ich mich bereits lange Zeit in meiner Heilpraktiker-Praxis mit den Wirkweisen der Bach-Blüten beschäftigt hatte, vom Bach-Center Hamburg eine Lehrerlaubnis erhielt, habe ich mich, angesichts der Verantwortung, noch einmal intensiv mit jedem einzelnen Blütenwesen befaßt. Durch die Tätigkeit festigte sich meine Überzeugung, daß jede Blütenpersönlichkeit in der Lage ist, eine tiefsitzende Blockade, und sei sie noch so ungewöhnlich, aufzulösen. Dabei sind Geduld und Einsicht seitens des Patienten unbedingt erforderlich. In den Seminaren und Arbeitskreisen, die ich mit großer Freude leite, zeigte sich, daß alle Blütenwesenheiten viele Facetten aufweisen, die in ihrer Vielfalt immer wieder neu zu überraschen vermögen. In den vielen Arbeitsjahren festigte sich die Erkenntnis, daß durch die Auswahl, die zwischen den achtunddreißig "good fellows of the fields" des Dr. Edward Bach zu treffen ist, und obwohl die Zahl im Gegensatz zu anderen, später entwickelten Blütentherapien begrenzt erscheint, dennoch das Heilmittel für alle seelischen Erkrankungen und Disharmonien, die selbstverständlich Auswirkungen auf die körperliche Symptomatik haben, gefunden werden kann. Da die Menschen in der heutigen Zeit im Gespräch miteinander weitgehend gehemmt sind, was den Berater und Therapeuten im sicheren, schnellen Auffinden des geeigneten Heilmittels einschränkt, habe ich mir erlaubt, außerhalb der klassischen Anweisungen durch den Arzt Edward Bach, jede Blüte noch in Bezug zu Farbe, Ton und Edelstein (Mineral) zu setzen. Dies möge, außer den physischen und psychischen Merkmalen der jeweiligen Befindlichkeiten, dem Behandler als weiterer Wegweiser dienen. Um die Einblicke in die Blütenwesen zu erleichtern, habe ich die achtunddreißig Bach-Blüten in vier Gruppen aufgeteilt:

I. Angst

II. Liebe und Vertrauen

III. Dienst, Verständnis, Lebensfreude

IV. Lernen, Entscheiden, Erlösung

Hierbei kann nicht zu streng unterschieden werden, weil die Themenkreise miteinander verflochten sind. Beim aufmerksamen Studieren und Einfühlen werden die Unterschiede, seien sie auch noch so subtil, bald klar und einsichtig.

Um aber dieses Wissen in ein Können umzusetzen, bedarf es der Übung, deren oberstes Gebot Nächstenliebe heißt. So ermuntere ich die, welche sich meiner Lehrtätigkeit anvertraut haben, und so möchte ich auch den interessierten Leser ermutigen. Denn: „Wir sind alle Heiler, und mit Liebe und Gefühl in unserem Wesen vermögen wir auch jedermann zu helfen, der sich wirklich nach Gesundheit sehnt. Suche nach den herausragenden Konflikten im Patienten, gib ihm die Arznei, die ihm helfen wird, jenen bestimmten Fehler zu überwinden und dazu allen Zuspruch und soviel Hoffnung, wie du aufbringen kannst, dann wird die Heilkraft in ihm den Rest von selbst vollbringen."

(Edward Bach)

KAPITEL 1

ANGST

„Alle Angst muß ausgelöscht werden.
Sie sollte in der menschlichen Seele niemals
vorhanden sein und nistet sich nur dann ein,
wenn wir unsere Göttlichkeit aus den Augen verlieren."
(Edward Bach)

1. Aspen
2. Cherry Plum
3. Mimulus
4. Red Chestnut
5. Rock Rose
6. Agrimony
7. Elm
8. Larch
9. Walnut

ASPEN (ESPE)
- *POPULUS TREMULA* -

Die *Espe* zittert, selbst an fast windstillen Tagen. In der christlichen Überlieferung heißt es, daß das Kreuz Christi aus Espenholz gefertigt war. Aus der Erinnerung an dieses Ereignis zittert der Baum noch heute.

Aus dieser Natur des Baumes heraus erkannte Dr. Bach seine Anwendungsmöglichkeit. Der Baum symbolisiert eine verborgene, unbekannte Angst, so als ob Schlimmes geschehen werde, ohne daß man sagen könne, was dies sei.

Die Heilkraft der *Espe* wurde von Bach 1935 entdeckt. *Aspen* gehört zu den zweiten neunzehn Heilpflanzen, die er fand. Alle Pflanzen oder Blüten dieser zweiten Serie sind von spiritueller Natur und wirken auf einer anderen Ebene als die ersten neunzehn Heiler. Dazu schrieb Edward Bach im Juli 1935: „Es besteht kein Zweifel daran, daß diese neuen Heilmittel auf einer anderen Ebene als der bisherigen wirken. Sie sind spiritueller und verhelfen uns dazu, das Höhere Selbst in jedem von uns zu entwickeln, das die Macht besitzt, alle Ängste, Schwierigkeiten, Sorgen und Krankheiten zu überwinden."

In seiner hellsichtigen Kenntnis der Zukunft sagte Bach, die *Espe* bringe Kräfte auf die Erde, die in jedem von uns vorhanden seien, ohne daß wir es allerdings wüßten. „Angesichts des Todes und im Angesicht einer Realität jenseits unserer normalen Sinne fühlen wir häufig diese Kräfte."

Der *Aspen*-Typ schreckt nachts mit innerer Panik, wildem Herzklopfen oder heftigem Zittern aus dem Schlaf hoch. Diese Symptome nimmt er wahr und fragt sich verwundert, weshalb sie da sind. Seine vagen Antworten könnten lauten: „Mir ist nicht geheuer." oder „Ich habe kein gutes Gefühl." oder „Ich denke manchmal, daß jemand bei mir ist." Ihn bewegt also eine Angst vor einer Art Gespenstern, er kann zum Beispiel nicht schlafen, weil er Angst hat, überfallen zu werden. In geschlossenen Räumen überkommt ihn zuweilen eine unerklärliche Beklemmung, wobei er seiner dunklen Ahnungen nicht Herr zu werden vermag. Dem Therapeuten kann er für seine ängstlichen Gefühle keine logische Begründung liefern. Gibt es für eine derartig nebulöse Angst eine Erklärung?

Die geistige Struktur des Menschen besteht aus dem Bewußten, dem Unterbewußten und dem Unbewußten. Zu den beiden zuerst genannten Ebenen haben wir Zugang, das Unbewußte ist uns unbekannt. Wir erhalten jedoch von ihm, sozusagen aus der kosmischen Dimension, der wir entstammen, durch Träume, Symbole oder Intuitionen Mitteilungen.

Wir müssen nun bestrebt sein, diese Botschaften in eine für uns erkennbare Form umzusetzen, um uns ihres Inhaltes bewußt zu werden und dann bemüht zu sein, danach zu leben. Nur so vermögen wir zweifelsfrei den Sinn unseres Lebens zu erfüllen, den allein das Göttliche in uns kennt. Das bedeutet aber nicht, blindlings gemäß dieser entschlüsselten Mitteilungen zu leben. Die "göttlichen" Symbole müssen in menschliches Verständnis gewandelt werden, und dies beinhaltet eine Auseinandersetzung zwischen den unbekannten Gefühlswahrnehmungen und dem Verstand.

Nun gibt es zwischen Bewußtem und Unbewußtem einen Übergangsbereich, den wir als das Unterbewußtsein bezeichnen. Hier liegen verschiedene Mitteilungen, die entweder aus dem Bewußten verdrängt oder aus dem Unbewußten noch nicht völlig aufgestiegen sind. Denken Sie jetzt bitte an eine Nebelbank, in der Sie vereinzelt Umrisse eines Gegenstandes erahnen, die aber plötzlich von den Nebelschwaden wieder verschluckt werden. Im allgemeinen grenzen wir uns gegen das Nebelhafte und Unklare ab, soweit dies nach unseren Erkenntnissen möglich ist. Wir müssen uns sogar abgrenzen, um mit klarer Sicherheit unseren Lebensweg gehen zu können.

Die Menschen, deren Bewußtsein zu wenig Konturen aufweist, können nun zwar Mitteilungen aus dem Unterbewußten empfangen, sind aber nicht in der Lage, sie in eine deutliche Nachricht umzusetzen, die dann der Realität des Lebens angepaßt werden muß. Diese nicht verarbeiteten Träume, Gefühle und Wahrnehmungen verursachen einen inneren Stau, der dann eine unerklärliche Angst verursacht. Hier haben wir den *Aspen*-Menschen vor uns.

Der *Aspen*-Typ fühlt sich seinen vagen Gefühlen nicht gewachsen, beziehungsweise der Wahrheit, die in ihnen verborgen liegt. Er weiß, daß sich die Notwendigkeit zur Handlung ergibt, wenn die undeutlichen Empfindungen mit Hilfe der Vernunft zur Erkenntnis werden. Daraus können sich zwangsläufig Veränderungen ergeben, die unangenehm sind, sobald jene notwendigen Konsequenzen gezogen werden. Folglich sperrt sich der *Aspen*-Typ mit seiner schwachen Persönlichkeitsstruktur gegen seine Einsichten, wodurch er wie in einer Art Betäubung lebt. So wandelt sich die klare Angst vor einem bestimmten Schritt, die letztlich jeder Mensch verspüren kann, in eine unklare Angst, die den Menschen aus dem Untergrund, aus dem Unterbewußten tyrannisiert.

Der *Aspen*-Mensch betrügt seinen Verstand mit willkürlichen Erklärungen. Er schließt z.b. aus dem seltsamen Verhalten eines anderen, daß er verhöhnt, betrogen oder gar umgebracht werden soll. Wetterfühligkeit wird unter Umständen zur Vorahnung auf (manchmal sogar willkommenes) Unglück. Beziehungswahn, Verfolgungswahn und eine absurde Neigung zu Okkultismus sind häufig Anzeichen für einen leidenden *Aspen*-Menschen.

Dieser Patient hat für seine Empfindungen viele Erklärungen bereit, die alle eine Gemeinsamkeit zeigen: Sie sind nicht nachprüfbar für den Therapeuten und erfordern vom Leidenden keine Einsichtigkeit. Der erfahrene Behandler wird sich dies zum Maßstab machen, um *Aspen* zu erkennen. Wie aber ist einem solchen Menschen zu helfen?

Die Bach-Blüte *Aspen* vermittelt die Verbindung zwischen Gefühl und Verstand. Es genügt für eine menschliche Existenz nämlich nicht, nur mit Gefühl und Sensibilität auf alles zu reagieren. Aus dem Wahrgenommenen muß eine sinnvolle Form geschaffen werden, die sowohl unserer Gefühls- als auch unserer Verstandesebene Rechnung trägt. Nur so kann der Mensch seinem Leben eine Richtung geben und vor allem den Sinn seines Daseins erkennen.

Den positiven Ausdruck von *Aspen* finden Sie, nach Dr. Bach, bei Menschen, die ohne Angst sind, weil sie wissen, daß hinter allem die universelle Kraft der Liebe steht. Dieses "Vertrauen" kommt in dem alten chinesischen Sprichwort zum Ausdruck: „Angst klopfte an die Tür, Vertrauen öffnete, und niemand war draußen."

KÖRPERLICHE *ASPEN*-SYMPTOME

Bei vegetativer Dystonie, Magenbeschwerden, nervösen Herzbeschwerden, Kreislaufschwäche oder Wetterfühligkeit mit *"Star of Bethlehem"* mischen. Mißhandelte Kinder sollten ebenfalls mit dem *Star of Bethlehem* versorgt werden. Neigung zu Ohnmachten, der Patient entzieht sich dadurch der unangenehmen Realität. Nächtliche Unruhe, spricht zuweilen im Schlaf, Schlafwandler, Angst, die von Übelkeit und Erbrechen begleitet wird. Schüttelfrost., z.T. ohne erkennbare Ursache. Paranoide Vorstellungen, die bis in die Selbstmordgefahr führen.

SEELISCHE *ASPEN*-SYMPTOME

Zwangsvorstellungen und Alpträume. Häufig wird die Angst vor der Angst beschrieben. Angst vor Dunkelheit, religiöse Ängste, Angst vor Tieren, die aber gar nicht da sind, unbestimmte Ängste, archetypische Visionen, Drogen-Horrortrip, Angst vor Geistern und Ichschwäche. Starkes Interesse für Magie und Mystik. Angst vor Mißhandlungen (nicht konkret!). Ein Kind will nicht im Dunklen schlafen. Angst vor Schlangen (nicht konkret). Grundlose Angst vor Strafe. Unterliegt Täuschungen und kündigt häufig seinen Tod an. Fürchtet ständig, überfallen zu werden. Überflutet von Ideen und Gedanken. Verfolgungsangst, Angst vor Vergewaltigung, leidet unter erschreckenden Wahnvorstellungen.

HOMÖOPATHIE

Aconitum (Echter Sturmhut)
Arsenicum album (Weißarsen)

Belladonna (Tollkirsche)
Cannabis indica (Haschisch)
Phosphorus (Gelber Phosphor)
Stramonium (Stechapfel)
Diese sechs Mittel haben mit *Aspen* die Angst vor eingebildeten Dingen gemeinsam.

Phosphor und *Opium*, getrockneter Milchsaft des Schlafmohns als Mittel gegen Schlafwandel. *Phosphor* ist ebenfalls gegen vage Ängste und plötzliche Ohnmachten einsetzbar.

Aconitum kündigt seinen eigenen Tod an.

*Sepia (*Tintenbeutel des Tintenfisches). Leidet häufig unter quälenden Ängsten, ohne eine Ursache nennen zu können.

FARBE

Bei genauerem Hinsehen hat die *Aspen*-Blüte innen eine purpurrote Farbe. Auch bezüglich der Farben haben die Blüten häufig eine weitere oder bestätigende Bedeutung.

Purpur ist eine Schwingung gegen Angst und tiefe Depressionen. Sie symbolisiert Kampf, Tat, Handlung, Aktivität und vermittelt physische Geborgenheit, Lebensfreude und körperliche Vitalität. Außerdem beinhaltet sie Lebensenergie, Stärke, Autorität und Führungsqualitäten,

Nach Wolf-Dieter Storl und Mechthild Scheffer ("Die Seelenpflanzen des Edward Bach") steht *Aspen* unter dem Einfluß des Merkur. Dieser Planet wird als "untersonnig" eingestuft. Heilpflanzen, die "wässerige" Krankheiten heilen, also Erkrankungen der Harnwege, Rheuma, Gicht oder auch gestörte Lebersäfte, werden von jenen Planeten bestrahlt. Denken wir aber an das Purpurrot, das die unscheinbare graue Blüte aufflammen läßt, oder an die Farbe, deren Schwingung Kraft zu Konfrontation und Lebensenergie vermittelt, so scheint es durchaus gerechtfertigt, hier dem Mars eine Dominanz zuzugestehen.

TON

Die Schwingungsfrequenz von Rot harmoniert mit dem Ton "C" .

EDELSTEIN

Im Hinblick auf seine Wirkung im seelischen Bereich sei der *Rhodonit* als entsprechender Stein vorgeschlagen. Von ihm sagt man, daß er seinem Träger hilft, seine Kräfte zu erkennen, was es ihm erleichtert, Veränderungsprozesse zuzulassen, die für seine Selbstverwirklichung nötig sind. Er ist gut gegen geistige Verwirrung und Unruhe und beruhigt bei ängstlichen Vorahnungen. Wer den *Rhodonit* trägt, wird seine ausgleichende Wirkung schätzen lernen.

AFFIRMATION

Ich bin Teil des Kosmos; und als Teil des Ganzen bin ich geliebt und geborgen.

CHERRY PLUM (KIRSCHPFLAUME)
- PRUNUS CERASIFERA -

Im März 1934 verließ Edward Bach den Ort Cromer, um in irgendeinem stillen Dörfchen ein kleines Haus zu finden. Schließlich entdeckte er, in Sotwell, im Themse-Tal, ein Häuschen -"Mount Vernont"- das er zunächst mieten konnte und welches er später erwarb.

Im Verlaufe des Jahres 1934 - zwei Jahre vor seinem Tod - wurde für Bach zur Gewißheit, daß er nach weiteren Heilblüten suchen mußte. Ihm war bewußt, daß es innerhalb der Unterscheidung von zwölf signifikanten Seelenzuständen noch feinste Differenzierungen gab. Die von Edward Bach benannten zwölf disharmonischen Seelenzustände heißen:

1.Furcht

2.Entsetzen, Panik

3.Geistige Qual oder seelischer Kummer

4.Unentschlossenheit

5.Gleichgültigkeit oder Gelangweiltsein

6.Zweifel oder Mutlosigkeit

7.Überbesorgtheit

8.Schwäche

9.Mangel an Selbstvertrauen

10.Ungeduld

11.Gefühlsüberschwang

12.Stolz und Unnahbarkeit

Während Bach seine ersten 19 Heilblüten durch Intuition oder geistige Hinweise, wie z.b. Träume, gefunden hatte, sollte die Entdeckung der letzten 19 Blüten für ihn jeweils mit ungeheuren Qualen verbunden sein. Er wußte im voraus um seinen Leidensweg, dem er sich mit hohem Mut unterwarf, um seine Lebensaufgabe vollkommen erfüllen zu können. Nora Weeks erinnert sich: „Im März 1935 entdeckte er die erste Heilpflanze der neuen Serie - die Kirsch-Pflaume (*Cherry Plum*). In den Tagen vor dieser Entdeckung hatte er unter einer schweren Stirnhöhlenentzündung, qualvollen Schmerzen im Bereich der Wangenknochen und außerordentlich starkem Dauerkopfschmerz gelitten. Die Schmerzen waren von solcher Intensität, daß er in seiner Verzweiflung schon fast glaubte, er werde den Verstand verlieren. Er wußte, daß er auf der Schwelle zur Entdeckung des zur Behandlung dieses Zustandes geeigneten Mittels stand. Eines frühen Morgens ging er hinaus, um die entsprechende Pflanze zu finden. Unterwegs fiel ihm plötzlich eine mit den weißen Blüten der Kirsch-Pflaume übersäte Hecke ins Auge. Er pflückte einige der blühenden Zweige ab und nahm sie mit nach Hause.

Der Charakter dieser Pflanze ist von harter und zäher Beschaffenheit, denn im März hat die Sonne noch nicht dieselbe Kraft wie später im Jahr. Deshalb entschloß sich Bach, die blühenden Zweige im kochenden Wasser auf dem Herd eine Zeitlang "ziehen" zu lassen. Und so geschah es. Er ließ die Zweiglein eine Stunde lang sieden. Als die so gewonnene Flüssigkeit abgekühlt war, goß er sie durch ein Sieb und nahm dann einige Tropfen davon ein. Fast unverzüglich schwanden seine seelischen Qualen und zugleich auch seine körperlichen Beschwerden. Am nächsten Morgen fühlte er sich wieder vollkommen gesund."

Sehen wir uns nun *Cherry Plum* näher an: Die Kirsch-Pflaume gehört zu einer großen Familie von kleinen blühenden Bäumen, den Rosengewächsen. Diese enthalten viel adstringierenden, Giftstoffe ausflockenden Gerbstoff. Diese botanische Eigenart läßt sich ohne weiteres für *Cherry Plum* auf den seelischen Bereich übertragen. Der Baum wird zwischen sechs und acht Metern hoch, kann aber auch zu Hecken gestutzt werden. Er wächst wild und weist eine mattbraune Rinde auf. Zunächst, etwa von Februar bis April, erscheinen die Blüten, danach die leuchtend grünen Blätter. Diese Blüten sind schneeweiß, fünfblättrig und tragen zahlreiche goldgelbe Staubgefäße. Im allgemeinen weist die Kirschpflaume keine Dornen auf, was sie unter anderem auch von der Schlehe unterscheidet, die erst nach *Cherry Plum* blüht und einen schwarzen Stamm hat, weshalb sie auch Schwarzdorn heißt.

Die Farbe der Bach-Blüten weist immer auf ihre Qualität als Heilmittel hin. Alle Blüten gegen Angst zeigen beispielsweise eine dynamische Farbe, die eine helle Kraft widerspiegelt. Symbolisch steht Weiß dem Absoluten, dem Anfang wie dem Ende, sowie deren Vereinigung nahe. Priester tragen wegen der Geist- und Lichtsymbolik der Farbe häufig weiße Gewänder. Engel und Heilige werden meist weißgewandet dargestellt. In der Bibel heißt es, die Verklärung Christi beschreibend: „Seine Gewänder wurden weiß wie Schnee." So dürfen wir Weiß als Farbe des Lichtes, der Reinheit und der Vollkommenheit betrachten.

Vor diesem Hintergrund wird uns die Heilkraft von *Cherry Plum* deutlich. Diese Blüte schenkt uns Ruhe, Gleichgewicht und Kontrolle über jede Situation. Sie löscht unsere Verzweiflung und ordnet Ver-rücktes. Die Kirschpflaume lenkt unsere aufgebrachten Sinne zu einem friedlichen Ort, wo jeglicher Wahn, der uns befallen hat, ausgleichenden und harmonisierenden Kräften weichen muß.

Es gibt manchmal Situationen in unserem Leben, die uns so sehr bedrohen, daß unser Geist in Gefahr gerät, in Abgründe zu stürzen, wir kaum noch die Balance halten können und bereits beginnen, uns vor unseren möglichen Reaktionen zu fürchten. Die Qualen, welche jene seelischen Turbulenzen verursachen, können so unerträglich werden, daß uns der Tod als einziger und erstrebenswerter Ausweg erscheint. Dies ist der Zeitpunkt, da wir zu *Cherry Plum* greifen müssen, denn es ist dringend geboten, wieder Kontakt zu unserem Höheren Selbst zu finden. Die Blüte der Kirschpflaume vermittelt unserer Seele die Botschaft von Frühling und Sonne, ihre Farbe verheißt Verzeihen und Versöhnung. Und so lautet der göttliche Gruß dieser Bach-Blüte: „Der Friede sei mit dir und mit deinem Geiste."

KÖRPERLICHE *CHERRY PLUM*-SYMPTOME

Die Blätter als Tee wirken darmreinigend und harntreibend. In der ayurvedischen Medizin wird aus den Knospen der Blüte ein Stärkungsmittel gewonnen.

Kopfschmerzen, Sinusitis und Otitis-Media werden schnell geheilt. Immer bei überstarken Schmerzen einsetzen!! Die Augen sind starr und offen. Rehabilitation nach Suchtkrankheiten. Der Patient schlägt mit dem Kopf an die Wand, Nervenzusammenbruch. Begleitmittel bei Morbus Parkinson. Während pubertärer Depression. Stottern unter Anspannung, verzögerte körperliche Reaktionen aufgrund von Schreckerlebnissen. Nierenversagen durch unterdrückten Sexualtrieb, Dysmenorrhoe, Fluor albus. Zähneknirschen bei Aggressionen, läßt im Wahn Stuhl und Urin unter sich. Autoaggressives Verhalten. Bettnässen als wütender Protest, besonders bei Kindern.

SEELISCHE *CHERRY PLUM*-SYMPTOME

Übermächtige Angst vor sich selbst. Angst, die Kontrolle zu verlieren. Angst, den Verstand zu verlieren. Unterdrückte innere Wut, die zu Überreaktionen führen kann. Besessen von Furcht, destruktiven Gedanken und Vorstellungen. Angst vor der eigenen Entwicklung, Examensdepression, zwanghaftes Fragen (Gegensatz *Cerato*: aus Unsicherheit und mangelnder Intuition), schreckliche Gedanken (z.B. jemand ermorden zu müssen), gelegentlich geschwätzig (vor Angst!) redet dabei hastig und viel, wiederholt sich. Angst vor der Heilanstalt, Angst vor Nervenzusammenbruch. Suizidgefahr (dann immer mit dem *Star of Bethlehem*), unterliegt Täuschungen und halluziniert. Erleidet unkontrollierten plötzlichen Wutausbruch. Der Patient ist angespannt und zerstreut. Schizophrene Schübe durch exzessives Meditieren. Beherrscht von der Angst, innerlich loszulassen.

HOMÖOPATHIE

Viele Mittel stehen in Bezug zu *Cherry Plum*, insbesondere jedoch die folgenden:

Stramonium (Stechapfel) - Obszön, läßt Urin unter sich, gewalttätig.

Hyoszyamos (Bilsenkraut) - Nicht so gewalttätig, kann aber von Ideen besessen sein.

Cenchris (Mokkassinschlange) - Angst vor der Heilanstalt.

Lachesis (giftige Grubenottern)

Mancinella (Manganeel-Apfel)

Pulsatilla (Kuhschelle) - Angst vor einer Geisteskrankheit.

Calcium carb. (Kohlensaurer Kalk) - In der akuten Phase der Angst, wahnsinnig zu werden.

Belladonna (Tollkirsche) - Ebenso die Angst, wahnsinnig zu werden.

Da der *Cherry Plum*-Typ sich häufig, wenn er zur Behandlung kommt, in einer akuten, kritischen Phase befindet, gibt es einige Ergänzungsmittel, die je nach ihrer sorgfältigen Auswahl eingeordnet werden müssen und dann in einer höheren Potenz (z.B. C 30) begleitend gegeben werden können. Dazu gehören:

1. *Buforana* (Krötengift)
2. *Catharis* (Spanische Fliege)
3. *Murex* (Purpurschnecke)
4. *Origanum* (Süßer Majoran)
5. *Phosphorus* (Gelber Phosphor)
6. *Platinum Metallicum* (Platin)
7. *Staphisagria* (Samen von Stephanskraut)
8. *Tarantula* (spanische Tarantel)

Klassische Homöopathen werden möglicherweise bei ihren Patienten, die *Cherry Plum* benötigen, auch noch auf andere Mittel stoßen, die ähnliche Schwingungsmuster aufweisen, da die vorgegebenen Mittel nur eine Auswahl und Anregung darstellen.

Wie bei allen Bach-Blüten, so läßt sich auch bei *Cherry Plum* ein Bezug zu einem oder zwei Planeten herstellen. Eine besondere Einwirkung übt die Venus aus. Eine andere, aber schwächere Beziehung besteht zum Mond. Wenn man die Verwirrungszustände und die Krankheitszeichen, die aus unterdrückter Sexualität entstehen, betrachtet und gleichzeitig um die spezielle Heilkraft dieser Blüte weiß, kann an ihrer Korrespondenz zu Venus und Mond nicht gezweifelt werden.

EDELSTEIN

Kieselsäure (*Silicea*) hat die Eigenschaft, das Licht anzuziehen und das Böse auszutreiben. Der Edelstein, der ganz aus Kieselsäure besteht, ist der Bergkristall. Wie die Blüte *Cherry Plum* vertreibt er Krampf, Spannungen und disharmonische Schwingungen. Amerikanische Indianer geben ihren Toten einen Bergkristall mit, da dieser das göttliche Licht in sich trägt, wie sie annahmen. Dadurch, so glaubten sie, habe er die Kraft, die Seele in den Himmel zu ziehen. In Nordirland und Teilen Schottlands nennt man den Bergkristall auch "godstone" – d.h. Gottesstein.

TON

Man könnte das hohe "C" als den angemessenen Klang bezeichnen. Nachdem alle Schattierungen der Tonleiter durchlaufen sind, findet die Skala im hohen C einen reinen, hellen Endton.

Es ist die Blüte *Cherry Plum*, die uns ein wiederzugewinnendes Urvertrauen verheißt. Mit diesem erwächst uns dann der Mut, Altes und Erschreckendes loszulassen, um uns in eine Metamorphose zu begeben, die uns am Ende als das Wesen hervorbringt, das wir in unserem Ursprung waren und in unserer Ewigkeit sein werden.

AFFIRMATION

Als Kind Gottes begebe mich in den Frieden meines Vaters.

MIMULUS (GEFLECKTE GAUKLERBLUME)
- *MIMULUS GUTTATUS* -

Dr. Edward Bach bezeichnete die Gefleckte Gauklerblume, sein *Mimulus*, ausdrücklich als Mittel gegen Angst. Er fand sie 1930, fast gleichzeitig mit dem zart malvenfarbenen *Impatiens,* an den Ufern der Usk.(Beide Pflanzen blühen selbstverständlich auch an anderen Flußufern.)

Wir haben in *Mimulus* ein Mittel gegen Ängste unbekannten Ursprungs, die aber für den Betroffenen durchaus ein Gesicht und einen Namen haben. Es sind die Ängste vor weltlichen Dingen wie Schmerz, Armut, Krankheit und Unfällen sowie vor dem Unvermögen, den Alltag auf großen Plätzen, in engen Räumen, in fahrenden Zügen, Bussen, Autos, Flugzeugen, in Gesellschaft oder allein zu bestehen. Das blockierte *Mimulus* ist die Angst des Körpers, die sich benennen läßt und sich so von der namenlosen Furcht des Geistes, welche die Bach-Blüte *Aspen* kennzeichnet, unterscheidet.

Mimulus-Angst kann zu Nervosität führen, weil sie an der Lebensenergie zehrt, welche wir im täglichen Leben für alle Gedanken- und Willensvorgänge benötigen. Hier berührt *Mimulus* das *Impatiens*, dessen innere Unruhe aus der Hast und der Sorge geboren ist, die Lebensaufgabe wegen irgendwelcher Versäumnisse zu verpassen. Wie hat Edward Bach sein *Mimulus* charakterisiert? „Gehörst du zu jenen, die sich fürchten vor Menschen oder Umständen? Die sich tapfer zeigen, obwohl ihnen Furcht die Lebensfreude raubt? Furcht vor Dingen, die nie passieren, vor dem Morgen, und was er bringen mag, vor dem Kranksein oder Verlust eines Lieben, vor Konventionen und hundert anderen Dingen? Würdest du dich gerne für deine Freiheit einsetzen, hast aber nicht den Mut, dich aus deinen Bindungen zu lösen? Dann wird dich die Gauklerblume vom Ufer des klaren Baches freimachen, dein Leben zu lieben und dich zärtliches Mitgefühl für andere lehren." Es ist die Angst vor der Realität, die den *Mimulus*-Patienten erfaßt hat - in unserer heutigen Zeit ein immer häufiger auftretendes Symptom, dessen Ursache letztlich im um sich greifenden Materialismus und der "Gott-Losigkeit" des einzelnen zu suchen ist. Diese Angst hätte keinen Platz in dem natürlichen Reich der Menschen, wie Dr. Bach sagt: „Da das Göttliche in uns, unser wahres Selbst, unbesiegbar und unsterblich ist, hätten wir, wenn wir dies erkennen könnten, als Kinder Gottes nichts, vor dem wir uns fürchten müßten." Diese Angst vor unserer heutigen Realität ist es auch, die die geheime Wurzel der zunehmenden Suchterkrankungen ist, denn, wie Thorwald Dethlefsen sagt: „Fliehen und suchen sind zwei Tätigkeiten des Menschen, die eng miteinander verknüpfte seelische Beweggründe haben. Der Fliehende entzieht sich den Realitäten, weil sie ihm unbequem sind - dies im günstigsten Fall - oder weil sie ihn bedrohen und somit ängstigen. Diese Flucht bedeutet die Suche nach einem neuen Ziel, nach einem Ort der Geborgenheit - bedeutet auch immer die Suche nach dem eigenen inneren Wesen." Alle, die berufen sind zu helfen, sollten sich darüber im Klaren sein, daß sie sich bemühen müssen, jenen, die sich ängstigen, klarzumachen, warum sie Angst haben. Edward Bach hinterließ eine hilfreiche Anleitung: „Die heutige Welt ist voller Menschen, die Angst davor haben, das Gehäuse ihrer Selbstgewißheit zu durchbrechen und deswegen in ihrer kleinen Welt gefangen bleiben. Die Ursache dieses Verhaltens ist die Angst vor einem Selbstverlust, und diese Furcht verhindert jegliches Wachstum und jedes wahre Wissen. In der heutigen Zeit reicht es nicht aus zu sagen: „Hab keine Angst" oder „Sei nicht krank." Vielmehr muß man den Menschen erklären, warum sie Angst haben und weshalb sie krank sind - und ihnen ein Gegenmittel geben. Wir wissen jetzt um die Ursachen von Krankheit, und wir kennen die von der göttlichen Vorsehung zur Besserung unserer Fehler und zur Heilung unseres Körpers bestimmten Pflanzen. Deshalb ist es nun an der Zeit, den Menschen zu zeigen, warum sie krank sind und sie an das zur Überwindung der Angst geeignete Heilmittel zu erinnern, das in ihnen selbst liegt. Eine körperliche Erkrankung ist ein materielles Geschehen, Angst hingegen hat ihren Ursprung im Gemüt. Organische Erkrankungen lassen sich deshalb mit Hilfe physikalischer Mittel der höchsten Ordnung behandeln. Und genau wie die Kräuter den Körper und das Gemüt aufrichten, so bereitet der nächste Heilungsschritt unser Gemüt auf die spirituelle Vereinigung vor und ermöglicht uns somit die Steuerung unseres ganzen Lebens im Geiste unseres göttlichen Ursprungs. Im Grunde genommen ist Gier die Ursache organischer Erkrankungen und Angst der Auslöser psychischer Leiden. Und er richtet sich noch einmal besonders an die Heiler: „Seid aufmerksam und wach, damit Ihr keine Gelegenheit zu lernen versäumt und imstande seid, anderen zu helfen, denn nachdem Ihr suchend und wachsam durch die Welt gegangen seid, werden die ruhigen Augenblicke kommen, da Euch die Antwort auf Eure Fragen plötzlich von innen her zuteil wird. Ihr werdet Eure Schwierigkeiten nicht in der Welt beilegen können, aber nachdem Ihr Eure Umgebung sorgfältig studiert und in Ruhe nachgedacht habt, seid Ihr für die Erleuchtung bereit, die von innen kommt. Das Wissen, das man sucht, um anderen zu helfen, begründet sozusagen ein Anrecht auf dieses Wissen. Und zugleich sollt Ihr in der Welt ganz ruhig Ausschau halten und suchen - unermüdlich. Das innere Wissen kommt in unerwarteten Augenblicken des Friedens und der Stille ganz ohne Zwang zu Euch - in Momenten, da der Geist mit anderen Dingen befaßt ist. Ihr sucht mit den Sinnen und mit den Kräften Eures Gemüts,

23

aber die Antwort kommt aus der Tiefe Eurer Seele zu Euch. Und genauso hat die Schwalbe gelernt, über den Ozean zu fliegen."

KÖRPERLICHE *MIMULUS*-SYMPTOME

Asthma, vegetativ bedingte Herzrhythmusstörungen, Verdauungsbeschwerden, wie plötzliche Durchfälle (er macht sich vor Angst in die Hosen), Gastritis durch Streß. Schwierigkeiten mit dem Gehör (er verschließt die Ohren), Konjunktivitis (er möchte nicht hinschauen), Augen tränen häufig (die Seele weint vor Angst). Häufig überdeckt er seine Angst mit Redseligkeit. Handschweiß, ein signifikantes Merkmal, Abwehrschwäche, Schluckbeschwerden ohne organische Ursache, Verkrampfungen im Hals und Kehlkopfbereich. Er stottert vor Angst, besonders Kinder.

SEELISCHE SYMPTOME VON *MIMULUS*

Angst vor dem Alleinsein, Angst vor Dunkelheit, Angst um die eigene Gesundheit. Er will seine Angst verschweigen (ist dann aber bedrückt im Gegensatz zum *Agrimony*-Typ, der sich fröhlich gibt), Angst vor Tieren, vor der Zukunft, vor Kälte und Nässe, vor großer Hitze, Angst vor schweren Krankheiten. Begründete Existenz-Angst. Die Gegenwart anderer Menschen laugt aus. Das Baby weint morgens grundlos (nach Hackl). Er läßt sich beherrschen, um keine Verantwortung übernehmen zu müssen. Er scheut Diskussionen und Auseinandersetzungen, ist lärm- und lichtempfindlich, leidet unter Lampenfieber und Examensängsten. Angst vor Schlangen ist ausgeprägt. Der Mensch ist oft medial veranlagt. Er braucht seinen Schlaf. Herauszuheben ist die Angst, tot umzufallen. Das Kind schläft nicht im Dunkeln. Der Mensch errötet dauernd, ist übervorsichtig und entscheidungsschwach. Er lacht nervös, wo nichts zu lachen ist (wie *Agrimony)* und fühlt sich häufig ausgeschlossen.

HOMÖOPATHIE

Phosphorus (gelber Phosphor) - ängstlich, empfindlich gegen äußere Eindrücke, besorgt um sich selbst bei Krankheit, Angst v. Gesprächen, vor Gewittern, vor Dunkelheit.

Causticum Hahnemanni (Ätzstoff ohne Kalium) – Übervorsicht.

Acidum hydrofluoricum (wässrige Flußsäure)

Hepar sulf. (Kalkschwefelleber)

Chamomilla (röm. Kamille)

Lycopodium (Sporen von Bärlauch) - Angst vor Schmerzen und Leiden.

Acidum hydrofluoricum (wässrige Flußsäure)

Acidum nitricum (Salpetersäure)

Arsenicum alb. (Weißarsen)

Calcium carb. (Kohlensaurer Kalk) - Angst vor unheilbaren Krankheiten, Angst um die Gesundheit.

Psorinum (Nosode aus Krätzebläschen) - Krebsphobie.

Acidum nitr. (Salpetersäure) - Angstneurose.

Natrium mur. (Kochsalz) - Angst vor Herzerkrankungen.

EDELSTEIN

Häufig setzt man gegen Ängste den *Zitrin* ein. Er ist ein gelber Quarz, ein eisenhaltiger Bergkristall. Sein goldenes Licht bringt Zärtlichkeit in unseren Solarplexus und wird uns so helfen, unsere Lektion zu lernen, die uns das blockierte *Mimulus* aufgibt: Mitleid im rechten Maß und Mitgefühl zu entwickeln. Wenn empfindsame Menschen den *Zitrin* tragen, wird er ihnen eine schützende Hülle vermitteln, und ein Gefühl der Sicherheit und des Vertrauens kann sich entfalten. Dadurch verleiht er dem Träger eine verstandesmäßige Beherrschung seines Gefühlslebens, was dem *Mimulus*-Typus ganz sicher von hohem Nutzen ist. In der Bewältigung der alltäglichen Aufgaben ist er eine kraftspendende Hilfe.

Der *Amethyst* mit seiner besänftigenden Kraft, seiner Gabe, ruhigen Schlaf und angenehme Träume zu schenken, verfügt also über ähnliche Qualitäten wie der *Zitrin* und darf genauso dem *Mimulus*-Patienten zugeordnet werden. Wer sich jedoch zwischen beiden Edelsteinen nicht entscheiden kann (auch typisch für *Mimulus*), möge einen *Ametrin*, gesegnet mit der Heilkraft beider Edelsteine, bitten, ihn zu beschützen.

FARBE

Deutlichen Einfluß auf die Bach-Blüte *Mimulus* hat der Planet Merkur, für den das Eilende, Luftige und somit Sich-Entziehende charakteristisch ist. Seine Farbe ist das Orange mit seiner Fähigkeit, physische Energie mit geistiger Kraft zu kombinieren. Die Farbe verleiht körperliche und geistige Vitalität mit einer Mischung aus Lebensfreude, Lebenskraft und Wissen. Sie löst Verspannungen und stärkt unsere Atmung. Unterstützt von dieser Farbschwingung und *Mimulus* wird sich der Mensch bald in einer Atmosphäre der Freude und Wärme befinden und so seine Eierschale verlassen können, um in die Welt des Lichtes hinauszugehen, wo ihn nichts mehr hindert, die spirituelle Wahrheit zu finden und aufzunehmen.

TON

Der korrespondierende Ton zu Orange ist das „E".

AFFIRMATION

Ich bin im Licht, und an mich kann nur heran, was auch im Licht ist.

RED CHESTNUT (ROTE KASTANIE)
- AESCULUS CARNEA -

Edward Bach weist *Red Chestnut* folgende Indikation zu: „Für diejenigen, die es nicht lassen können, sich um andere zu sorgen. Oftmals haben sie aufgehört, sich um sich selbst zu kümmern, aber mit den Menschen, die ihnen nahestehen, leiden sie sehr stark mit und haben häufig Angst, daß ihnen etwas zustoßen könnte."

Centaury und *Red Chestnut* haben eine Seelenverwandschaft. *Centaury* kann nicht nein sagen, wird zum Sklaven. *Red Chestnut* ist aus Sorge blockiert.

Die rote Kastanie ist um 1820 in England das erste Mal aufgetaucht. Sie ist wahrscheinlich eine zufällige Kreuzung der Roßkastanie (Aesculus hippocastanum) mit einer hellrot blühenden Kastanie (Aesculus pavia) aus Kalifornien. Der Baum wird ca. zehn bis fünfzehn Meter hoch und ist in jeder Hinsicht kleiner als die Roßkastanie. Die Frucht der roten Kastanie ist bitter und ungenießbar. Die Blüten sind rosarot, signalisieren liebevolle Kraft (rosa) und dynamische Lebendigkeit (rot).

KÖRPERLICHE *RED CHESTNUT*-SYMPTOME

Für Mütter, die die Zeit zum Abstillen nicht wahrhaben wollen. Undefinierbare Bauchschmerzen, Kopfdröhnen, Tinnitus, Atemnot. Lähmungen, Übelkeit, Herzrhythmusstörungen, durch offene oder verdeckte Ängste um andere Menschen. Tumoren der Brust, Warzen, Stauungen im Pfortaderbereich, Schmerzen der Lendenwirbelsäule, Schulter-Arm-Syndrom, Nackensteifigkeit. Stimmverlust tritt auf, spontan aus Angst, auch z.B. bei Lampenfieber.

SEELISCHE *RED CHESTNUT*-SYMPTOME

Zur Abschirmung für Therapeuten; Angst um andere; selbstvergessenes

Aufopfern. Der Patient erwartet Unannehmlichkeiten und Schlimmstes für andere und leidet, dabei kennt er keine Angst um sich selbst und übersieht eigene Körpersignale, die eine Warnung vor Krankheit sein können. Er identifiziert sich mit anderen so stark, daß er mitleidet, wodurch er hilflos wird. Das Mittel für Krankenschwestern und Pflegende. Er ist der Schwarzseher; die Kassandras der Weltgeschichte. Im Hinblick auf das Wohl anderer ist er äußerst pessimistisch. Häufiges Zeichen ist mentale Starrheit. Sie können sich von ihren Schreckensbildern kaum erholen, weil bereits die nächsten Ungeheuer lauern.

HOMÖOPATHIE

Causticum (Ätzstoff von Kalium) - ist wohl das treffendste Mittel. Bei *Causticum* sind die Beschwerden häufig durch Sorgen verursacht. Der Patient magert aus Kummer ab. Schwindende Kräfte, Stimmbänder, Schluckmuskeln und Zunge sind in Mitleidenschaft gezogen, ebenso wie Sehnen, Gelenke und Muskeln. Charakteristisch ist Rauheit, Wundheit und Brennen, das sich in der brennenden Sorge um andere bei *Red Chestnut* widerspiegelt. Der große klassische Homöopath Nash gibt als Leitsymptom bei *Causticum* „ein Schwinden der Kräfte mit Zittern" an und „melancholische Stimmung, Traurigkeit, Hoffnungslosigkeit - pflegt alles von der schwärzesten Seite anzusehen". Auch hier kann eine Hochpotenz von *Causticum* die Einnahme von *Red Chestnut* endgültig beenden, falls eine Therapie über längere Zeit mit *Red Chestnut* nicht den gewünschten Erfolg bringt.

Verlustängste mögen der geheime, verdeckte Urbeweggrund für die Ängste des *Red Chestnut*-Patienten sein. In einer sorgfältigen homöopathischen Exploration können auch z.B. folgende und andere Homöopathika herausfallen:

Arsenicum (Weißarsen)
Phosphorus (gelber Phosphor)
Pulsatilla (Küchenschelle)
Sulfur (sublimierter Schwefel)

Barium carbonicum (Bariumcarbonat)

Dulcamara (Bittersüß)

Aethusa (Hundspetersilie) (nach Monnica Hackl)

Selbstverständlich muß jedesmal, das sei immer wieder ausdrücklich betont, sorgfältig repertorisiert werden, ehe wir eine Blüteneinnahme mit einem homöopathischen Mittel einleiten, beenden oder auch begleiten.

FARBE

Die Blüten geben uns den Hinweis auf die Farben "Rot" und "Rosa". Rot vermittelt Leben, Lebensenergie und Stärke und fördert unsere Führungsqualitäten. Wer im rechten Sinne lenkt und führt, darf sich nicht von düsteren Visionen einholen lassen, darf sich nicht Ängsten hingeben, seien sie begründet oder unbegründet, da ein überlegtes Handeln, ein sachliches Betrachten der Realität dann nicht mehr gegeben ist. Im Rosa erkennen wir die Zärtlichkeit der Venus. Wenn wir sanft behüten und zärtlich lieben, werden wir unseren Nächsten in eben dieser Liebe und Zärtlichkeit sicher wissen. Rosa wird seinem Träger dann ein Gefühl der Sicherheit verleihen.

TON

Die Farben Rosa und Rot der *Red Chestnut*-Blüte erlauben eine Oktave des „C".

Red Chestnut steht unter starkem Einfluß des Planeten Mars, der das Eisen, das männliche Prinzip (Yang) symbolisiert und zugleich Ausdruck für das Positive, das Helle, den Himmel ist. Durch diese Betrachtung wird uns noch einmal die schützende Kraft des Blütenmittels *Red Chestnut* bewußt, es verhilft zur Anbindung an den eigenen Himmel, der für uns Quelle helfender Energie ist.

EDELSTEIN

Der *Heliotrop* oder *Blutjaspis* ist ein grüner Stein mit roten Punkten. Er schenkt Umsicht und Weisheit, Idealismus, Mitgefühl und Selbstlosigkeit.

Seinen Träger schützt er vor Gift und Verwundungen: „Wer da aber verletzt ist, dem stillt er das Blut." (Hildegard von Bingen)

Auch sie wußte um die vielfältige Heilkraft des *Jaspis*. Am deutlichsten stellt sich der Bezug zu *Red Chestnut* wohl in dieser Aussage der heiligen Hildegard dar: „Wer im Traum Blitzen und Donnern erlebt, für den ist gut, wenn er einen *Jaspis* (hautnah) bei sich hat, weil ihn dann die Phantasiegebilde und teuflische Betrügereien fliehen und sich verlieren."

AFFIRMATION
Ich lasse los und vertraue auf die Führungskraft, die in jedem Leben wirkt.

ROCK ROSE (GEMEINES SONNENRÖSCHEN)
- HELIANTHENUM NUMMULARIUM -

Eine der wunderbaren Blüten mit ihrem besonderen Geheimnis ist das "gemeine Sonnenröschen" - Dr. Bachs *Rock Rose*. Die deutsche Bezeichnung verfehlt um Weiten die wahre Bedeutung und das wirkliche Wesen dieser Blüte. Der oberflächliche Betrachter kann dadurch leicht in die Irre geführt werden oder sich allein von der plakativen Beschreibung "gegen panische Ängste" leiten lassen. Darum wollen wir uns zunächst der lateinischen Bezeichnung "*Helianthenum nummularium*" zuwenden.

Der erste Teil des botanischen Namens "*Helianthenum*" leitet sich vom griechischen Wort "Helios" (die Sonne) ab. Die lateinische Vokabel für Münzen "numisma" steckt im Adjektiv. "Sonnenmünze" oder "Sonnentaler" wäre demnach eigentlich die korrekte Bezeichnung. Untersuchen wir diesen Begriff und die damit verbundene Bedeutung genauer. Die Sonne ist bei allen Völkern dieser Erde eines der wichtigsten Symbole. Viele Hochkulturen früherer Zeiten, z.B. die ägyptische, griechische, chinesische, japanische, indianische und keltische, verehrten die Sonne als Gott. Manchmal wird sie heute dargestellt als Verkörperung des Lichtes und damit zugleich als Symbol der höchsten kosmischen Intelligenz, der Wärme, des Feuers - des lebenspendenden Prinzips. Ihr täglicher Auf- und Untergang war und ist Verheißung von Leben und Auferstehung - ihr Lauf durch das Jahr mag für viele das Rad der Wiedergeburt verkörpern. Und weil die Sonne alles und alle mit ihrem Licht bescheint, setzt sie uns hier auch ein Fanal der göttlichen Liebe, die keine Auswahl trifft - ist ein Zeichen göttlicher Gerechtigkeit, die in der Schöpfung waltet, auch wenn die Menschen mit ihrem begrenzten Verstehen manchmal glauben, sie hätten keinen Teil an ihr. Der weise bulgarische Lehrer Omraam Mikael Aivanhov lebte mit seinen Schülern die meiste Zeit des Jahres in Frèjus in Südfrankreich. In der Zeit vom 2o. März bis Mitte September bestieg er jeden Morgen einen Hügel. Wer wollte - und viele wollten - durfte ihn begleiten, um die aufgehende Sonne mit Gesang und Meditation zu begrüßen. Dieses Ritual war ein wichtiger Teil der Erziehung seiner Schüler. Julian und Martine Barnard beschreiben in ihrem Buch "Das Bach-Blüten Wunder" das gemeine Sonnenröschen mit seiner "verblüffenden Strahlkraft": „Die Klarheit und Helligkeit der Farbe wird von großen, geöffneten, flachen Blütenblättern zur Schau gestellt, die wie die Scheibe einer Münze geformt sind. Auch in der Mitte der Blüte strahlt das Goldgelb in zahlreichen Staubgefäßen."

Ein goldener Taler also sei uns Bachs *Rock Rose*, das im kurzen Gras wächst, trockene, felsige und Kalkböden bevorzugt und dabei einen Lichtteppich bilden kann, der "das reine Sonnenlicht absorbiert und reflektiert".

In der Alchemie entspricht das Gold (das Geld!) der Sonne und wird auch als die Sonne bezeichnet, die im tiefen Inneren der Erde scheint. Was ist nun dieses Gold? Gold war eine Opfergabe, mit Gold schmückte man die Herrscher als Stellvertreter Gottes, die goldene Krone war auch ein Zeichen der Verbindung und Ehrfurcht vor dem Herrn, ein Zeichen des Vertrauens und der Liebe. Der irdische Herrscher war ein Regent von "Gottes Gnaden", das Gold sollte ihn mit den gepriesenen Eigenschaften der Sonne stärken und zugleich seine Verbindung zum Allerhöchsten verdeutlichen.

Konnten die Leute keine Waren tauschen, gaben sie Gold (Geld), als

Zeichen des Dankes. Manchen Liebesdienst erwiderte man durch eine kleine Gabe Goldes und setzte es so als das ein, was es in seinem Ursprung ist, verdichtetes Sonnenlicht, Abbild des Schöpfers, manifestiertes Zeichen Seiner Liebe.

„Vollkommene Liebe löscht alle Angst aus", empfing Eileen Caddy einmal in der Meditation. Vollkommene Liebe ist der tiefe Wesensinhalt der Sonne und des Goldes - ist der erlöste Zustand der Blüten-Essenz *Rock Rose*. Edward Bach empfiehlt die Blüte "für jene, die Angst haben". Er sagt: „Das Heilmittel in Notfällen, ja in allen Fällen, in denen es scheinbar keine Hoffnung mehr gibt. Bei Unfällen, plötzlicher Erkrankung, wenn der Patient sehr erschrickt, große Angst hat oder wenn die Lage ernst genug ist, um den Anwesenden ebenfalls große Angst einzujagen. Wenn der Patient nicht bei Bewußtsein ist, kann man ihm die Lippen mit dem Mittel benetzen. Zusätzlich kann man auch noch andere Heilmittel anwenden, wie zum Beispiel *Clematis*, wenn die Bewußtlosigkeit wie ein tiefer Schlaf scheint, oder *Agrimony* bei qualvollen Schmerzen, usw." *Rock Rose* ist demnach besonders ein Erste-Hilfe-Mittel, es ist in der *Rescue*-Mischung mit den Blüten *Clematis, Impatiens, Cherry Plum* und dem *Star of Bethlehem* enthalten. *Rock Rose* kann aber auch in einer individuellen Mischung gegeben werden, wenn es der Seelenzustand des Patienten erfordert.

Im Frühjahr 1932 reiste Bach, auf Drängen seiner Freunde, wieder nach London. Er wollte sich prüfen, ob er nicht vielleicht doch erneut dort praktizieren könne. Inzwischen hatte er elf wichtige Heilmittel entdeckt, wußte jedoch, daß ihm noch ein entscheidendes Mittel fehlte.

In jener Zeit in London entstand sein Büchlein "Free Thyself", das er im Regent´s Park niederschrieb, wohin er sich zunehmend genervt flüchtete, um dem Großstadtlärm zu entgehen. Aber nach zwei Monaten konnte er den Streß nicht mehr ertragen, und darum reiste er nach Kent, um sich in der weiten Landschaft zu erholen und das ihm fehlende Heilmittel zu finden. Nora Weeks, seine langjährige Assistentin und Lebensgefährtin, erzählt:

„Er wußte, daß diese letzte noch fehlende Heilpflanze eine der wichtigsten sein würde. Denn sie würde ihm die Möglichkeit geben, auch solche Menschen zu heilen, die sich wegen einer akuten Gefahr oder Notlage in einem Zustand äußerster seelischer Bedrängnis befanden. Kurz vor seiner Abreise aus London hatte er ein Erlebnis gehabt, das ihm eindrücklich zeigte, wie groß das Bedürfnis nach einem solchen Heilmittel sei.

Man hatte ihn zu einer Patientin gerufen, die einen plötzlichen Blutsturz erlitten hatte und sich in einem sehr ernsten Zustand befand. Sie war völlig erschöpft und erbrach noch immer Blut, als er zu ihr kam. Sie selbst, aber auch ihre Angehörigen waren in Panik, da niemand wußte, was zu tun sei.

Bach trat an ihr Bett, legte seine Hand auf ihre Schulter und sagte: „Sie werden schon bald wieder gesund sein. Legen Sie sich jetzt ruhig hin und schlafen Sie." Die Blutung war sofort zum Stillstand gekommen, und die Dame hatte dann drei Stunden lang tief geschlafen. Nachdem sie aufgewacht war, hatte sie eine Kleinigkeit gegessen, eine Zigarette geraucht und war dann schon am selben Nachmittag ein Stückchen spazieren gegangen. In solchen Fällen der Verzweiflung, der Panik und akuten Notlage würde ein zur Auflösung von Angst- und Panikgefühlen geeignetes Mittel von unschätzbarem Wert sein, das war Bach nur zu deutlich bewußt.

Seine Fähigkeit, durch Handauflegen zu heilen, war eine ganz persönliche Begabung. Wie gerne hätte er anderen Menschen gezeigt, daß die gleiche Kraft auch in ihnen schlummerte, aber zu jener Zeit hatte er noch nicht die Fähigkeit, dieses zu vermitteln. Es stand jedoch in seiner Macht, ein Pflanzenmittel zu entdecken, das in gleicher Weise wirkt.

Als er wieder einmal nahe Westerham in der Grafschaft Kent die Landschaft durchstreifte, suchte er auch jenes Feld auf, wo er im Vorjahr den Herbstenzian gefunden hatte. Diesmal war der Boden mit den strahlend-gelben Blüten des gelben Sonnenröschens (*Rock Rose*) übersät, und er wußte intuitiv, daß diese Blume das von ihm gesuchte Heilmittel gegen Zustände der Angst und des Schreckens sei. In solchen Augenblicken erfüllte ihn das gleiche innere Wissen, das Musiker oder Dichter zu ihren Kunstwerken inspiriert.

Die aus der Blüte von *Rock Rose* hergestellte Tinktur vervollständigte die Reihe der Pflanzenmittel, die er als "die zwölf Heiler" bezeichnete. Und so kehrte er für die Wintermonate nach Cromer zurück, wo die exzellenten Ergebnisse, die er mit den Heilmitteln erzielte, ihn immer tiefer in dem Glauben an den außerordentlichen Wert seiner Behandlungsmethoden bestärkten."

KÖRPERLICHE *ROCK ROSE*-SYMPTOME

Bei allen Krankheitssymptomen, die den Patienten oder seine Betreuer in Panik versetzen. Bei Blasenbeschwerden, Durchfall, Tobsuchtsanfall, gelegentlicher Geschwätzigkeit, Hitzschlag. Erkrankungen der Nebennieren, im akuten Schockzustand. Körper- und Organfunktionen verzögert durch Schockerlebnisse.

SEELISCHE *ROCK ROSE*-SYMPTOME

Schrecken, Panik, panische Angst durch Alpträume, Schreckensvisionen, Entsetzen. Plötzliche extreme Angst vor Dunkelheit. Todesangst, Hoffnungslosigkeit, Verzweiflung, Angst bei Naturkatastrophen, Übersensibilität. Suizidgefahr.

HOMÖOPATHIE

Opium (getrockneter Milchsaft des Schlafmohns) - völliger Verlust des Bewußtseins, schreckliche Phantasiegebilde (Kennzeichen: rotes, gedunsenes Gesicht).

Aconitum (echter Sturmhut) - Todesangst, Vorahnungen, große Furcht, Schmerzen sind unerträglich, wütendes Reden.

Arnica (Bergwohlverleih) - Angst vor Berührung oder Annäherung, Bewußtlosigkeit - antwortet trotzdem korrekt, fällt aber sogleich wieder in seinen Zustand völliger Unbeweglichkeit. Der Körper ist überempfindlich.

Arsenicum alb. (Weißarsen) - große Angst (mit kaltem Schweiß) vor dem

Tod, Angst, alleingelassen zu werden. Wehrt seine Medikamente ab. Verzweiflung macht ruhelos, Selbstmordtendenzen.

Es sollte nicht vergessen werden, daß jeder Mensch mit einem "goldenen See" in seiner Mitte gesegnet ist. Bei Menschen, die große Angst haben oder unter Schock stehen, verhärtet sich der Solarplexus. Reibt man diese Zone mit ein paar Tropfen *Rock Rose* ein oder massiert sanft mit *Rescue* Creme, gibt es Erleichterung. Bei einer Sterbebegleitung öffnet sich dadurch dem Kranken eine Tür zum Licht. Bisher sind alle meine Patienten, die ich begleiten durfte, auf diese Weise "behandelt" friedvoll hinübergeschritten.

EDELSTEIN

Der *Selenit* ähnelt dem *Bergkristall* in seiner transparenten Klarheit. Er heilt weniger im körperlichen als im seelischen Bereich. Dort erfährt das Bewußtsein eine klare, ungestörte Schwingung, die die Gehirntätigkeit seines Trägers anregt. Licht kommt in die dunklen Gedanken, und der Verstand arbeitet wieder zielgerichtet, was dem Herzen Vertrauen und Frieden schenkt, besonders weil der *Selenit* seinem Besitzer manchmal geheimnisvolle Informationen zukommen läßt, auf die er sich verlassen kann.

FARBE

White Eagle sagt über den "goldenen Heilstrahl", den jeder Heiler visualisieren sollte, wenn es gilt, eine verstörte, müde Seele wieder aufzurichten: „Gold, obwohl verschieden von Gelb und Orange, vereint doch wesentliche Heileigenschaften dieser beiden Farben. Der goldene Strahl schimmert glänzend wie das Metall Gold, nur reiner und leuchtender, gleich purem, gleißendem Licht. Wenn wir von der metallischen Grundsubstanz der Farbe Gold ausgehen und ihr dann eine Form verleihen, indem wir sie uns als einen das Sonnenlicht reflektierenden Stern vorstellen, der auf uns herniederscheint, wird es uns vielleicht gelingen zu empfinden, wie unser ganzes Sein durchflutet wird vom Gold einer Strahlkraft und Heilessenz, die unser Leben erneuert, unser Blut reinigt und stärkt und alle Müdigkeit, Schlaffheit und Energielosigkeit davonschmelzen läßt. Gold ist die hilfreichste Farbe, um unsere Seele wieder aufzurichten, wenn Depressionen sie belasten und Lebensprobleme uns ängstigen, niederdrücken und alle Hoffnung von uns fortnehmen."

TON

Es gibt der Sonne und ihrem Gold keinen Ton zuzuordnen, denn sie hat einen auf und abschwellenden Gesang, der uns Menschenkinder mit ihrer Kraft und Liebe erfüllen sollte.

Edward Bach wußte, daß er mit seinem *Rock Rose*, dessen Essenz selbstverständlich mit der Sonnenmethode gewonnen wird, einen besonders starken Heiler gefunden hatte. Er wußte, daß nichts den Menschen mehr von seinem Schöpfer und dem Bewußtsein der eigenen Göttlichkeit trennen konnte, als die Angst. Darum ermahnte Bach die Menschen: „Alle Angst muß ausgelöscht werden. Sie sollte in der menschlichen Seele niemals vorhanden sein und nistet sich nur dann ein, wenn wir unsere Göttlichkeit aus den Augen verlieren."

AFFIRMATION

„Angst ist mir fremd, denn meine Seele ist unbesiegbar und unzerstörbar."
(Dr. E. Bach)

AGRIMONY (ODERMENNIG)

- AGRIMONIA EUPATORIA -

Wie erkennen wir den *Agrimony*-Patienten? Er ist leicht ablenkbar, braucht Abwechslung, ist ständig aktiv, wir bezeichnen ihn manchmal als "Workaholic". Oft braucht er Alkohol, um nicht hinschauen zu müssen, um sich selbst und seine Situation nicht erkennen zu müssen. Das Alleinsein fällt ihm schwer.

Kennzeichnend ist eine unbewußte Angst. Diese Angst gleicht nicht der *Aspen*-Angst, unter der der Patient bewußt leidet. Bei *Agrimony* ist sich der Betreffende nicht klar, daß er Angst hat. Der *Agrimony*-Typ meidet Konfrontation und Argumentation um des lieben Friedens willen. Nöte äußerer und seelischer Art werden verborgen. (Eine Patientin mit einer Trichterbrust hat das wochenlang vor mir geheimgehalten.) Er ist der Behinderte, der sich nie beschwert, aber stillen Kummer hat. Damit unterscheidet er sich vom *Centaury*-Menschen, der ein bewußtes Opferlamm ist. *Agrimony* ist der ewige Lächler. Ein beliebter Gesellschaftslöwe kann ein *Agrimony* -Fall sein. Zuweilen pflegt er heimliche Laster und lügt bei Nachfrage. Seine Wertschätzung einer gepflegten Fassade bringt einen ausgeprägten Materialismus mit sich. Diese Fassade hält er unter allen Umständen aufrecht, denn wenn er sein Prestige verliert, quält ihn ein übersteigertes Schamgefühl. Da der *Agrimony*-Typ unfähig ist, alleine zu sein, läßt er sich unter Umständen stark auslaugen, wodurch er an Vitalität verliert. Dies Geschehen ist verknüpft mit einer schwachen Willenskraft.

Wenn Sie einem Patienten die Frage stellen, ob er sich vor dem Tod fürchtet und er weist diese Frage fast mit Empörung zurück, haben Sie mit ziemlicher Sicherheit den *Agrimony*-Typ vor sich. In diesem Falle werden Sie nicht einmal belogen, denn ein *Agrimony*-Mensch hat diese Angst so tief verdrängt, daß sie nicht mehr bewußt ist. Sie manifestiert sich nach außen als Rastlosigkeit, die von innerer Unruhe kommt, deren Ursache im Unterbewußten schmort. Wird das Heilmittel *Agrimony* zum ersten Mal eingenommen, kann diese Unruhe vehement ausbrechen. Es ist darum besonders empfehlenswert, in eine solche Mischung *Star of Bethlehem* mit hineinzugeben.

KÖRPERLICHE *AGRIMONY*-SYMPTOME

Die Hilfe bei Diäten, wenn das Durchhalten schwerfällt. Drogen- und Genußmittelsucht, Bulimie. Es bietet besondere Hilfe für Flugpersonal, das durch den ständigen Ortswechsel unter Rastlosigkeit leidet. Dasselbe gilt für Schichtarbeiter, die einen häufigen Zeitwechsel zu verkraften haben. *Agrimony*-Patienten leiden manchmal unter Hautausschlag, die Probleme drängen nach außen. Nervöse Hautirritationen (z.b. eine plötzlich juckende Hand oder juckende andere Körperstellen.) Nägelbeißen, Zähneknirschen in der Nacht, Obstipation können *Agrimony*-Symptome sein und zwar immer dann, wenn Verkrampfungen zu Verstopfung führen. Die Blüte ist eine hervorragende Hilfe bei Unausgeglichenheit während der Pubertät oder während einer unharmonischen Stillphase. Patienten, an denen wir unharmonische und mechanische Bewegungen beobachten, brauchen eventuell *Agrimony*. Halten Sie einen Patient für selbstmordgefährdet - bitte denken Sie an *Agrimony*. Diese Neigung zum Selbstmord ist jedoch sehr versteckt, denn *Agrimony*-Patienten spazieren meist fröhlich in die Sprechstunde, und der Therapeut weiß eine Weile nicht, was sie eigentlich von ihm wollen.

Agrimony ist ein gleichsinniges Partnermittel, was bedeutet, daß dieser Typ nur ausgelebt werden kann, wenn sich der Partner genauso verhält. Beide wollen an der Oberfläche leben. Die Angst, durchschaut oder intim angesprochen zu werden, läßt den *Agrimony*-Menschen fast in Panik geraten, was er durch lautes und schnelleres Reden, Lachen oder plötzliches Witzereißen kaschiert. Wird eine Situation anrührend, wechselt er vielleicht sogar abrupt das Thema. Nun stellen Sie sich vor, daß der *Agrimony* -Typ mit einem Partner zusammenlebt, der offen ist und seine Gefühle verströmen kann und möchte!

Ich habe bei dieser Blüte die körperlichen von den seelischen Merkmalen nicht getrennt. Bei *Agrimony* ist beides allzusehr miteinander verwoben.

HOMÖOPATHIE

Am häufigsten finden wir eine Entsprechung zu:

Lycopodium (Sporen von Bärlapp) und

Nux vomica (Brechnuß) - denen beiden das Zwanghafte zugeordnet ist.

Arsenicum (Weißarsen) und

Phosphorus (gelber Phosphor) - kennt ähnliche Ängste wie der *Agrimony* - Typ, vor allen Dingen können beide nicht alleine sein.

Stellen wir dem *Agrimony*-Patienten - oder besser gesagt, dem Leidenden, von dem wir meinen, er brauche diese Bach-Blüte - das Wesen von Odermennig oder *Agrimony* vor, wird er oft mit einer total ablehnenden Haltung reagieren. Verstehen Sie das recht: Dieser Patient ist sensibel, und so erfaßt er intuitiv, was der erlöste *Agrimony*-Zustand bedeutet. Natürlich packt ihn nun die Angst, ob bewußt oder unbewußt bleibt gleich, die Kontrolle über sich und seine Problematik zu verlieren. Darum empfehle ich nicht nur *Star of Bethlehem* als schlechthin ideale Kombinationsblüte zur Einnahme. Je nachdem wie Sie repertorisieren, bietet sich an:

Agrimony und *Cherry Plum* (wegen der Angst vor überschießenden Reaktionen).

Agrimony und *Walnut*. *Walnut* gibt die innere Kraft, die er brauchen wird, wenn seine Fassade bröckelt. Außerdem ist *Walnut* die Blüte, die den Durchbruch schafft.

Odermennig oder *Agrimony* ist auch ein Lebermittel, eine uralte Heilpflanze, die in der Antike der Göttin Pallas Athene geweiht war. Athene ist die Lieblingstochter des Zeus und seinem Haupt entsprungen. Sie ist die Göttin der Weisheit, des Krieges und des Friedens gleichermaßen. Damit nähern wir uns dem Seelenwesen dieser Bach-Blüte, das uns zum gelassenen Betrachten der Dinge zwischen Himmel und Erde verhelfen kann, das unterdrückte und gehemmte Emotionen klärt und uns die Kraft verleiht, die Fenster und Türen unseres Hauses zu öffnen, weil der Friede mit uns ist. Edward Bach beschreibt *Agrimony* so: „Diese wundervolle Pflanze mit ihrer einer Kirche ähnlichen Spitze und Samen wie Glocken, die zu dem inneren Frieden verhilft, der allumfassendes Verständnis bringt." Ergänzend dazu führen Julian und Martine Barnard an: „Der einzige Lebenssinn, den sogar eine Blume haben kann, besteht darin, geradewegs in die Quelle des Lebens hineinzuwachsen." (Angespielt auf das Bestreben der Pflanze, aus einer kleinen Rosette am Boden die Blüten an einem bis zu einem Meter hohen Stiel in das Sonnenlicht hinein wachsen zu lassen.) Sie schreiben weiter: „Mit seinen tiefen, tentakelartigen Wurzeln und seiner einzigen Blütenspitze zeugt der Odermennig von der einen Richtung des Wachstums, die Frieden bringen und Konflikte lösen kann."

Beginnen sich beim Patienten die Blockaden zu lösen, ist dieser Zustand für den Therapeuten gut ablesbar. Die Veränderung beginnt im Äußeren möglicherweise mit dem sogenannten Wieselzustand (rastloser Bewegungstrieb), Schweißausbrüchen, Weinen oder Lachen ohne Ende.

Wesentliches Ziel der Therapie ist, daß der Mensch eines Tages der Konfrontation, besonders mit sich selbst, gewachsen ist.

FARBE

Gelb ist Bewußtsein weckend, schenkt geistige Vitalität, vermittelt Freude und Leichtigkeit, da die Farbe (auch die Pflanze) einen Sonnenaspekt hat. Gelb vermittelt geistige Wärme und geistige Geborgenheit. Die Farbe wirkt nervenanregend und nervenstärkend und hat einen günstigen Einfluß auf die Verdauungsorgane. Muskelverspannungen und Verkrampfungen werden gelöst.

Mechthild Scheffer schreibt den Planeteneinfluß dem Jupiter zu, Gelb jedoch entspricht nach Christa Muths der Venus mit ihrem Aspekt "Intelligenz". (Hier höhere Intelligenz = Weisheit.)

TON

Korrespondierender Ton zum Gelb ist das "G".

EDELSTEIN

Der Stein mit dem besonderen Aspekt "Frieden" ist der *Aquamarin*. Im Körperlichen wirkt er wie der Odermennig. Im Psychischen fördert er Verständnis und Toleranz und heitert uns auf. Viele Menschen tragen intuitiv den *Aquamarin* gern in kritischen Phasen des Lebens, denn er unterstützt den Menschen in seiner Sehnsucht nach einer heilen Welt, so daß er mutig genug wird, das Seine dazu beizutragen. Der *Aquamarin* ist ein Beryll, der dem Träger hilft, ein sanftes Wesen zu entwickeln, wodurch er einesteils nachgiebig auf seine Umwelt eingehen kann, andererseits aber doch genug Charakterstärke zeigt, um seine intimen Grenzen im rechten Maß zu schützen.

Und meistens ist es so! Hat ein Leidender sich entschlossen, endlich über seine Probleme zu sprechen, ist dies der Zeitpunkt, da bereits Heilung einsetzt.

AFFIRMATION

In mir ist Frieden und Kraft. Ich bin bereit, mich kennenzulernen.

ELM (ULME)

- ULMUS PROCERA -

Bach sagt über dieses Blütenmittel: „Für jene, die gute Arbeit leisten, der Berufung ihres Lebens folgen und hoffen, etwas Wichtiges zu vollbringen, das möglichst zum Wohle der Menschheit sei. Es gibt Zeiten, wenn sie niedergeschlagen sind und das Gefühl haben, die Aufgabe, die sie sich aufbürden, sei zu schwer, und ihre Erfüllung übersteige die menschliche Kraft."

Elm soll uns in der Verantwortung, die unsere Berufung uns gegenüber unseren Mitmenschen auferlegt, die Freude und Zuversicht erhalten. Eine solche Verantwortung brandet zuweilen wie eine Sturzwelle heran, und dennoch müssen wir uns eingestehen, daß das Leben niemals Opfer von uns verlangt, denen wir nicht gewachsen sind. Oft meinen wir, nicht stand- halten zu können, weil unsere Kraft nicht ausreicht. Vorübergehend kön- nen wir uns diesem Eindruck von Schwäche sogar soweit hingeben, daß wir morgens nicht aufstehen möchten, da unser Geist von einer Depressi- on gelähmt ist, die ihn wie eine graue Wolke umhüllt.

Auch Edward Bach war 1935 in einem solchen Zustand, in den ihn das Unverständnis der ärztlichen Kollegenschaft geführt hatte, deren Zustim- mung durch Zweifel an der wissenschaftlichen Richtigkeit seiner Theorien und Praktiken längst der Vergangenheit angehörte. Ein sensitiver Arzt, der die Harmonie zwischen der Seele und ihrem Schöpfer als Basis allen Heiles betrachtete, der bei der Entdeckung seiner Heilmittel und deren Anwen- dung seiner Intuition - und nur dieser - folgte, war vielen obskur und wur- de von den Dienern von Skalpell und Retorte ohne Überdenken und Über- prüfen als Scharlatan eingestuft. Obwohl durch sein Wissen zu hoher Ver- antwortung geführt, mit einem Sendungsbewußtsein erfüllt, das von Men- schenliebe und tiefer Dankbarkeit dem Schöpfer gegenüber geprägt war, glaubte Edward Bach für kurze Zeit, keine Kraft mehr zu haben, dem Zweck seines Lebens und den damit an ihn gestellten Anforderungen Genüge lei- sten zu können. Dieser Zustand muß etwa im Februar/März 1935 seinen Höhepunkt erreicht haben. Zu dieser Zeit blüht nämlich *Elm, Ulmus procera,* wie die englische Ulme heißt, und allein von dieser Ulmenart wird das Blütenmittel mit der Kochmethode gewonnen. Befreit von diesem Gefühl, seinen Aufgaben nicht mehr gewachsen zu sein, inzwischen also im positi- ven Seelenzustand von *Elm*, der uns erlaubt, auch bei schwierigsten Aufga- ben mit Kraft und Freude unserer Berufung nachzugehen, schreibt Edward Bach im Oktober 1936, einen Monat vor seinem Tod, an seine Freunde und Mitarbeiter einen Brief. Er ermahnt und bittet sie, wieder Vertrauen in sich selbst zu fassen, um mit der nötigen Überzeugung die Wahrheit und Erkenntnis zu verbreiten, daß es Heilung gibt für die Kranken und Hoffnung für die Sterbenden. Da dieser Aufruf so wichtig ist, weil er das Grundsätzliche der Lehre von Dr. Edward Bach enthält, soll er hier ungekürzt zitiert werden:

„Ihr Lieben, um euch Schwierigkeiten, Komplikationen, gerichtliche Untersuchungen und weiteres zu ersparen, ist nun die Ärzteschaft angerufen worden, auf daß alles seine Ordnung habe.

Ich habe das Höllenfeuer dieser Zerreißprobe bereits hinter mir und, mein Gott, das war unmißverständlich.

Ihre Anspielungen, ihr Gemurmel, ihre bedeutsamen Blicke, ihre unüberhörbar geflüsterten Bemerkungen, verbunden mit äußerlich scheinbarer Höflichkeit und freundschaftlichen Gefühlen - man erhielt den Urteilsspruch tiefster Hoffnungslosigkeit. Unsere vornehmen Brüder brauchten zwei Tage der Kollaboration, um den einen schwachen Punkt zu finden, an dem sie zustechen konnten; aber für den Glauben an Gott würde man sich niederlegen und es aufgeben.

Aber, meine Mitarbeiter, es hat seinem Zweck gedient. Wollen wir (mit der vollendeten Zuversicht, die wir besitzen) unsere Anstrengungen verdoppeln und verdreifachen, die Botschaft der Hoffnung und Heilungsgewißheit unter den Kranken verbreiten. Nie zuvor hat man die Ehrfurcht empfunden, die vermittelt werden kann durch das, was wir ”Konsultation” nennen; mit unserem Wissen, daß die göttlichen Pflanzen alle heilen können, und daß Gott größer ist als körperlicher Schmerz, und daß Er - bis uns dereinst die Kraft gegeben ist, Ihn kennenzulernen - uns als Ersatz Seine Heilung unserer Unzulänglichkeiten geschenkt hat. Laßt uns alle Konventionalität, alle Regeln, alle Richtlinien ablegen und uns bis an die äußersten Grenzen unserer Kräfte auf die Kreuzfahrt begeben und unsere Mission aufnehmen, den Menschen Hoffnung zu bringen. Geht hinaus in die Welt und lehrt sie, daß verborgen in der Natur die herrlichen Heilmittel liegen, die mächtiger sind als jedes Übel.

Laßt uns unsere Begrenzungen vergessen, unsere Persönlichkeiten oder was wir für unsere Kleinheit halten, und laßt uns erkennen, daß wir auserwählt sind, ausgesuchte Sonderbotschafter, gesegnete Ritter des höchsten Ordens, um dieses Werk des Schreckens niederzureißen, das aus dem be-

43

rufsständischen Denken erwachsen ist, um die Unglückseligen zu verdammen, die Schwachen zu entmutigen und die Ängstlichen zu zermalmen.

Wir wissen, daß die Krankheit nun unter menschlicher Kontrolle ist; sie ist nur eine Prüfung und kann wiedergutgemacht werden, und bis wir einen größeren Weg finden, laßt uns die Wahrheit hinausrufen, daß es Heil gibt für die Kranken und Hoffnung für die Sterbenden."

Die Ulme ist ein schlanker, zwischen zwanzig und fünfundzwanzig Meter hoher Baum, mit feinem Astwerk, das filigran und sensibel wirkt. Sie kann bis zu fünfhundert Jahre alt werden, wenn sie nicht der inzwischen weit verbreiteten Ulmenkrankheit zum Opfer fällt. Gerade als Bach seine Essenz entdeckte, hatte diese Krankheit in England einen epidemischen Höhepunkt erreicht.

Was ist das für eine geheimnisvolle Krankheit, die immer wieder weltweit den Ulmenbestand gefährdet, den Baum aber, der bei aller Eleganz eine intensive Lebenskraft hat, nicht ausrottet? Die Krankheit wurde 1919 erstmals in Holland beobachtet, verursacht durch den Ulmensplintkäfer, der die Bäume mit einem Schlauchpilz infizierte, der sich bald über ganz Europa ausbreitete. Das Pilzmyzel dringt in die wasserführenden Gefäße der Ulme ein, diese werden unter der Einwirkung eines pilzeigenen Toxins verstopft, und die Bäume sterben.

Bevor die Ulme ihre jungen, behaarten Blätter entfaltet, blüht sie mit kleinen rotbraunen Dolden und entwickelt sogar noch vor dem Blattwerk ihre Früchte. Es sind kleine flugfähige Nüßchen, die leicht zum Spiel der Frühlingswinde werden. Alles ist leicht und luftig an diesem Baum, der als ein Kennzeichen des Merkur (Hermes), des geflügelten Götterboten, gelten darf. Aber eben diese luftige Leichtigkeit macht den Baum, der nur in kleinen Gruppen, aber meist allein steht, so verletzbar.

KÖRPERLICHE *ELM*-SYMPTOME
Niedriger Blutdruck, Darmträgheit, Globus hystericus, chron. Obstipati-

on, Lungenkrankheiten, Rheuma, Gicht, Lepra, Hautflechten, andere Hauterkrankungen.

SEELISCHE *ELM*-SYMPTOME

Arbeit liegt wie ein Berg vor einem, man fühlt sich vorübergehend seinen Aufgaben nicht gewachsen, entmutigt durch Schwäche und seelische Erschöpfung. Zeitweilige Konzentrationsschwäche, Gefühl von Versagen und Mißerfolg. *Elm* wirkt schnell, man nennt es auch psychologisches Riechsalz (Monnica Hackl). Plötzliche Unsicherheiten treten auf, schizoide Reaktionen, z.B. nach exzessiver Meditation. Der Patient hält seine Arbeit auf einmal für unzulänglich.

HOMÖOPATHIE

Silicea (reiner Feuerstein)

Argentum nitr. (Silbernitrat) - beide können sich plötzlich in ihrer Arbeit überfordert fühlen.

Calcium carb. (kohlensaurer Kalk) - kann plötzlich nicht mehr mit der gewohnten Arbeit oder der Familie umgehen. Der Aussteiger! Das Mittel ist das große Hahnemannsche Antipsoricum.

In alten Kräuterbüchern bleibt der Hinweis auf die Heilung von Haut, Darm und Stoffwechselerkrankungen durch Ulmus-Tinktur nicht aus. Auch Manfried Pahlow versagt der Ulme nicht ihren Platz in seinem "Großen Buch der Heilpflanzen". Hier ist allerdings von anderen Ulmenarten die Rede, deren Rinde gebraucht wird. Ich denke jedoch, wir dürfen diese Rezepturen getrost auf die *Ulmus procera* übertragen.

Ulmenrinde wirkt entzündungshemmend auf Schleimhäute. Zum Gurgeln bei Mund- und Rachenentzündungen. Auch entzündete Magen- und Darmschleimhaut kann man mit Ulmenrinden-Tee heilen. Hautleiden werden mit feuchten Umschlägen eines Ulmenrindenaufgusses behandelt.

TEEBEREITUNG:

Zwei gehäufte Teelöffel Ulmenrinde werden mit einem viertel Liter kaltem Wasser übergossen, langsam zum Sieden erhitzt und dann abgeseiht. Innerlich gibt man zweimal täglich eine Tasse Tee, besonders bei Durchfällen. Zum Gurgeln und Spülen sowie zur Wundbehandlung wird dieser Tee unverdünnt gebraucht.

Teilbäder mit Ulmenrinde helfen bei Hämorrhoiden. Bei heftigem Durchfall rührt man zweimal täglich einen halben Teelöffel der feinpulverisierten Droge in etwas Wasser und läßt dies den Kranken einnehmen. Nebenwirkungen sind nicht zu erwarten.

Die Ulme ist ein Baum, dessen Leben seit 1919 immer wieder durch den Ulmensplintkäfer, der ihn mit einem Schlauchpilz infiziert, gefährdet. Aber die ungeheure Lebenskraft des Baumes hat bisher seinen Bestand erhalten.

Edward Bach hat das Heilmittel 1935 entdeckt, bevor das Ulmensterben seinen Höhepunkt erreichte. Vielleicht sollte man hier kurz zurückblicken.

Dr. Edward Bach, der ein hochkarätiger Bakteriologe und Forscher auf dem Gebiet der Darmerkrankungen war, entdeckte sieben Nosoden, die er als Autovakzine (Verwendung von krankheitseigenen, gezüchteten Erregern) aufbereitete und die heute noch international in der Homöopathie Verwendung finden. Es sind: 1.Proteus, 2.Dysentery, 3.Morgan, 4.Faecali, 5.Alkaligenes, 6.Coli Mutabile, 7.Gaertner. Zunächst injizierte Bach seine Autovakzine. Später fand er für seine Nosoden ein Mittelbild, potenzierte die Grundstoffe und verabreichte sie oral. Ausführliche Berichte und Referate über diese Arbeiten sind in seinem Buch „Gesammelte Werke" zu lesen.

Neben die Person des Forschers ist nun die des Heilers mit ungewöhnlichen, intuitiven Kräften und hellseherischen Fähigkeiten zu stellen, die im Ergebnis ihrer Arbeit gleichrangig sind, wem auch immer der Betrachter den Vorzug geben mag. Es stellt sich die Frage: Hat der Bakteriologe und Heiler Edward Bach mit dem Blütenmittel *Elm* (aus der durch Pilzbefall in ihrem Fortbestand bedrohten Ulme) in fachlicher Kenntnis und Vorausschau eine Hilfe angeboten, um den heutigen Vormarsch lebensgefährdender Mykosen einzudämmen?

Vergleicht man die körperliche Symptomatik des Pilzpatienten mit dem blockierten *Elm*-Zustand und den angeführten homöopathischen Mitteln, die nur eine Auswahl darstellen (Obstipationen, Diarrhoen, wässerig, sauer, stinkend. Schlecht heilende Haut, Ekzeme, Eiterungen, verkrüppelte Nägel, Verschlechterungen nach Süßigkeiten usw.) und zieht man auch den seelischen Zustand in Erwägung (Mykose infizierte Patienten sind müde, erschöpft, besonders morgens antriebsschwach, bis hin zum Gefühl völligen Versagens), so findet man hier ein Krankheitsbild, das des Blütenmittels *Elm* bedarf.

Nachdem ich die Möglichkeit in Betracht gezogen habe, daß Edward Bach uns in *Elm* ein Antipilzmittel hinterlassen hat, habe ich meine Krankenkartei überprüft. Etwa achtzig Prozent der Mykose-Patienten benötigen oder erhalten *Elm*. Es wäre wünschenswert, wenn andere Heilpraktiker oder Ärzte diesen Überlegungen folgen würden, um diesbezügliche Erfahrungen zu machen. Es müßte außerdem labormäßig überprüft werden, ob eine Remission oder Heilung der Mykosen in Begleitung des Blütenmittels *Elm* weniger aufwendig oder die Ausheilungsphase verkürzt ist.

FARBE

Gemäß der Merkur-Natur der Ulme setzen wir das Blütenmittel in Korrelation zur Farbe Orange. Sie wirkt inspirierend, anfeuernd und schenkt Energien. Orange kräftigt das Lungengewebe, beseitigt Obstipationen und ist hilfreich bei der Behandlung von Allergien. (Auf dem Boden einer jeden Allergie finden wir einen Pilzbefall des Darmes.) Orange verleiht dem Menschen ein Gefühl für seinen eigenen Wert.

TON

Der Farbe Orange entspricht das „E".

EDELSTEIN

Hier sei ein orangefarbener Hyazinth (Zirkon) herausgegriffen. Der Stein fördert die Verdauung und die Aufnahme der Nahrung. Er heilt auch chronische Erkrankungen der Atemwege und Allergien. Ebenso kann er bei Vergiftungen eingesetzt werden. Man sagt, dieser Stein fördere die Heilung, weil er die Seele in Einklang zu ihrem Schöpfer bringt.

AFFIRMATION

Gott läßt mich tragen, was ich kann.

LARCH (LÄRCHE)
- LARIX DECIDUA -

Die Lärche ist ein wunderhübscher Baum. Schlank und zart mit einem geraden, sich nach oben verjüngenden Stamm, wird sie etwa dreißig Meter hoch. Die Zweige wachsen rechtwinklig aus dem Stamm, biegen sich aber an den Spitzen der Erde zu. Die Nadeln sind in grünen Büscheln angeordnet. Diese Nadelbündel sind charakteristisch für die Lärche und werden "Kurztriebe" genannt.

Erst Anfang des 17. Jahrhunderts wurde die Lärche nach England gebracht. Heimisch ist sie in den Gebirgen Mitteleuropas und in der Tundra. In jenen Gegenden sind die Winter hart und lang, unter Dauerfrost werden die Böden steinhart. Dann kann die Lärche kein Wasser mehr aufnehmen und müßte absterben, wenn sie im Herbst nicht ihre Nadeln abwerfen würde. Somit ist sie der einzige laubwerfende Nadelbaum, was ihr Überleben garantiert.

Lassen wir uns darum nicht durch das äußere Bild der Lärche täuschen. Hochgewachsen und sensibel wirkend - die Nadeln schmiegen sich weich und sanft in unsere Hand - steht der Baum in der Landschaft. Aber die grobe Rinde und die eben erwähnte Überlebenstechnik des Laubabwerfens, durch die der Baum ein Alter bis zu sechshundert Jahren erreichen kann, sprechen für Zähigkeit und Standfestigkeit dieser Kiefernart. Lärchenwälder wirken sonnenerfüllt und hell, als wären sie durchsichtig.

Nimmt man einen Lichtmesser zur Hand, stellt man fest, daß es auf dem Boden fast genau so hell ist wie in den Kronen der Bäume. Infolgedessen entwickelt sich in Lärchenwäldern ein überaus reicher Unterwuchs, d.h. die Lärche spendet durch ihr abgeworfenes Laub auch noch Humus für andere Pflanzen. Auf ihre sonstigen medizinischen Nutzbarkeiten - ausgenommen die Seelenheilung durch ihre Blütenessenz – wird noch hingewiesen.

Die Lärche kann man wahrlich einen Feen-Baum nennen. Man erzählt sich, daß in früheren Zeiten Waldfeen, die Wesen von hinreißender Schönheit waren, in den sogenannten "Lichthölzern", zu denen Lärchen, Birken und auch Linden gehören, Zuflucht suchten. Bei den Germanen z.B. galten die Disen oder Idisen (weibliche nordische Naturschutzgeister) als Dienerinnen der Freya. Bäuerinnen holten sich von den Bäumen, die von den Waldfeen bewohnt waren, ihre Kinder. In einigen Bereichen Tirols pflückt man, nach alter Sitte, Knaben heute noch von den Lärchen. Aus eben jenen Gebirgsgegenden wird berichtet, daß manchmal aus den Stämmen der Lärchen ganz von selbst Mariengestalten wachsen, die dann von Priestern geweiht werden, nachdem sie herausgeschnitzt wurden. In Kapellen und Kirchen werden sie zum Gegenstand religiöser Verehrung.

Die Lärche ist also ein Baum, der von uralten Geheimnissen umwittert ist. In Sibirien stellt man sich z.B. den Weltenbaum als Lärche vor, an dem Sonne und Mond in Gestalt eines goldenen und silbernen Vogels auf und absteigen.

Ein Laubbaum, mit seinem jährlich sich erneuernden Blattkleid, ist vor allem ein Symbol der den Tod stets aufs neue besiegenden Wiedergeburt des Lebens. Der immergrüne Nadelbaum gilt als Sinnbild der Unsterblichkeit. In der lichtvollen Lärche, ihrer Zartheit und Anmut, ihrer trotzigen Widerstandskraft und ihrer Balance zwischen dem Himmlischen und dem

Irdischen, scheinen beide Bedeutungen vereint. Auf dieser Grundlage findet man die Aussage über das Bach'sche Blütenmittel ″*Larch*″.

Von März bis Mai öffnen sich die kräftig rosaroten Blütenzapfen, die einem kleinen Lampion gleichen. Man sammelt sowohl männliche als auch weibliche Blüten mit jungen Nadeln von möglichst vielen Bäumen. Es werden Zweige von etwa fünfzehn Zentimeter Länge geschnitten. Die Essenz wird dann mit der Kochmethode hergestellt.

Vergegenwärtigen wir uns nun noch einmal das Bild des Baumes, wie er besonders im Herbst aussieht: Der Himmel ist grau, die Zweige hängen schlapp nach unten, sogar die Spitze des Baumes krümmt sich ermattet der Erde zu. Welch Anblick von Verzagtheit und Niedergeschlagenheit! Mutlosigkeit ist aus Hoffnungslosigkeit geboren. Dies ist der Ausdruck des blockierten Seelenzustandes von *Larch*, und es dürfte kein Wagnis sein, zu behaupten, daß ihn wohl jeder schon kennengelernt hat. Edward Bach beschreibt sein Blüten-Mittel *Larch* so: „Für jene, die sich selbst nicht als so gut oder fähig halten wie die Menschen ihrer Umgebung. Sie rechnen damit zu scheitern, haben das Gefühl, nie Erfolg zu erleben, und so wagen sie nicht einmal die Anstrengung, die groß genug wäre, ihnen Erfolg zu bringen." Philip M. Chancellor, der in seinem Buch ″Das große Handbuch der Bach-Blüten" die Essenzen anhand bezeichnender Fallbeispiele vorstellt, führt ergänzend dazu aus: „Die Unfähigkeit, auch nur den Versuch zu wagen, etwas anzupacken, läßt den *Larch*-Menschen sehr verzagen. Eine gewisse falsche Bescheidenheit spielt auch eine Rolle bei der Bewunderung, die *Larch*-Menschen dem Erfolg anderer entgegenbringen; sie loben und verehren sie ohne Neid und Eifersucht."

Dadurch unterscheidet sich *Larch* von *Holly*, das von negativen Liebesgefühlen gequält wird, wenn es blockiert ist, oder auch von *Willow*, das jedes Versagen mit Bitterkeit und Groll bedenkt.

Körperliche *Larch*-Symptome

Potenzstörungen - erwartet das Versagen. Zeitweises Stottern, Bettnässen, besonders bei Kindern, die ein Geschwisterchen bekommen. Atemwegserkrankungen, Schwerhörigkeit, Schwäche der Extremitäten, Schwäche der Gelenke, besonders der Knöchel. Wirbelsäulen-Verkrümmungen oder andere WS-Erkrankungen, Herzklopfen ohne organische Ursache, Organschwächen, hauptsächlich Nierenschwäche. Allgemeine Bindegewebsschwäche.

Hier ist auch ein Exkurs in die Pflanzenheilkunde interessant. In alten Büchern finden wir als Heilmittel den Lärchenschwamm angeführt. Es steht geschrieben: „Dieser Pilz bewohnt als Parasit das Holz der Lärche. Er wird an der Oberfläche der Stämme angelegt. Aussehen: Ausdauernde Pilzkörper, die ständig wachsen; sie können eine Höhe und Breite von dreißig Zentimetern erreichen und mehrere Kilo schwer werden. Die Form ist halbkegelförmig oder halbkugelförmig. Die Konsistenz ist korkig."

Wirkstoffe: Harzsubstanzen, Agaricin. Anwendung: Früher wurde Lärchenschwammpulver als Abführmittel verwendet, auch als schweißhemmendes Mittel bei Tuberkulose.

Es sei hier eine ähnliche Querverbindung wie zu *Elm* aufgezeigt: Zunehmend wird es schwieriger, Pilznester im Darm oder Organismus aufzubrechen, damit überhaupt das Anti-Mykose-Mittel angreifen kann. Die Medizin empfiehlt Darmbäder oder ein speziell gemischtes Abführgetränk, das zunächst eine drastische Darmentleerung herbeiführt. Es ist nun denkbar, den Organismus, der eine Erschlaffung zeigt, mit ”*Larch*” soweit zu unterstützen, daß er sich mit zunehmender Stärkung selbst von pathologisch sich ausbreitenden Pilzen und Mikroorganismen befreien kann.

Ein anderer Denkanstoß sei hier noch in Hinblick auf die Mistel-Therapie gegeben. Kiefern-Mistel dient zur Stimulation der Knochenmarksfunktion und wird bei definierter Präcancerose und nach Radikal-Operationen eingesetzt. Eine bestimmte Kiefern-Mistelart findet bei Hauttumoren, Mamma-Karzinom und bei inoperablen Hirntumoren ihre Anwendung.

SEELISCHE *LARCH*-SYMPTOME

Minderwertigkeitskomplex, Überbescheidenheit. Kein Erfolgsdenken, der

Patient glaubt nicht an seinen eigenen Erfolg, erwartet Negatives. Bei Examensangst, ideal für Angsthasen (Kinder). Zeigt ausgeprägte Ich-Schwäche. Angstbeißer oder "Kleiner-Macher", Klammeräffchens Kind (ev. *Heather* mit in die Mischung und/oder *Mimulus*). Ist kleinmütig, fühlt sich nutzlos. Scheidungsdepression (Hackl) und für Scheidungs-waisen, die oft glauben, sie hätten die Trennung der Eltern verschuldet. Er fühlt sich immer unterlegen, zögert ständig. Wichtig für Mütter von Frühgeburten.

Homöopathie

Anacardium (Elefantenlaus)

Aurum (Gold)

Silicea (reiner Feuerstein) - mangelndes Selbstvertrauen.

Calcium carb. (Kohlensaurer Kalk) - entmutigt, bevor er etwas anfängt.

Argentum nitr. (Silbernitrat) - denkt, macht alles falsch.

Im physischen Bereich wurde der "Angstbeißer" erwähnt. Zuweilen erscheint ein Mensch besonders selbstgerecht und selbstbeherrscht. Er möchte vermitteln, wie gut er alleine zurechtkommt. Diese schwierigen Zeitgenossen verbergen häufig hinter einem lauten Getöse ein angeschla-genes Selbstbewußtsein. Hier stehen dem Homöopathen

*Lycopodium (*Spore des Bärlapp) oder

Platinum (Platin) zur Wahl. Bei beiden Mitteln kann sich hinter der arro-ganten Fassade ein tiefverwurzeltes Minderwertigkeitsgefühl verbergen.

Farbe

„Menschen, die Gelb bevorzugen", schreibt Christa Muths, „sind in der Regel klare Denker, die ihre eigene geistige Kapazität gut einschätzen kön-nen." Diese Menschen bevorzugen die Freiheit der Gedanken und Hand-lungen, positive Eigenschaften des *Larch*-Typus, wenn er "heil" ist.

Die Farbe Gelb mit ihrem Sonnenaspekt vermittelt Leichtigkeit und Freude. Durch geistige Vitalität wächst Wagemut für Neues. Gelb schenkt geistige Wärme und zugleich ein Gefühl, geborgen zu sein. Es ist nervenstärkend und behebt organische Schwächen.

Korrespondierender Planet ist die Venus, unter deren Haupteinfluß auch *"Larch"* steht. (Das Weiche, Zärtliche, Grazile des Baumes.)

TON

Korrespondierender Ton ist das „G".

EDELSTEIN

Der *Sodalith* ist zwar ein dunkelblauer, grauer oder weißer undurchsichtiger Stein. Er steht für Selbstvertrauen, Treue und Standfestigkeit. Obwohl er wie alle blauen Steine zur geistigen Ebene einen tiefen Bezug hat, ist der *Sodalith* auch der Materie stark verbunden. Er ermöglicht seinem Träger, Ideale und Ziele ins Auge zu fassen und tatkräftig zu verwirklichen. Indem der Stein seinem Träger hilft, mit neuen Denkmustern alte Verhaltensweisen abzulösen, stabilisiert er übersensible und labile Menschen. So sind sie in der Lage, ihren Platz im großen Plan des Lebens zu erkennen und vertrauensvoll auszufüllen. Was kann man noch tun, um dem blockierten *Larch*-Menschen zu helfen? Edward Bach sagt es uns: „Selbst glücklich und hoffnungsvoll zu sein, ist das größte Geschenk, das du anderen machen kannst; damit ziehst du sie aus ihrer Verzagtheit."

AFFIRMATION

Ich bin ein Kind Gottes und darum Ebenbild meines Vaters.

WALNUT (WALNUSS)

- JUGLANS REGIA -

„Äpfel, Nüss und Mandelkern essen fromme Kinder gern!" In dieser Zeile
eines Weihnachtsgedichtes liegt das geheimnisvolle Wesen der Bach-Blüte
Walnut verborgen, die ganz sicher ihren besonderen Ausdruck am Weih-
nachtsfest findet, an jenem Tag, an dem das Christus-Licht hervortritt. Seine strahlende Helligkeit beginnt ihren Siegeszug, verhilft der göttlichen
Liebe zum Durchbruch. Die Dunkelheit muß weichen, und wir stehen an
der Schwelle zu einer Neuen Erde und zu einem Neuen Himmel. Wie drückt
es White Eagle aus? „Der Gottessohn ist das Licht Christi in dir. Bitte, daß
dein Licht hell werde. Es ist die Erlösung der Menschheit."

Denken wir an das Blütenwesen des Holzapfels (*Crab Apple),* spüren
wir seine Kraft, die uns hilft, unsere Ursehnsucht nach Vollkommenheit zu
verwirklichen. Erinnern wir uns an die erhebende Kraft der *Cherry-Plum-*
-Blüte, die alle Schwere wandelt, bis unsere geläuterte Seele in die Regio-
nen des Lichtes zurückgetragen werden kann.

Edward Bach schrieb das Folgende über *Walnut* am 1.Januar 1935 nieder, wohl ahnend, daß er die Schwelle zu einem neuen Jahr nur noch einmal überschreiten würde.

„Der Walnußbaum - dieses Heilmittel, Walnuß, ist das Mittel für wei-
terführende Übergangsphasen: Zahnen, Pubertät, Wechseljahre. Auch für
große Entscheidungen im Laufe des Lebens, wie Wechsel der Religion, des
Berufes, des Landes, in dem man lebt. Es ist das Heilmittel für die große
Veränderung. Das Mittel für jene, die beschlossen haben, in ihrem Leben
einen großen Schritt voranzugehen. Die Entscheidung, weiterzuschreiten,
mit alten Konventionen zu brechen, alte Grenzen und Beschränkungen
hinter sich zu lassen und neu, auf bessere Weise, zu beginnen, bringt häufig
körperliche Beschwerden mit sich wegen der leichten Gefühle des Bedau-
erns, des Herzleides bei der Trennung von alten Bindungen, alten Verbin-
dungen, alten Gedanken. Dieses Mittel wird lindern und helfen, die kör-

perlichen Reaktionen auf solche Zustände zu beseitigen, sei der jeweilige Schritt voran ein innerer oder ein äußerer. Es ist das Mittel, das uns hilft, alle solche Übergangsphasen ohne Bedauern zu durchschreiten, ohne Rückblick in die Vergangenheit, ohne Ängste vor der Zukunft, und damit erspart es uns die gedankliche und körperliche Belastung, die so häufig mit solchen Anlässen verbunden ist.

Ohne Zweifel sind diese stark, wo es einen Bann zu brechen gilt, sei es eine Bindung an die Vergangenheit - auch was wir ererbt nennen – oder Umstände der Gegenwart."

Als Bach seine Heilmittel bestimmten menschlichen Verhaltensweisen zuordnete, reihte er *Walnut* unter jene ein, die für Menschen bestimmt sind, die "überempfindlich gegenüber Einflüssen und Ideen sind".

Es heißt: „Für jene, die bestimmte Ideale und feste Zielsetzungen im Leben haben und diese verfolgen, bei seltenen Gelegenheiten jedoch versucht sind, sich von ihren eigenen Vorstellungen, Zielen und Arbeiten ablenken zu lassen durch die Begeisterung, die Überzeugung oder Ansichten anderer. Dieses Heilmittel gibt ihnen Standhaftigkeit und schützt sie vor Beeinflussung von außen."

Es gibt Blumen, Bäume, Sträucher und Gräser, die in unserer Natur gemeinsam wachsen. Das liegt z.B. daran, daß diese bestimmten Pflanzen den gleichen Nährboden brauchen oder in ihren Schwingungen eine verwandte Ebene haben. Der Walnußbaum ist anders. Wenn die neuen Blätter aus der Knospe hervorbrechen, entfaltet er einen starken Duft, der die ohnehin balsamische Aura des Baumes noch mehr bereichert. Dies ist aber kein Geruch, der Vögel oder Insekten anzieht. Diese überaus aktive Strahlkraft des Baumes wirkt eher abweisend, sogar auf Pflanzen, so daß der Boden unter einem Walnußbaum häufig unbegrünt ist. Diese, den eigenen Lebensraum begrenzende, schützende Aktivität ist im Frühjahr besonders ausgeprägt, nämlich dann, wenn die Knospen aufbrechen. Dies ist auch der Zeitpunkt, zu welchem man die Blüten und zwar allein die weiblichen Blüten - sammeln sollte, aus denen mit der Kochmethode die Essenz hergestellt wird.

Das Heilmittel dient Menschen, die sich an der Schwelle eines neuen Lebensabschnittes befinden, durch ihre "Altlasten" jedoch nicht in der Lage sind, den entscheidenden Schritt zu tun. Sie nehmen sich nicht die Freiheit, sich von den Fesseln der Vergangenheit zu befreien, und wagen es nicht, vertrauensvoll den Blick zu heben und in die Zukunft zu schauen. Man könnte irritiert sein durch die Aussagen und Meinungen anderer, die auf diese Weise die persönlichen notwendigen Veränderungsprozesse blockieren. Oder es fehlt der Mut und das Vertrauen, sich in die einzelnen Wachstumsstadien zu begeben, die man benötigt, um den Status endgültiger Reife zu erlangen. Der positive Seelenzustand von *Walnut* läßt den Zeitpunkt der notwendigen Veränderung erkennen und verleiht den Mut, die eingefahrenen Gleise zu verlassen, um sich willig und spontan, ohne das Hemmnis alter Verhaltens- und Gedankenmuster, in eine Daseinsform zu begeben, die uns zum letzten Ziel unseres Erdenlebens führt, eine Vergeistigung zu erreichen, die Befreiung heißt.

KÖRPERLICHE *WALNUT*-SYMPTOME

In der Geburtsvorbereitung, auch zu Beginn der Schwangerschaft, um ein Kind zu empfangen (mit *Clematis*). Nach Suchtbehandlungen in der Entwöhnungsphase, Abstillen (Mutter und Kind!), Zahnung (Mischung verdünnen, auf den Kiefer innen einreiben), bei allen körperlichen Beschwerden, die vor einem entscheidenden Schritt auftreten, z.B. Lähmungserscheinungen, Augen- und Ohrenprobleme, Verdauungsbeschwerden, Anginen, Heiserkeit etc. und die Phase eines Neubeginns kennzeichnen.

SEELISCHE *WALNUT*-SYMPTOME

Bestimmte Ambitionen, ohne zu handeln, energetische Abschirmung des Behandlers (ev. mit *Crab Apple*). Berufswechsel, Religionswechsel, Umzug - alles ängstigt. Läßt sich beeinflussen und ist irritiert, befangen im Handeln, alte Gewohnheiten lassen zögern, können nicht aufgegeben werden. Festigt Wirkung einer homöopathischen Hochpotenz (Hackl). In der Sterbebegleitung kurz vor dem Ende, Scheidungsnachwehen, überempfindlich gegenüber fremden Einflüssen und Schwingungen. Umstellungsschwierigkeiten, anstehende Veränderungen verunsichern.

HOMÖOPATHIE

Nux Vomica (Brechnuß) - zögert vor dem letzten Schritt, um einen Plan in die Tat umzusetzen.

Graphites (Reißblei) - zögert bei wichtigen Entscheidungen, weiß auch bei einfachen Alltagsdingen oft nicht, was es soll.

Pulsatilla (Küchenschelle) - tut, denkt und fühlt gerne, was ein anderer ihm vormacht. Der ideale "Mitläufer".

Calcium carb. (kohlensaurer Kalk) - ist emotional leicht zu beeinflussen.

FARBE

In der planetarischen Kräuterkunde gilt die Walnuß als Kind des Jupiter. Von daher bezieht der Baum, der in seinen einzelnen Teilen als eine wahre Apotheke betrachtet werden kann, seine Heilkräfte. Ausschlaggebend für alle Überlegungen sei hier jedoch die Sonne.

Wenn der Baum blüht, öffnet er sich völlig dem Licht, der Luft und der Wärme. Sein ganzes Wesen ist in jener Zeit völlige Hingabe an den Kosmos.

Zur Sonne korrespondiert die Farbe Grün. Sie vermittelt Durchhaltevermögen, Beständigkeit und schenkt Mut und Kraft. Die weiblichen Blüten des Walnußbaumes sind gelb-grün. Diese Farbkombination ist gehirnanregend und knochenbildend.

Die Seelenschwingung von Grün wird zu Gelassenheit verhelfen, aus der dann Vertrauen erwächst, und im Vertrauen auf den himmlischen "Fänger" kann man unter der Kuppel des Sternenzeltes schließlich getrost loslassen.

TON

Das tiefe „H" des Baßschlüssels sollte kraftvoll aufklingen.

EDELSTEIN

Das heilsame Grün des Grünen *Turmalin* befreit seinen Träger von Belastungen jeglicher Art, schützt ihn vor Einflüssen, die ihm schaden oder nicht förderlich sind und nimmt seelische und geistige Müdigkeit. Das Denken in alten Mustern löst er auf, wodurch der Umgang mit anderen Menschen erleichtert wird. Raum für Kreativität öffnet sich, und der Mensch strebt neuen Zielen mit Kraft und Ausdauer entgegen. Das Thema des Grünen *Turmalin* heißt „Befreiung".

Sathya Sai Baba lehrt: „Tut, was ihr sagt; sagt, was ihr fühlt, täuscht euer eigenes Gewissen nicht, indem ihr es vergewaltigt und Handlungen ausführt, die es nicht billigt."

AFFIRMATION

Ich nehme unbeirrt meine Aufgabe im Dienst an Gott und der Menschheit wahr.

KAPITEL 2

LIEBE UND VERTRAUEN

„Unseren endgültigen Sieg werden wir
durch Liebe und Nachsicht erringen,
und wenn wir diese beiden Eigenschaften ausreichend entwickelt haben,
wird uns nichts mehr etwas anhaben können,
da wir immer Mitgefühl empfinden
und keinen Widerstand bieten."

(Edward Bach)

1. Gentian
2. Gorse
3. Heather
4. Holly
5. Chicory
6. Pine
7. Rock Water
8. Vervain
9. White Chestnut

GENTIAN (BITTERER ENZIAN, HERBSTENZIAN)
- GENTIANA AMARELLA -

Wer kennt nicht die Zeiten tiefer Niedergeschlagenheit und schwarzer Melancholie, wenn uns Schicksalsschläge die Lebensfreude vergiften und scheinbare Ausweglosigkeit uns in eine Phase unüberwindbarer Entmutigung getrieben hat. Wohl dem, der dann von Hause aus mit unerschütterlichem Glauben und Vertrauen gesegnet ist und seine Zuversicht und seinen Frohsinn nach Zeiten der stillen Einkehr und Überlegung zurückgewinnt. Ein solches Gotteskind sind aber die wenigsten. Meist lassen wir uns von unseren Problemen niederdrücken, tragen eine schwere Last in der Erwartung von neuerlichen Mißerfolgen. So, mit der Nase am Boden, haben wir den Überblick verloren, tragen gleichsam Scheuklappen, die uns die wahre Sicht der Dinge rauben.

„In jedem Problem ist auch seine Lösung enthalten", sagt Norman Peale. Wir tun also gut daran, auch die Kehrseite der Medaille zu betrachten, das Licht noch im tiefsten Dickicht zu suchen und, was auch immer geschieht, eine gute Lösung (Er-lösung) zu erwarten.

Ende September des Jahres 1931 entdeckte Edward Bach auf den kalkhaltigen Wiesen des Hügellandes der Grafschaft Kent die purpurvioletten Blüten des einheimischen Herbstenzians. Wie *Centaury* und *Rock Rose* liebt der Enzian als Standort das offene, hügelige Land, das ihm gleichsam einen Überblick verschafft und ihn gleichzeitig dem Himmel ein Stück näher sein läßt. Dieser bevorzugte Wachstumsplatz ist auch Ausdruck des Blütenwesens: Es behält von seinem Hügel aus den Überblick, so wie der blokkierte *Gentian*-Typ die Fixierung auf das Unheil in seinem Leben verlieren wird, nachdem er die Blüten-Essenz eingenommen hat. Wo kann uns Zweifel entmutigen, wenn wir uns dem Himmel nahe wissen und von diesem sicheren Platz aus die Welt und ihren Gang betrachten können, wohl wissend, daß wir ein Teil dieser Welt sind, ein Rädchen im Getriebe mit seiner einzigartigen Funktion, die das ganze Uhrwerk in Gang hält. Der fünfblättrige Blütenkelch von *Gentian* ist von einem hellen Violett, das seine spirituelle Dimension aufzeigt. Violett vollendet als siebte Farbe den Regenbogen, jenes Zeichen, das der alttestamentarische Gott nach Verwüstung, Tod und Sintflut als Zeichen seiner Versöhnung und von nun an dauernden Gnade an den Himmel setzte, als Siegel unverbrüchlichen Vertrauens, das die Menschheit zu Gott und Gott zu den Menschen fortan haben sollte. Darum dürfen wir die Farbe des Herbstenzians als Farbe des Todes und der Erneuerung betrachten, als Zeichen der Erhabenheit und Erfüllung eines Bundes, der das Versprechen beinhaltet, uns letztlich aus allen Wirrnissen zu führen.

Edward Bach spricht besonders liebevoll über die Eigenschaften dieses in seinem Erscheinungsbild so bescheidenen Heilers: „Gehörst du zu jenen, die hohe Ideale und die Hoffnung haben, Gutes zu tun? Die sich entmutigt fühlen, wenn ihre Pläne nicht bald Wirklichkeit werden? Fühlst du dich beschwingt und erhoben, wenn dir Erfolg begegnet, aber leicht deprimiert, wenn du auf Schwierigkeiten stößt? Dann wird dir der kleine Enzian von den Bergwiesen helfen, deine Entschlossenheit zu bewahren und glücklicher und hoffnungsfroher zu sein, auch wenn der Himmel einmal bewölkt ist. Es wird dir jederzeit Ermutigung bringen und die Erkenntnis, daß es kein Versagen gibt, wenn du dein Äußerstes gibst, wie auch immer das Resultat aussehen mag."

Der Enzian blüht gegen Ende des Sommers, wenn die Sonne bereits ihre Kraft verliert, so daß man denken könnte, es sei zu spät im Jahr, um die Essenz noch mit der Sonnenmethode herzustellen. Dem ist aber nicht so. Und auch das signalisiert uns eine Botschaft dieser Bach-Blüte: Es ist niemals zu spät, eine Anstrengung zu unternehmen, um ein Hindernis zu überwinden, um das Licht in schattige Winkel fallen zu lassen. Bach bestärkt uns, indem er uns versichert, daß sein Heilmittel uns stets Mut verleihen wird und unser Wissen erhellt, daß wir niemals versagen können, wenn wir unser Bestes tun, gleichgültig, was das scheinbare Ergebnis ist, denn wir haben vor uns selbst bestanden.

KÖRPERLICHE *GENTIAN*-SYMPTOME

Sehr häufig Magenbeschwerden. Parasitenbefall, besonders Würmer, Fieber, Magen-Darm-Grippe. Herzschmerzen ohne organische Ursache. Vergiftungen durch unbekömmliche Speisen. Bisse von giftigen Insekten – hier macht man mit einer Verdünnung Umschläge. Bei Amenorrhoe der Frauen. Durch Stauungen der Galle und Leber verursachte Verdauungsbeschwerden.

SEELISCHE *GENTIAN*-SYMPTOME

Mißerfolge in der Schule und Schwierigkeiten beim Lernen. Depression und Zweifel stellen sich ein, auch Zweifel an der Heilung. Der Patient hat den Glauben an sich und die Welt verloren. Er ist kleinmütig, pessimistisch. Psychotherapie greift nicht (Hackl). Rückschläge und Heilkrisen entmutigen. Zaghafte, skeptische Kinder nach der Scheidung der Eltern. Unbegründete Angst vor dem Tod des Partners.

HOMÖOPATHIE

Ambra (krankhaftes Sekret des Pottwales) - Kummer, Mißerfolg Sorgen quälen, können nicht aufgelöst werden.

Psorinum (Inhalt v. Krätzebläschen - skeptisch, zweifelnd.)

Staphisagria (Samen v. Stephanskraut) - läßt sich von Kränkungen und Ärger verunsichern.

Thuja (Lebensbaum) - verwirrt und läßt sich verwirren, bis er am Ende sich selbst nicht mehr glaubt.

Dulcamara (Bittersüß)

Chelidonium (Schöllkraut) - beide lassen sich durch Kleinigkeiten entmutigen.

Natrium mur. Kochsalz - zweifelt am Leben durch Schockerlebnisse und Verluste.

Es gibt etwa 180 Enzianarten, wovon in der Phytotherapie der gelbe Enzian - Gentiana lutea - im Vordergrund steht und schon bei den Hippokratikern im 5. und 4. Jahrhundert vor Christus beschrieben wird. Seine Wirkung, besonders auf den Verdauungstrakt, beruht auf seinen Bitterstoffen. Selbst in einer Verdünnung von eins zu fünfzigtausend ist die Bitterkeit der Arznei noch wahrnehmbar. Auch hier erkennen wir ein Wesensmerkmal der Bach-Blüte *Gentian* - es kann bitter sein, sich den Geschehnissen im Leben zu fügen, ohne in Zweifel an Gottes Liebe und Güte zu fallen. Es mag oft schwierig sein, Unvorhergesehenes anzunehmen, Schicksalsschläge zu verdauen, um danach mit neuem Mut und frisch erwachter Fröhlichkeit des Herzens, im Vertrauen auf die Kraft, sein Ziel zu erreichen, den eingeschlagenen Lebensweg fortzusetzen. Selbstverständlich gehörte der Enzian auch in die Apotheke der Hl. Hildegard, wo er bei Herz- und Magenbeschwerden seine Verwendung fand.

Da heißt es z.B. „Wer aber einen Schmerz im Herbst hat, daß er meint, sein Herz (Leben) hinge nur noch an einem Strang, der pulverisiere Enzian (Wurzel), und er esse dieses Pulver in Suppen, und es stärkt sein Herz." Manfried Pahlow empfiehlt einen Kaltansatz der pulverisierten Wurzel über acht bis zehn Stunden, weil das Endprodukt dann nicht so viele Bitterstoffe und keine Gerbstoffe mehr enthält und damit besser trinkbar ist - mäßig warm wird angeraten.

FARBE

Eingangs wurde die Blütenfarbe Violett hervorgehoben, die hier natürlich auch in ihrer Heilwirkung mit der Bach-Blüte *Gentian* korrespondiert.

Diese Farbe hat ultrafeine Schwingungen, ist die Farbe unseres Scheitel-Chakras, welches unser Kanal zum Kosmos ist, aus dem uns tiefe Weisheit zuströmt, die uns dann mit strahlendem Wissen erfüllt. Die Verbindung zur Spiritualität, zum Kosmos, schafft und bewahrt Vertrauen und wird uns nie versagende Quelle der Hilfe in allen Lebenssituationen sein. Das äußere Erscheinungsbild der Pflanze - zunächst kleine, harte Blattrosetten - verdeutlicht uns eine Einstrahlung des Planeten Saturn.

Glaube, Hoffnung und Liebe - in der Farbe des unbewölkten Sommerhimmels, im Violett der Abend- und Morgendämmerung erkennbare Tugenden. Ohne diese göttlichen Tugenden, die wir als vererbte Diamanten in unserer Seele tragen, würden wir in Zweifel, in Schwermut, schließlich vielleicht in eine derartige Ver-Zweiflung fallen, die Judas Ischariot einst in den Selbstmord getrieben hat. Manchmal sind die Diamanten in uns so tief vergraben wie versunkene Städte. *Gentian* hilft uns, sie hervorzuholen und zu erkennen: Alles hat einen Sinn!

EDELSTEIN

Der *Sugilit* ist ein tiefvioletter Stein, der undurchsichtig sein kann, aber auch durchscheinend vorkommt. Er wirkt fördernd auf den Lymphfluß im Körper und regt Leber und Galle an, Gifte auszuscheiden.

Seinen Träger führt er allein durch die Kraft seiner Farbstrahlung zu hoher Spiritualität. Zuvor wird er helfen, daß der Mensch mit sich selbst ins Reine kommt und alle Zweifel ablegt. Dadurch gewinnt dieser Selbstkontrolle. Dabei lehrt der *Sugilit*, daß wir mit unserem Sein zur kosmischen Ganzheit gehören, was uns am Ende Demut - den Mut zu dienen - und Frieden und Zufriedenheit schenkt.

TON

Der korrespondierende Ton ist der Kammerton „A", nach dem alle Instrumente gestimmt werden, um den harmonischen Klangteppich des großen Orchesters zu weben.

AFFIRMATION

Glaube, Hoffnung und Liebe werden immer bei mir sein.

GORSE (STECHGINSTER)
- ULEX EUROPOEUS -

In seiner Schrift „Free Thyself" (1932) schreibt Edward Bach: „Für jede echte Heilung sind der Name und die Erscheinungsform der betreffenden Erkrankung ganz ohne Belang. Denn organische Erkrankungen sind lediglich Folge eines Mißklanges zwischen Seele und Gemüt. Sie sind nichts als Symptome dieser Ursache und da sich ein und dieselbe Ursache je nach Individuum ganz unterschiedlich manifestiert, gilt es zunächst, diese Ursache zu beheben; die Begleiterscheinungen verschwinden dann ganz von selbst." Weiter führt er aus:

„Es gibt sieben Stufen der Heilung - eine schöner als die andere - und zwar: Friede, Gewißheit, Hoffnung, Weisheit, Freude Liebe, Glaube."

Der Stechginster gehört zu den sieben Helfern und ist der erste, den Bach entdeckte. Wie Nora Weeks berichtet, litt Edward Bach, bevor er sein *Gorse* fand, selbst unter einer starken Hoffnungslosigkeit und Verzagtheit, verursacht durch die Ignoranz seiner Kollegen. Als Arzt und Forscher auf dem Gebiet der Bakteriologie und Pathologie hochgelobt und anerkannt, wandte man sich immer mehr von ihm ab, nachdem er seine Praxis und sein Labor in London aufgelöst hatte und sich nur noch der Suche nach jenen Pflanzen widmete, die er mit übermenschlichen Qualitäten ausgestattet erfühlte, was ihnen ermöglicht, harmonisierend und heilend auf den Patienten einzuwirken. - Das Verhalten seiner Kollegen hatte Edward Bach nicht nur um den Glauben an die Offenheit der Schulmediziner gebracht, die Art der Angriffe auf ihn und seine Lebensaufgabe offenbarten menschliche Untugenden, die er mit dem Beruf eines Heilers für unvereinbar hielt. Wie aber konnte so sein Wunsch in Erfüllung gehen, daß sich seine Blüten-Therapie durchsetzte, die er in ihrer Einfachheit und Vollkommenheit als ein großes, gnadenreiches Geschenk des Schöpfers betrachtete? In seiner desolaten Seelenverfassung machte sich Bach zu einer Wanderung auf, wie so oft den Ausgleich für körperliche Gebrechen und ein verdunkeltes Gemüt in der Natur suchend. Er lief lange umher und legte sich schließlich ermüdet am Weg nieder und schlief ein. Als er erwachte, fühlte er sich unerklärlich erfrischt und gestärkt. Was ihn zuvor schier hatte verzweifeln lassen, konnte er nun mit neuem Mut betrachten, und Bach wußte, daß er weiterkämpfen würde. Und da er die Welt jetzt wieder wahrnahm, entdeckte er, daß er neben einem voll erblühten Ginsterbusch eingeschlafen war. Er erkannte sofort, daß er ein neues Heilmittel gefunden hatte, eines, das ganz offensichtlich die Lebenskraft wieder pulsieren ließ.

Für alle Menschen kommt irgendwann in ihrem Leben eine Zeit, in der sich die schlechten Erfahrungen häufen. Schließlich ist man geneigt, alle Hoffnung auf einen Ausweg fahren zu lassen. „Dann", sagt Edward Bach, „leben wir in diesem Zustand der Resignation nur halb, denn wir haben unser Herz verloren." Das heißt, in einem Zustand anhaltender Resignation oder großer Hoffnungslosigkeit verlieren wir den Glauben, daß wir auch jetzt noch geführt und behütet sind. Wir werden taub - meinen, die innere Stimme sei verstummt, Gott habe sich in die höchsten und fernsten Himmel zurückgezogen. Das „Gott-lebt-in-uns-Bewußtsein" ist uns abhanden gekommen.

Der Stechginster trägt die Kraft der Sonne in seinen zahllosen gold-gelben Blüten. Er blüht besonders gern, wenn das Wetter mild ist, das ganze Jahr in der Heide und im Moor, und er ist ein immergrüner Strauch. Am üppigsten steht er von Ende März bis Anfang Juni in Blüte. Das Azur des Himmels - Blau, die Farbe spiritueller Liebe - vermählt sich mit dem Sonnengelb der Blüten zum Immergrün der Pflanze. Die Barnards bezeichnen den Ginsterbusch als einen „wahren Löwen von goldener Kraft, Zuversicht und Vertrauen".

In Ägypten finden wir Darstellungen von zwei Löwen, die einander mit dem Rücken zugewandt sind. Dies soll den Aufgang und den Untergang der Sonne symbolisieren, den Osten und Westen, das Gestern und Morgen. *Gorse* wird uns helfen, uns aus dem gestern Erlebten, das unser armseliges Jetzt heraufbeschworen hat, zu lösen und Mut zu fassen, damit wir zielstrebig und kraftvoll unsere Schwierigkeiten überwinden können.

Der brüllende Löwe in uns wird sich erheben - im Mittelalter ein Hinweis auf die Auferstehung der Toten. Die Sonnenkraft des *Gorse* ist geballter Lebenswille, und nur durch ihn kann unsere Seele und unser Körper gesunden.

Edward Bach beschreibt sein „*Gorse*" so: „Sie sagen: 'Ich habe alles ausprobiert, und es hat keinen Sinn weiterzumachen; nichts kann mich heilen.'

Sie haben aufgehört zu versuchen, sie haben sich ihrer Behinderung ergeben, sie beklagen sich nicht einmal mehr. Sie sagen, man hätte ihnen erklärt, daß nichts mehr zu machen sei, daß sie jenseits aller medizinischen Möglichkeiten der Hilfe wären. Selbst wenn sie eine Behandlung beginnen, beteuern sie, daß sie so viele Monate oder Jahre - je nach Fall - krank gewesen seien, daß man auf lange Sicht nicht mit einer Besserung rechnen könne.

Die Ursache ihrer Resignation besteht darin, daß irgendwann Angst oder Schrecken oder Seelenqual sie dazu gebracht hatte, die Hoffnung aufzugeben, so daß sie aufhörten, sich weiter zu bemühen. Trotzdem aber können solche Fälle sich unter dem Einfluß von *Gorse* entgegen allen Erwartungen bessern; danach mag sich zeigen, daß *Agrimony* oder *Mimulus* benötigt werden, um die Heilung zu vollenden. *Gorse* ist für jene, die viel gelitten haben und deren Mut sozusagen versagt hat; für jene, die einfach nicht mehr das Herz haben, es noch einmal zu versuchen. Menschen, die *Gorse* benötigen, sind in der Regel blaß und von dunklerem Teint; häufig haben sie dunkle Ringe unter den Augen. Sie sehen aus, als bräuchten sie in ihrem Leben mehr Sonnenschein, der die dunklen Wolken vertreiben würde."

KÖRPERLICHE *GORSE*-SYMPTOME

Dunkle Augenringe, sehr blaß (wächsern), chronisch krank, geschwächt, später Zustand nach Schock, Angst und Schreck.

SEELISCHE *GORSE*-SYMPTOME

Patient ist hoffnungslos und resigniert, läßt sich aber überreden. Er beklagt sich niemals. Mangelnder Lebenswille kennzeichnet ihn. Er erwartet keine Genesung, oft fehlt das Interesse, wieder gesund zu werden. Melancholie prägt ihn, er ist ergeben in sein Schicksal. Er läßt sich zu etwas überreden, um andere zufriedenzustellen. Seine Krankheit läßt ihn verzweifeln (stille Verzweiflung). Er leidet in unglücklicher Ehesituation.

HOMÖOPATHIE

Aconitum (echter Sturmhut)

Arsenicum (Weißarsen)

Aurum (Gold)

Calcium carb. (kohlensaurer Kalk) - alle stille Verzweiflung wie *Gorse*.

Carbo vegetabilis (Holzkohle) - verzweifelt und apathisch.

Agnus castus (Keuschlamm) gibt sich auf, glaubt, daß er bald sterben muß.

Acidum nit. (Salpetersäure)

Calcium carb. (kohlensaurer Kalk)

Arsenicum (Weißarsen) denken, daß ihnen nicht mehr geholfen werden kann.

Monnica Hackl weist u.a. darauf hin, daß der *Gorse*-Patient vom Therapeuten häufig als „Kraftsauger" empfunden wird. Dahinter steht der nicht anerkannte oder unbewußte Wunsch nach Hilfe. Es ist also ratsam, solche Patienten, die man fast als „Energie-Vampire" bezeichnen kann, zunächst mit *Gorse* zu behandeln. Der „Helfer" *Gorse* wird dann in der Lage sein, den Hilfesuchenden für das tatsächlich benötigte Blütenmittel vorzubereiten. Der Kranke wird endlich in der Lage sein, seine Nöte zu artikulieren.

In der Phytotherapie ist der Besenginster bekannt, den man nicht mit dem Stechginster verwechseln kann, weil er keine Dornen hat. Außerdem sind die Blüten des Besenginsters von einem hellen Gelb. Seine blutreinigende Wirkung ist günstig für die Haut und den Stoffwechsel. Aber Vorsicht: Besenginster ist giftig und kann bei starker Überdosierung zum Herztod führen. Schon aus diesem Grund kann eine Blüten-Essenz nicht vom Besenginster gewonnen werden, würde dies doch den Anforderungen Bachs an seine Heilmittel, nämlich übermenschlich, göttlich zu sein, nicht entsprechen. (Anm.: Das Homöopathicum heißt *„Sarothamnus scoparius"* und wird von der zweiten bis zur sechsten Potenz bei Herzrhythmus- und Reizleitungsstörungen eingesetzt.) Der Besenginster ist eine Essenz aus den „Kalifornischen-Blütenessenzen" - giftige gibt es einige weitere - womit eine etwaige Gleichstellung mit der Blütentherapie von Dr. Edward Bach unmöglich ist, da die spirituellen Anforderungen, die Bach an ein Heilmittel stellt, bei den „Kaliforniern" in erheblichen Bereichen nicht erfüllt werden. Für den klassischen Bach-Blüten-Therapeuten bedeutet dies eine Abqualifikation.

FARBE

Wir lassen hier selbstverständlich das Sonnengelb gelten und anerkennen den starken Bezug der Pflanze zur Sonne in ihrem immergrünen Kleid. Dieser Sonnenaspekt ist die Energie, die Freude und damit den Wunsch zu leben verbreitet. Gelb verhilft zu geistiger Geborgenheit; wir werden unser Herz wiederfinden.

White Eagle sagt über den gelben Heilstrahl: „Es ist die Farbe des Elementes Luft, des Elementes, das den Austausch der Gedanken fördert und das Streben nach Weisheit. Obgleich diese Farbe das Gefühl von freudiger Lebendigkeit verleihen kann, können wir doch, wenn wir tief in das Wesen der Farbe hineinlauschen, ihre zarte Essenz der Weisheit, der absoluten Stille vernehmen und mit dieser Stille eine wunderbare Gewißheit des Vorhandenseins göttlicher Liebe erfahren."

TON

Gelb ist auch die Farbe der Venus. Zu ihr gehört das „G". Da die Sonne aber bei *Gorse* dominiert - ihr Ton ist das „H" - lassen wir diesen Zweiklang ertönen.

EDELSTEIN

Der *Hiddenit* ist eine gelbe Variante des *Kunzit* und stärkt das körperliche und seelische Gleichgewicht. Herz-Chakra und Sonnengeflecht werden günstig beeinflußt durch seine sanfte und zugleich kraftvolle Energie. Diese Energien öffnen den Menschen für Erkenntnisse, die seine Blockaden lösen, die hinter den Krankheiten stehen und diese verursachen. Der Stein hilft, den Menschen für seine Heilung empfänglich zu machen.

AFFIRMATION

Ich wende mich dem Leben mit Mut und Hoffnung wieder zu.

HEATHER (HEIDEKRAUT)
- CALLUNA VULGARIS -

Die Entdeckung und Entwicklung der Blütentherapie ging schrittweise voran. Zunächst suchte Edward Bach Heilblüten, die zwölf menschliche Schwächen in Stärken umwandeln sollten. So begegnete er seinem *Mimulus*, das Angst in Mitgefühl kehrte, dem *Rock Rose,* und der Schrecken wich dem Mut. *Agrimony* vermittelt Frieden und löst die Rastlosigkeit auf. Dem Unentschlossenen schenkt *Scleranthus* Standsicherheit, der mit Gleichgültigkeit dem Leben gegenüber Dahinträumende wird durch *Clematis* zu Freundlichkeit erwachen. Der durch *Centaury* gestärkte Mensch wird seine Ich-Schwäche verlieren und kann endlich seine Grenzen verteidigen. Das zwanghafte Besitzenwollen des *Chicory*-Typus heilt durch Einnahme der Blütenessenz zu allumfassender Liebe. Törichte Ignoranz klärt sich mit *Cerato* zu Weisheit. *Gentian* lernt seinen Lebensplan verstehen und legt seine Zweifel ab. *Vervain* besänftigt glühenden Fanatismus zu Toleranz. Die Ungeduld den Langsamen, Andersdenkenden gegenüber verändert *Impatiens* in Nachsicht, und *Water Violet* gewinnt die Freude am Dienen zurück, wenn es über die Unzulänglichkeiten der Welt in tiefe Trauer gestürzt ist.

Nachdem nun diese zwölf Heiler bereits ihre Wirkung bewiesen hatten, fand Edward Bach heraus, daß zuweilen keine der Wesensbeschreibungen recht paßte. Viele Patienten hatten sich mit ihrem körperlichen und seelischen Zustand arrangiert; sie gaben vor, sich mit dem Unvermeidbaren abgefunden zu haben. Eine solche Haltung ist jedoch eine unüberwindbare Barriere, die bereits jeden Ansatz zu einem möglichen Heilgeschehen zunichte macht. Menschen, die sich gedanklich und durch ihr Tun in solch eingefahrenen Gleisen bewegen, befinden sich quasi im Zustand der Erstarrung, aus dem man ihnen heraushelfen muß. Diese Kranken haben den Zugang zu ihrem eigenen Wesen, den Blick für ihre Lebensaufgabe verloren. Sie sind dann nicht in der Lage, einen Einblick in ihren Zustand zu gewähren, weil sie eben jenen Einblick einfach nicht haben. Wie aber soll man nun das richtige Blütenmittel für jene Patienten finden, wie können Heilkräfte in ihn einströmen, wenn er seine Seele verschlossen hält wie die Auster ihre Perle?

Edward Bach war ein Kämpfer, er hat niemals einen Kranken als "verloren" bezeichnet, als "austherapiert" aufgegeben. Der Mann mit Kräften, die denen des weisen Merlin ähnelten, ging wieder einmal "nach Hause", das heißt, er durchwanderte die Natur und kam mit seinen Helfern zurück. Diese Helfer, wie er sie nannte, sind in der Lage, aus der Resignation über körperliche Mängel oder ausgeprägte Charakterschwächen herauszuführen, die Starre zu durchbrechen und die eigene Identität wieder anzunehmen. Es waren insgesamt sieben Helfer, die hier genannt sind:

Für blasse Patienten empfiehlt Edward Bach *Olive*, dann ist der Patient auf allen Ebenen erschöpft. *Oak* für jene, die trotz körperlicher Überanstrengung weiterarbeiten. *Gorse* für den Menschen, der fast verzweifelnd alles aufgeben möchte.

Die nächsten drei Helfer dachte Dr. Bach für Leidende mit frischem und kräftigem Teint. Hier bietet sich *Heather* an, wenn der Mensch sich wie ein bedürftiges Kind verhält, stets Aufmerksamkeit heischend. *Rock Water*, das mit Sonnenenergie aufgeladenen Wasser aus einer heiligen Quelle, hilft, die kühnen Pläne und Träume mit eigener Tatkraft zu verwirklichen. *Vine* ist das Mittel für den spirituellen Lehrer, der noch nicht gelernt hat, den Seelenweg eines anderen anzuerkennen. Das siebte Mittel, *Wild Oat*, ist wie ein goldener Schlüssel. Es paßt und hilft immer für Patienten, bei denen die anderen Helfer oder Heiler bisher dem Anschein nach versagt haben. Es empfiehlt sich, die Einzelblüte für eine bis zwei Wochen einnehmen zu lassen. Danach kann die eigentliche und notwendige Bach-Blüte exakt herausgefunden werden, und die Heiler können ihren Segen entfalten.

Bach suchte u. a. ein Mittel für Menschen, die nicht allein sein wollen und nur in Gesellschaft anderer Menschen glücklich sein können. Sie reden gerne viel und neigen dazu, sich mit ihren eigenen Belangen in den Mittelpunkt zu stellen. Er kannte eine Dame, auf die alle eben genannten Eigenschaften zutrafen, und er fragte sie eines Tages, welcher Baum bzw. welche Pflanze ihr am besten gefalle. Ihre Antwort lautete: „Wenn das Heidekraut in voller Blüte steht - das nimmt mir fast den Atem.- Ich könnte alles um mich vergessen und nur noch dastehen und gucken." Daraufhin befaßte sich Bach intensiv mit dem Heidekraut. In Wales suchte und fand er es im Herbst 1933, stellte es mit der Sonnenmethode her - es sollte nach dem hohen Mittag zubereitet werden - und hatte nun tatsächlich ein Mittel entdeckt, das dem vorhin geschilderten Menschen-Typus helfen kann.

Im ersten Eindruck könnte man meinen, der *Heather*-Typ sei ein geselliger Mensch. Er liebt es, wie gesagt, sich darzustellen und hält sich für den Nabel der Welt. Aus diesem Bewußtsein heraus kümmert er sich übertrieben um das Wohl und Wehe anderer und hat in seinem falsch verstandenen Verantwortungsgefühl nur Augen für das, was er meint an seinen Mitmenschen korrigieren zu müssen. Da er aber nicht zuhört, sondern lieber selber redet, hat er von den wirklichen Bedürfnissen seines Nächsten keine Ahnung. Auf höchst unangenehme Art kann er versuchen, seine Meinung und seinen Willen aufzudrängen. Wenn andere seine „guten" Ratschläge nicht annehmen, gerät er außer sich und kann erpresserischen Druck machen, etwa indem er sich plötzlich eine Krankheit zulegt. Dabei meint der *Heather*-Mensch es tatsächlich gut, und wenn man seine Hilfe einmal in Anspruch nimmt, reibt er sich förmlich auf - aber nicht nur, weil es ihm Freude macht, sondern er genießt auch die dabei unter Umständen entstehende Abhängigkeit sehr.

Nun könnte man versucht sein, solche Menschen als Wichtigtuer und Nervensägen beiseite zu schieben, aber dies würde ihren blockierten Zustand nur verstärken, denn der *Heather*-Mensch leidet im Innersten unter großer Einsamkeit, eben weil er so ist, wie er in seinem erkrankten Zustand ist. Der *Heather*-Patient verkümmert unter einem Mangel an Liebe und Zuwendung. Erkennt man den *Heather*-Menschen, beispielsweise an seiner Geschwätzigkeit und Überaktivität, die leicht in Hektik ausartet, dann frage man ihn behutsam nach seiner Kindheit. Fast ausnahmslos wird man auf dem Boden dieser quirligen Dynamik, dieser offenen oder versteckten Gefallsucht, diesem überzogenen Selbstvertrauen, das dem wachsamen Beobachter bereits wieder ein mangelndes Selbstwertgefühl signalisiert, wird man hinter all diesem Theaterdonner ein zutiefst verletztes Kind entdecken.

Es ist möglich, daß in den ersten Gesprächen noch die Darstellung einer glänzenden Kindheit gegeben wird, aber *Heather* ist ein Helfer, die Blüte wird das blinde Spiegelbild erhellen. Man sollte dem *Heather*-Patienten besonders leise, liebevolle Töne entgegensetzen und sich ihm auch bedingungslos zuwenden. Meist löst sich die Blockade in einem verzweifelten Tränenstrom, wenn das Ausmaß der Vereinsamung und Verletzung erkannt wird. Dann müssen Sie auch die Heiler einsetzen, wie z.B. *Willow* (Groll auf Vergangenes), *Larch* (mangelndes Selbstwertgefühl) oder *Holly*, um lieben und verzeihen zu helfen. Der *Heather*-Patient ist oft recht hübsch, hat eine gesunde Hautfarbe. Dr. Bach beschreibt ihn so: „Die *Heather*-Typen neigen dazu, unter Herz-Problemen zu leiden, unter Herzklopfen, klopfenden Kopfschmerzen, Verdauungsstörungen und solchen Beschwerden, wie sie von ängstlicher Erregung verursacht sein können und von dem intensiven Bemühen, in den gewöhnlichen Alltagsangelegenheiten zu helfen.

Ihre Krankheiten sind häufig nicht allzu ernst, bis sie das Alter erreichen; aber sie können unter beträchtlichen Unannehmlichkeiten und Störungen ihres täglichen Lebens zu leiden haben, die sie über Jahre hinweg mit geringeren Beschwerden belästigen. Sie neigen auch dazu, in bezug auf sich selbst leicht überängstlich zu reagieren, wenn sie auch nur geringe Probleme bemerken."

Ist der *Heather*-Mensch phantasievoll und kreativ, dabei aber ständig nur mit sich beschäftigt, sucht er verzweifelt nach einem Gegenüber, das seine Gedanken mit ihm teilt, was ihm aber durch die Einsamkeit, in die er sich hineinmanövriert hat, nicht gelingt. Häufig leidet er, unbewußt, unter einer inneren Leere. Menschen, die als Kind nicht genügend geliebt wurden, befinden sich oft in einem Seelenzustand, der einem vertrockneten Blumenbeet gleicht. Diese Dürre, die ihnen auch Unruhe und Angst macht, versuchen sie mit Geschwätz oder den Problemen anderer Leute auszufüllen.

Heather löst die Erstarrung, ein ruhiger Fluß von Geben und Nehmen wird zur Selbstverständlichkeit, der Blick löst sich vom eigenen Spiegelbild und sucht das „Du". Über die neugewonnene Gabe zuzuhören, entwickelt sich die Fähigkeit, eine erfüllte Beziehung einzugehen.

KÖRPERLICHE *HEATHER*-SYMPTOME

Herzprobleme, Herzklopfen, klopfende Kopfschmerzen. Verdauungsbeschwerden, wie Obstipation oder Völlegefühl. Mangelnde Sinne, d.h. er kann schlecht riechen, hören, sehen oder fühlen. Arthritis, Rheuma, Harnleiter-Nieren-Blasenbeschwerden, toxische Belastungen durch Umweltgifte.

SEELISCHE *HEATHER*-SYMPTOME

Hunger nach Zuwendung. Die ständige Angst, nicht geliebt zu werden. Zwanghaftigkeit und Hypochondrie. Egoismus und daher Mangel an Einfühlungsvermögen. Selbstgefälligkeit und Eitelkeit, er fordert Beachtung. Desinteresse an anderen, d.h. an deren tatsächlichen Bedürfnissen. Er redet viel über sich und kann nicht alleine sein. Die spirituellen Anfänger, die oft in eine Zwanghaftigkeit geraten, wodurch eine geistige Rigidität eintritt.

Sucht ständig neue Reize, will im Mittelpunkt stehen. Er macht sich immer Sorgen um etwas. Insistiert, damit seine Hilfe angenommen wird, ist dadurch ermüdend für andere. Flüchtet in Krankheit, um etwas zu bezwecken, übertreibt dabei, Gesundheitsapostel, braucht Mitleid und hat auch Selbstmitleid.

Calluna vulgaris (das Heidekraut) hat auch als Tee in der Pflanzenheilkunde eine Bedeutung. Bereits im Mittelalter verwandte man einen Aufguß des Medikamentes, auch Besenheidekraut genannt, bei Rheuma und Gicht, doch wurde ihre Heilwirkung nach und nach vergessen. Erst Pfarrer Kneipp entdeckte die Droge neu und schätzte sie hoch wegen ihrer blutreinigenden Wirkung. Auch bei Ekzemen kann man den Tee verwenden, wobei Umschläge und Waschungen damit ebenfalls ihre Wirkung tun. Man denke in diesem Zusammenhang an das Neurodermitis-Kind. Beleuchtet man bei ihm das häusliche Umfeld, entdeckt man häufig Disharmonien, die das Kind belasten, weil seinem Bedürfnis nach Geborgenheit nicht im gemäßen Umfang entsprochen wird.

HEIDEKRAUT-TEE:

Ein bis zwei Teelöffel Heidekraut-Blüten werden mit einem viertel Liter kochendem Wasser übergossen und zehn Minuten ausgezogen. Zwei- bis dreimal täglich eine Tasse schluckweise trinken. Süßt man den Tee mit Honig, fördert er abends das Einschlafen. - (Manfried Pahlow)

HOMÖOPATHIE

Pareira (Grieswurz) - Nieren und Blase.

Natrium mur. (Kochsalz) - Rheuma, Gicht.

Stramonium (Stechapfel) - Haut, Rachen, Kopf, Glieder.

Alle drei Mittel haben gemeinsam die Redelust.

Palladium (Palladium metall.) - narzistisch, rücksichtslos. Dies deutet auf schweren seelischen Notstand hin.

Phosphorus (gelber Phosphor) - produziert sich gerne, ist aber liebenswürdiger und lustiger als *Heather*.

Lachesis (Gift v. Grubenottern)

Syphilinum (Syphiliserreger)

Mercurius (Quecksilber) - geschwätzig.

Sulfur (Sublimierter Schwefel) - braucht Anerkennung, unerbittlich fordernde Haltung, ermüdend für das Gegenüber.

Monnica Hackl zeigt eine weitere Möglichkeit der Heilbehandlung auf, die meine Praxis bestätigt. Der Mensch, dessen Arbeit, Sinnen und Trachten ausschließlich auf eine Fachdisziplin bezogen ist, verkleinert seine Welt und gerät durch diese Enge dann in einen *Heather*-Zustand. Auch Depressionen können dabei die Folge sein, und so ist es empfehlenswert, sich nicht unbedingt von Symptomen wie Traurigkeit, Gleichgültigkeit oder dem Fehlen jeglicher Dynamik leiten zu lassen. Wer den depressiven Patienten aufmerksam beobachtet, wird seine Selbstbezogenheit wahrnehmen, deren quälende Umklammerung dem sensiblen Patienten häufig durchaus bewußt ist. *Heather* ist hier das richtige Blütenmittel, um die Seele dem Strudel der tödlichen Eigenliebe zu entreißen.

EDELSTEIN

Es wird dem Tigerauge nachgesagt, das es unsere Nerven beruhigt, die Gedanken harmonisiert und die Konzentrationsfähigkeit steigert. Sein Träger wird Menschen oder Dinge anziehen, die für seine Entwicklung wichtig sind. Dieser edle Stein lehrt uns auch, verschiedene Standpunkte zu tolerieren. Dadurch wird der Mensch offen für seine Umgebung, wird anpassungsfähig und somit bereit, eine fruchtbare Beziehung einzugehen.

Wie bei allen harten, borstigen Pflanzen steht auch bei *Heather* Saturn Pate. Aber auch Mars macht seinen Einfluß geltend. Der blockierte *Heather*-Typ mit seinem rücksichtslosen Durchsetzungswillen und seiner kriegerischen Rechthaberei kann diese Einstrahlung kaum verleugnen. Andererseits zeigt Saturn Beharrlichkeit, und Mars unterstützt den Menschen, der jeden Tag mit frischem Wagemut das Leben angeht, begleitet von der Frage: „Nützt es mir und auch den anderen? Und wenn es nur mir etwas nützt, schadet es den anderen nicht?"

Wir denken an rauhe und kalte Gegenden, deren weite Flächen im nassen, kühlen Herbst mit Heidekraut bedeckt sind. Wie kann eine solche Pflanze, meist noch auf unfruchtbaren Böden, überhaupt gedeihen? Nun, *Heather* ist in der Lage, sich mit diesen winterlichen Kräften siegreich auseinanderzusetzen, weil es die Fähigkeit hat, mit seinen Blüten kosmische Wärme und Licht zu saugen und diese zu speichern. Das bezeugen die ungewöhnliche Blütenfülle und ein reicher Nektarsegen. Dies ist auch der Grund, weshalb man *Heather,* den Licht- und Wärmespeicher, pflücken soll, kurz nachdem die Sonne ihren Höchststand erreicht hat. Das ist der Zeitpunkt, um die Essenz zu gewinnen.

FARBE

Edward Bach weist besonders auf die Herzensreaktionen hin und die pochenden Kopfschmerzen, denen das blockierte *Heather* ausgesetzt ist. Hier heilt die Farbe Grün, die zudem Balance, Ausgleich und Entspannung verspricht und einen inneren Bezug zur Natur herstellt, wodurch der Mensch, besonders der heutige Stadtmensch, seine innere Leere mit den webenden, schöpferischen Kräften der Erde erfüllt.

TON

Der korrespondierende Ton ist das „H", dem sich besonders unser Herz-Chakra öffnet.

Zum Abschluß dieses Bluten-Themas ein Wort von Ulrich Schaffer, das die Quintessenz dieser Blüte ausdrückt: „Ich suche das, was du mir geben kannst. Ich brauche es, weil es mir fehlt. Aber dann merke ich, daß ich in mir finden muß, was ich bei dir suche. Nur so werde ich ein reifer Mensch. Ich kann dich nicht für mein Glück verantwortlich machen."

AFFIRMATION
Im Ganzen bin ich lebendig.

HOLLY (STECHPALME)
- ILEX AQUIFOLIUM -

„Geh` aus mein Herz und suche Freud..."

Im Tempo unserer Zeit haben wir einander weitgehend verloren. Fast ein jeder lebt auf sich bezogen, betrachtet das Hier und Jetzt als feindliche Szenerie und seinen Nächsten als Widersacher.

„Das Leben ist ein Kampf", aber Kampf bedeutet Zank, Streit, Haß, Neid, Eifersucht, Rachsucht und Gewalt. Wir rackern uns ab im Hinblick auf eine Zukunft, vor der wir ein Grauen haben. In jener Zukunft suchen wir nicht Gott mit seiner Liebe, so wenig wir in der Vergangenheit die Zeichen Seiner Führung wahrhaben wollen. Daß wir Ihm nur im Hier und Jetzt lebendig begegnen können, daß wir Träger Seiner Herrlichkeit und Liebe sein könnten, wenn wir Gott in uns zulassen würden, d. h. uns als einen Teil von Ihm bewußt erkennen, diese Möglichkeit haben wir in unseren jahrtausendealten Kämpfen „verdrängt". Unsere Gefühle wie Nächstenliebe, Toleranz, Mitgefühl, Hilfsbereitschaft, Dankbarkeit, Verzeihen, Freundschaft und Friedfertigkeit sind erblindet – wir haben unsere Anbindung an eine höhere Ordnung verloren. Ordnung in höherem Sinn heißt hier die harmonische Beziehung des Menschen zum Nächsten in Familie, Nachbarschaft und Beruf. Für Pfarrer Kneipp war die Harmonie im Innersten seiner Patienten nur möglich durch den Blick auf Gott, dessen Ordnung der Mensch nicht ungestraft zerstören darf. Kneipp sagte: „Erst als ich Ordnung in die Seelen meiner Patienten brachte, hatte ich Erfolg."

An der Spitze aller organischen Krankheiten, die zum Tode führen, stehen Herzkrankheiten. Ist es nun möglich, daß Dr. Edward Bach eine Blüte höherer Ordnung fand, eine Blüte, die in ihrem Entwicklungsstand entsprechend hoch – oder höher – ist als der durchschnittliche Mensch, und daß einer solchen Blüte die Kraft gegeben ist zu heilen und Gefühle wie Haß, Neid, Eifersucht in eine allumfassende Liebe zu wandeln?
Es gibt eine Reihe von Blüten, die auf dem Weg dorthin ebenfalls heilen. Denken wir an *Willow*, das den Groll auf Vergangenes auflöst, an *Pine*, das uns die Fähigkeit zu vergeben zurückgewinnt, an *Sweet Chestnut*, das uns Erlösung aus tiefer Dunkelheit verheißt, an *Water Violet* mit seiner Kraft, uns aus der Isolation zu helfen.

Chicory schenkt die Fähigkeit zu echter Hingabe, *Rock Water* vermittelt Freude und Vertrauen, *Gentian* stärkt unsere Zuversicht und unseren Glauben. Die Blüte aber, die uns zum Höchsten erheben kann, die Menschen benötigen, die von Neid, Rachsucht und Haß schier zerfressen werden und die Edward Bach mit am meisten liebte, weil sie ein unermeßliches Liebespotential in sich tragen, das durch viele seelische Verletzungen blockiert ist, diese Blüte wird uns von der heiligsten Pflanze der Druiden, dem *Holly,* dargeboten.

Das Wort „*Holly*" bedeutet Hülsenholz. Die Bezeichnung „Stechpalme" hat sich erst etwa im 16. Jahrhundert eingebürgert, vielleicht aufgrund der Legende, die da berichtet, daß die Palmwedel, mit denen das Volk Jesus zujubelte, als er nach Jerusalem hinunter ritt, vor Empörung Stacheln bekamen, als dasselbe Volk wenig später „kreuziget ihn" schrie. In den roten Beeren meinten dann die frommen Leute die Blutstropfen Christi zu erkennen.

Holly ist eine überaus lebensstarke Pflanze, die das ganze Jahr grünt. Bei uns ist der Ilex als Busch bekannter, es gibt ihn aber auch als Baum. Dann kann er bis zu zwanzig Metern hoch werden. Seine Blüten sind klein, vierblättrig und weiß mit einer leichten rosa Färbung. Sie verbreiten einen starken Duft.

Der Sage nach war *Holly* bereits dem gütigen und gerechten König Artus bekannt. Die Barden der damaligen Zeit berichteten, daß eines Tages die Tafelrunde entscheiden sollte, wann die hehre Frau Isolde mit ihrem Ehemann König Mark und wann im Jahr mit ihrem Geliebten Tristan leben dürfe. Als Gemahl durfte König Mark zuerst wählen und zwar zwischen der Zeit, da die Bäume laublos und jener, da sie grün sind. Schlau entschied sich Mark für den Winter, weil zu jener Zeit die Nächte länger sind. Isolde aber triumphierte daraufhin und sang ein Liebeslied:

„Drei Bäume gibt es von edler Art,
die Stechpalme, das Efeu und die Eibe.
Solange sie leben, tragen sie Blätter.
Tristan gehöre ich, solange er lebt."

Aber noch etwas anderes soll uns diese Geschichte verdeutlichen: Wir alle tragen einen männlichen und einen weiblichen Seelenanteil in uns, dem wir die „*Ganzheit*", das Einssein, gewähren müssen, damit wir *heil* – „*holy*" sein können.

Als Arzneipflanze fand die Stechpalme früher wegen ihrer reinigenden Wirkung mehr Aufmerksamkeit als heute. Manfried Pahlow schreibt, daß z. B. in der Schweiz ein Blättertee von Ilex bei Grippe, Bronchitis, Rheuma und, wenn auch seltener, zur Entwässerung eingesetzt wird.

In einigen alten Kulturen nutzte man die Pflanze, wenn Leib und Seele gereinigt werden sollten, z. B. vor rituellen Zeremonien der keltischen Orakelpriesterinnen. Körperlich nämlich verursacht das Gebräu aus den

Blättern der Stechpalme Erbrechen und Durchfall. Für die Seele, meinte man, vertreibe das Getränk böse Geister und würde niedrige Instinkte, welche die Rechtschaffenheit der Gesellschaft zerstören würden, zu erhabenen Gefühlen wandeln.

Edward Bach, mit seiner walisischen Herkunft, befrachtet mit dem bewußten und wohl auch unbewußten keltischen und druidischen Wissen, hat die hohe Heilschwingung der Stechpalme vollkommen erfaßt. Haß, Neid, Eifersucht, Rachegelüste, Mißtrauen – diese weltzerstörenden Seelengifte werden durch die Blütenessenz „Holly" geläutert. Er schreibt: „Holly ist für jene, die manchmal von Gedanken wie Eifersucht, Neid, Rachsucht oder Argwohn befallen werden. – Für die verschiedenen Formen ärgerlicher Unruhe. – Im Inneren leiden diese Menschen häufig sehr, und dies oft, wenn es für ihr Unglücklichsein keinen echten Grund gibt."

Schlicht faßte Bach dies in den Worten zusammen: „Holly öffnet das Herz und verbindet uns mit der göttlichen Liebe."

KÖRPERLICHE *HOLLY*-SYMPTOME

Hilfreich bei allen Formen von Herzbeschwerden, Schilddrüsenüberfunktion, Hypertonie und chronischem Durchfall. Ein Begleitsymptom von Aids, hier ist *Holly* sehr hilfreich. Nach einem Schlaganfall und bei Multipler Sklerose. Harnsaure Diathese, die zu Steinbildung führen kann. Therapieresistenz. Wirkt manchmal klärend, weil die Gefühle nicht verdunkelt sind. Rheuma und grüner Star werden ebenfalls günstig beeinflußt.

SEELISCHE *HOLLY*-SYMPTOME

Beeinflußbar aus Neid und Eifersucht, ist leicht gekränkt und bildet sich Beleidigungen häufig ein. Aus Argwohn und Haß erfüllt, neigt er zu Überreaktionen. Er leidet unter Isolation, in die er sich selbst durch seine Gehässigkeiten hineinmanövriert. Er denunziert gern andere, ist auch schadenfroh. Meist fühlt er sich unglücklich, reizbar, verbittert und verdrießlich.

HOMÖOPATHIE

Hyoscyamos (Bilsenkraut)

Stramonium (Stechapfel)

Lachesis (Gift v. Grubenottern) – Eifersucht, neidisch, haßerfüllt.

Natrium mur. (Kochsalz) – die Elefantenseele, die nichts vergißt.

Acidum nit. (Salpetersäure) – höchst mißtrauisch.

Tuberculinum – Nosode aus einem tuberkulösen Prozeß.

Hepar sulf. (Schwefelleber) – boshaft, zerstörerisch, quält sich und andere.

Leider ist *Holly* – wie einige andere Blüten – in der Literatur mit allzugroßer Vorliebe für seine Negativ-Aspekte dargestellt. Schuld daran ist auch eine teilweise ungenügende Übersetzung, die der Darstellung dieser Blüte und dem Wesen Edward Bachs in keiner Weise entspricht. Wer sich mit dem Menschen ausführlich befaßt hat, kann das deutlich erkennen.

In ihrem Buch „Bach-Blüten-Therapie für Homöopathen" schreibt Monnica Hackl: „Man sollte bedenken, daß *Holly* ein Mittel von großer Kraft ist. Mir stellt sich der *Holly*-Zustand stets als Ringen um Liebe dar. Wer je einen Menschen um Liebe ringen sah und dessen oft qualvolle Situation erkannte, weiß, auf wieviel tieferen Schichten sich eine Seele durchkämpfen muß. Ein Zustand, der zu Herzen gehen könnte, wüßte man nicht um die Kraft des Mittels „*Holly*". In allerkürzester Zeit kann es den Patienten aus seiner verzweifelten Situation herausbringen und ihm dazu verhelfen, daß er die gewonnene Verwirklichung der Liebe in seine Gesamtpersönlichkeit einbaut – zur wahren Freude für ihn und seinen Therapeuten. Jeder Behandler sollte eine tiefe Ergriffenheit in sich spüren, wenn er sich starkem Haß gegenübergestellt sieht. Die gleiche Kraft und Macht wird auch die Liebesfähigkeit dieses Menschen haben, wenn sein Bewußtsein eine Wende erfährt."

FARBE

Rot – heilt organische Leiden, wie sie angesprochen wurden. Es weckt Lebensfreude, schenkt Wärme und verleiht das Gefühl körperlicher Geborgenheit.

EDELSTEIN

Ein großer Liebesstein ist der R u b i n. Er wirkt harmonisierend auf die körperliche und seelische Liebe, beides wird miteinander verbunden, kann nebeneinander bestehen. Der Stein hilft, sich selbst zu lieben, und aus dieser Liebe heraus kann der Mensch voll zur Nächstenliebe erblühen, womit er das zweite aller großen Gebote: „Liebe dich selbst, damit du deinen Nächsten lieben kannst" – in Vollkommenheit erfüllt.

TON

Das Lebenspendende, Glutvolle und Starke leuchtet im „C", von welchem auch die Farbe getragen wird.

Die Blütenessenz von *Holly* bringt Licht in die Finsternis unserer Gefühle, und wenn wir uns ihr anvertrauen, finden wir bald wieder Kontakt zum Höheren Selbst.

AFFIRMATION

Ich liebe und werde geliebt!

CHICORY (BLAUE WEGWARTE)

- CICHORIUM INTYBUS -

In der Bach-Blüte „*Chicory*" beschreibt M. Scheffer eine Persönlichkeit, die ihre Hartherzigkeit und Herrschsucht durch „manipulative Überfürsorglichkeit und Überbesorgtheit anderen gegenüber" zu kompensieren sucht. So der fast alles andere übertönende Tenor.

Es ist jedoch äußerst wichtig, während der Gespräche hinter die Mauer zu schauen und dort unvoreingenommen das I n d i v i d u u m hinter der Persönlichkeit zu suchen.

Das Individuum ist der Teil von uns, der in seiner Reinheit und Klarheit unversehrt geblieben ist – es ist unser Sein in seinem vollkommenen Ausdruck. Wir sind so, wie Gott uns gemeint hat - Ihm ähnlich.

Philip M. Chancellor bat Nora Weeks um eine Darstellung, wie man nach ihrer Erfahrung und Anleitung durch Edward Bach ein diagnostisches Gespräch zu führen habe. – Lassen sie mich aus dem Inhalt ihres Antwortbriefes zitieren:

„Das folgende zeigt in knappen Worten, wie wir bei der Arzneimittelwahl vorgehen. Wir haben keine Standardliste von Fragen an den Patienten. Wir haben vielmehr das Gefühl, es sei besser, jeden Patienten als Individuum zu behandeln und damit auf eine Weise, die sich bei jedem einzelnen unterscheidet. Das bedeutet, daß das Gespräch mit jedem Patienten so zu führen ist, wie es dessen Verständnis, seiner Herkunft und seiner allgemeinen Lebenseinstellung entspricht. Am wichtigsten ist, daß der Patient sich wohl fühlt und entspannt. Er soll das Gefühl haben, daß du sein Freund bist und ihm aufrichtig helfen möchtest. Vermittle ihm die Sicherheit, daß er absolut vertrauensvoll über sich selbst mit dir sprechen kann. Nur wenn er ganz offen und ohne Zurückhaltung über sich zu sprechen vermag, wirst du ihm durch die Wahl des richtigen Heilmittels für seinen Zustand helfen können.

Laß ihn die ganze Zeit wissen und spüren, daß er ein guter Mensch ist, und daß er nicht der einzige auf der Welt ist, der ein solches Problem hat.

Versichere ihm allen Ernstes, daß seine Schwierigkeiten nur vorübergehend sind, und daß seine Ängste sich manifestieren, weil er dabei ist, den großen Mut zu entwickeln, der schon in ihm steckt – denn Angst ist schließlich nichts anderes als eine Mutprobe. Sage ihm auch, daß er Verständnis und Toleranz für andere besitzt, und daß dieses echte Einfühlungsvermögen nur vorübergehend von Ungeduld und Reizbarkeit überlagert ist. Versichere ihm abermals, daß er mit solchen Gefühlen nicht allein ist, und daß eben die Emotionen, die ihm am meisten Probleme bereiten, ganz ausgemerzt werden können. Auf diese Weise wird er seine Freiheit gewinnen. Dr. Bach pflegte uns zu ermahnen: "Sagt ihnen, daß sie großartig sind! Hebt ihre positiven Eigenschaften hervor! Fordert sie auf, sich auf sie zu besinnen und zu konzentrieren!"

Denke schließlich immer daran, daß der Geist allgegenwärtig ist, in deinem Patienten ebenso wie in Dir.

Achte darauf, daß jeder Patient herzlich willkommen geheißen wird, wenn er deine Praxis betritt. Teile ihm mit, wie sehr du dich freust, daß er sich dafür entschieden hat, die Bach-Blütenmittel zu nehmen, denn sie haben in den vergangenen vierzig Jahren schon vielen Menschen Hilfe gebracht! Sieh zu, daß er bequem Platz nimmt, sich entspannen und rundherum wohl fühlen kann."

Weiter schreibt Nora Weeks:

„Denke immer daran, daß der kluge Arzt und Praktiker ein guter Zuhörer ist! Pflege die Fähigkeit zuzuhören und lasse den Patienten reden; achte aber darauf, aufmerksam zu lauschen."

Sie ermahnt, daß der Patient uns bereits die Stichworte liefert wie: Angst, Hoffnungslosigkeit oder Ungeduld etc.. Auch auf die Sprechweise, Gebärden, Mimik, Gesichtsfarbe ist zu achten, weil alle diese Zeichen uns bereits zur richtigen Blüte führen. Schildert der Patient uns schließlich seine Emotionen, darf man nicht überrascht, empört oder entsetzt reagieren. Der Zuhörende muß beurteilen, aber er darf niemanden verurteilen

Nora Weeks schließt ihren Antwortbrief:

„Versäume nicht, ihn wissen zu lassen, daß d u dir seiner Probleme ganz bewußt bist, und daß negative Gedanken jeden hin und wieder heimsuchen. Manche Menschen haben gelernt, sich ihnen zu stellen, nachdem sie ihren Organismus und ihr Gemüt in Harmonie gebracht haben. Das also wirst du mit deinem Patienten in Angriff nehmen, du brauchst dazu aber seine Kooperation. Denn nur so wirken die Bach-Blütenheilmittel. Sprich dann über seine mannigfachen positiven Eigenschaften, lobe ihn, daß er so viel Mut gezeigt hat und so weit gekommen ist, ohne die Hoffnung aufzugeben! Und sage ihm schließlich, daß es nichts zu fürchten gibt als die Angst, und daß ihm die Heilmittel, die du verordnen wirst, in jeder Hinsicht, an Körper und Geist und Gemüt, helfen werden. Sei positiv zu deinem Patienten, gib ihm jede Hoffnung. Natürlich kannst du seine Heilung nicht garantieren - denn das können nur Gott und Seine Kraft -, aber als Mensch und aufgrund deiner Erfahrung kannst du ihm versichern, daß er eine starke Besserung spüren wird, wenn er zuverlässig die Verordnung befolgt, die du ihm geben wirst. Erinnere ihn daran: er ist nicht der erste, der so zu leiden hat, und ganz gewiß auch nicht der letzte, daß er aber bestimmt glücklich sein werde, von seinen Problemen ein für alle Mal frei zu sein. Denke daran, daß dein Gespräch mit dem Patienten sehr viel dazu beitragen kann, daß diesem schon an Ort und Stelle geholfen wird. Es wird auch eine Vertrauensbasis zu dir als Praktiker schaffen sowie zu den Blütenarzneien als Heilmittel. Achte darauf, daß sich jeder Patient beim Verlassen deines Sprechzimmers besser fühlt als beim Betreten. Wenn dies zum obersten Gebot in deiner Praxis wird, ist der Erfolg gewiß."

In der Chicory-Blüte finden wir das Lebens-Prinzip der „Erdmutter" verwirklicht, der „Großen Mutter". Wir kennen den Begriff der „Urmutter" aus Sagen und Mythen - erinnern wir uns an Demeter, Ceres oder Gaia. Chicory beinhaltet allein die positive Form der Mütterlichkeit als freigiebigen Ausdruck von Fürsorge und Liebe, den wir Menschen entgegenbringen können. Demnach ist Chicory das Sinnbild des Empfänglichen, Gebenden, Hingebenden und Verzeihenden und somit das Wesen des Weiblichen. Es sei hier aber ausdrücklich darauf hingewiesen, daß dies keine reine „Frauenblüte" ist. Unerheblich bleibt nämlich, ob das Prinzip Fürsorge und

Liebe bei einer Frau oder einem Mann zum Ausdruck kommt. Die Blüten-
seele der „Blauen Wegwarte" beinhaltet „äußerste Selbstaufgabe und den
Verlust der Individualität in der Einheit". (Edward Bach) - Hier ist Individualität als „Einzel-Sein" zu verstehen. In der Verschmelzung mit einem
anderen „Einzel-Sein" entsteht eine neue Einheit - ein neues Sein.

Bach idealisiert den erlösten Chicory-Zustand so:
„Gehörst du zu jenen, die sich sehnen, die Welt zu retten? Die sich
sehnen, die Arme auszubreiten und alle zu segnen, die um uns sind? Die
den Wunsch haben zu helfen und zu trösten und mitzufühlen? Und die aus
irgendeinem Grund durch Umstände oder Menschen davon abgehalten
werden? Hast du das Gefühl, anstelle vielen zu helfen, von einigen wenigen
festgehalten zu werden, daß damit dein Vermögen eingeschränkt ist, so
umfassend zu geben, wie du es möchtest? Gelangst du an einen Punkt, an
dem du zu erkennen wünschst, was es bedeutet, wenn alle Menschen mit
dir rechnen, aber keiner zu sehr?
Dann wird dir die wunderschöne Blaue Wegwarte vom Kornfeld zu
deiner Freiheit verhelfen, zu der Freiheit, die wir alle so dringend brauchen,
bevor wir der Welt dienen können."

Aber wir sind keine herabgestiegenen Meister, kein mit der Weisheit
und Kraft des Alls gesegneter Merlin, der den Untugenden gebietet. Wir
unterliegen vielen Einflüssen, die das aktive Prinzip der Liebe in uns nicht
mehr ungehindert fließen lassen. Anstatt uns selbst aufzugeben - wobei
hier niemals die Rede davon ist, unser Sein aufzugeben - werden wir ego-
zentrisch, fallen in Selbstmitleid und trampeln mit den Füßen, wenn wir
nicht bekommen, was wir uns angeblich verdient haben. Wir können sogar
arglistig werden, um unser Ziel zu erreichen; denn der göttliche Funke in
uns wird von einem räudigen Wolfspelz zugedeckt.

Die Blüten sind von einem sehr eindringlichen Blau, das im Mittelalter
besonders als Blau der Hingabe, des edlen Idealismus bezeichnet wurde.
Bach setzte dieses Blau in Bezug zu Maria, der Mutter Jesu, die auf sehr

vielen Gemälden einen blauen Mantel trägt, der ihre Schutzfunktion symbolisiert.

KÖRPERLICHE *CHICORY*-SYMPTOME

Wir setzen diese Blütenessenz bevorzugt ein bei allen Stauerkrankungen und allen Leber-Galle-Milzkrankheiten. Bei Dysregulation der Magen-Darmsäfte, Lymphstau, gestauten Beinen. Zur Blutreinigung und bei Augenkrankheiten, z. B. wenn zu wenig Tränenflüssigkeit produziert wird. Hals-, Nasen-, Ohren-Erkrankungen, z. B. Sinusitis. Harter Stuhl und Obstipation - der Patient kann nicht loslassen. Blasen- und Nierenbeschwerden, Steindiathese, Retentionen z. B. des Harn. Verzögerte oder aussetzende Menstruation, Giftbelastungen des Organismus. Für Kranke, die zur Hysterie neigen.

SEELISCHE *CHICORY*-SYMPTOME

Ist ärgerlich und besitzgierig, weil ihn Verlustängste prägen. Argumentiert gerne, besonders um Recht zu behalten. Verlangt viel Aufmerksamkeit. Er hat voreilig an anderen etwas auszusetzen, kann auch nicht bedingungslos lieben. Macht um seine seelischen und körperlichen Zustände Aufhebens, um etwas durchzusetzen. Der Mensch sorgt übertrieben für andere und drängt diese Fürsorge auch auf. Dabei ist er herrschsüchtig und egoistisch. Die Familie muß immer in der Nähe sein, weil er sie kontrollieren will. Berechnend hält er an seinen Krankheiten fest. Klagt häufig: „Keiner liebt mich." Selbstmitleid herrscht vor, dabei verlangt er Mitgefühl. Strenge gegen andere zeichnet sein Verhalten aus. Fühlt sich meist übergangen und ist tränenreich. Geistige Vergiftung, weil er sich dummes Zeug einredet. Erwartet für alles, was er tut, große, anhaltende Dankbarkeit. Sehr starke Willenskraft, aber mentale Starrheit.

HOMÖOPATHIE

Platinum (Platin)

Lilium tigrinum (Tigerlilie)

Palladium (Palladium) Unterleibsbeschwerden bei Frauen

Ignatia (Ignatusbohne) Leichte Unterleibsbeschwerden

Natrium mur. (Kochsalz) kräftige, gestaute Beine

Arsen (Weißarsen) Habgier

Moschus (Bisamdrüsensekret) gefühlsmäßige Erpressung anderer

Dulcamara (Bittersüß) lebt durch andere, dominiert sie.

Pulsatilla (Küchenschelle) tränenreich, versteckte Manipulation; wandernde körperliche Symptome.

Sepia (Tintenbeutel des Tintenfisches) Märtyrerhaltung, festgefahrene Verhaltensweisen. Achtung! Ähnlich Sepia nimmt Chicory bei einsetzendem Wohlgefühl seine Medizin nicht mehr, um das Machtinstrument „Krankheit" nicht einzubüßen.

Manfried Pahlow erwähnt ebenfalls die besondere Kraft der Wegwarte. Bei Magen-Leberstörungen, Nierenstau, Appetitlosigkeit (Aromastoffe, Gerbstoffe, Cholin), Blähungen, Leib- und Kopfschmerzen, Hautunreinheiten empfiehlt er folgenden Tee:

Wegwartenkraut mit Wurzel - Herba Cichoriae cum radice 20,0
Löwenzahnkraut mit Wurzel - Herba Taraxaci cum radice 20,0
Pfefferminzblätter - Folia Menthae pipertae 10,0

Da Pfefferminztee manchmal nicht vertragen wird, kann diese Droge auch durch Kümmel ersetzt werden, da sie hier hauptsächlich der Geschmacksverbesserung dient. Der Tee sollte o h n e Zucker getrunken werden, andere Süßmittel sind jedoch erlaubt.

Der aus Zichorienwurzel hergestellte Ersatzkaffee trägt noch leicht das bittere Aroma der Wegwarte. Der Wintersalat, Chicorée, ist die sprießende Hauptknospe der Wegwarte im Winterstadium. Ihr hat man die Bitterkeit durch Lichtentzug genommen. Die weißen, zarten Blätter haben einen sanften Bezug zum Mond, der aber bei der ausgewachsenen Pflanze nicht mehr tragend ist. Bei ihr ist Saturn der erste Pate, der sich in der azurblauen Blüte, den trockenen Stengeln und dem verwaschenen Grün der Blätter offenbart.

Astrologische Kräuterärzte früherer Zeit erkannten aber auch die Signatur Jupiters aufgrund der löwenzahnähnlichen Blätter und der milchhaltigen Pfahlwurzel. Tatsächlich gehört der Löwenzahn zur selben Unterfamilie wie die Zichorie. Letztlich unterliegt der Jupiter-Einfluß jedoch dem Saturn.

Die Pflanze wendet ihre Blüten stets der Sonne zu. Sie gedeiht auf kalkhaltigen Böden und auf Ödland. Besonders jedoch bevorzugt sie die Ränder von Kornfeldern und Ackerland. Übersetzen wir nun diese Charakteristika ins Spirituelle, so erhalten wir die Sehnsucht nach der Anbindung an das Schöpferische (Sonne). Die Demut und Bescheidenheit, aus der Hingabe wächst. (Kalkhaltige Böden - Ödland). Kornfelder - das Korn als Symbol für Fruchtbarkeit, Leben und Gemeinschaft (Brotlaib, Brotteilung).

EDELSTEIN

Feueropal (durchscheinend orange bis leuchtend rot)

Steht für Humor - das göttliche Spiel. Löst Blockaden sowohl im Seelischen als auch im Körperlichen.

Mit Humor und wenn wir uns nicht so wichtig nehmen, können wir vielen Vorkommnissen und Menschen offener begegnen. Dadurch werden wir weniger Schwierigkeiten haben, können Sympathie empfinden und Liebe fließen lassen. Der Stein schenkt uns positive Energie und dadurch Eigenschaften wie Vitalität, Kraft und Ausdauer. Er spart auch nicht, wenn es gilt, uns mit Weisheit und Erleuchtung zu segnen.

Der Feueropal hat die merkwürdige Eigenschaft, sich zu entziehen, indem wir ihn verlieren oder verlegen, sobald wir seine Energie nicht mehr benötigen oder eine angestrebte Transformationsstufe erreicht haben.

FARBE

Es gilt die Wahl zu treffen zwischen Blau, als Farbe des Jupiters, Violett, als Farbe des Saturns, oder Indigo. Obwohl zur letzten Farbe Neptun korrespondiert, habe ich mich für Indigo-Blau entschieden.

Krankheiten der Augen oder im Hals-Nasen-Ohren-Bereich werden durch die Heilschwingung dieser Farbe behandelt. Sie hilft bei nervösen und geistigen Störungen, bei Durchfall, Darmbeschwerden, seelischer und körperlicher Erschöpfung, und sie bewirkt die Reinigung des Blutes. Ausschlaggebend war bei meiner Wahl die Tatsache, daß die Farbe die Sinne in körperlichen, geistigen und spirituellen Bereichen beeinflußt und einen tiefreichen Kontakt auf heilender Ebene vermittelt. In diesen heilenden Harmonien sind wir dann in der Lage, uns der Liebe und Schönheit zu öffnen und sie gleichermaßen aus uns leuchten zu lassen. Wir werden so geheilt und sind in der Lage, unseren Nächsten zu heilen, der seinerseits die Schwingungen weiterträgt.

TON

Der korrespondierende Ton zur Farbe Indigo ist das „F".

AFFIRMATION

Mein königliches Geburtsrecht auf Freiheit nehme ich wahr und gewähre es auch jedem anderen Menschen.

PINE (DIE SCHOTTISCHE FÖHRE)
- PINUS SYLVESTRIS -

Die Gesetze und Moralbegriffe, die Liste der „gebrochenen Tabus" unserer Gesellschaft, haben aus uns „Schuldige" gemacht. Aus Angeklagten „Du hast..." sind Wiederklagende geworden „weil Du...habe ich..." Wieviel Jammer und Schmerz könnten wir uns ersparen, wenn wir im Umgang miteinander zu engagiert Fragenden „warum hast Du..." und zu freimütig Antwortenden werden könnten. Als Stigmatisierte durch das Schulddenken betreten wir diese Erde. Der Zeugungsakt – eine erhabene Begegnung zweier Seelen durch die Tore ihrer Körper, durchflutet von Liebe und schöpferischer Kraft, der seine Initialzündung in lebendiger Sexualität und Lebensfreude hat - ist durch enges moralisches Denken abqualifiziert worden, mißbraucht als Druckmittel, um reuige Sünder gefügig und abhängig zu machen.

„Du sollst nicht...", „...der liebe Gott schimpft", „Eltern sehen und wissen alles", so werden wir von klein auf in den göttlichen Gesetzen unterrichtet. Wenn wir es wagen, den von außen – Eltern und Erzieher – auferlegten Zwang zu durchbrechen, werden wir empfindlich gestraft, sei es durch körperlichen Schmerz oder durch seelischen, indem wir die Liebe unserer Bezugspersonen entzogen bekommen. Hierbei spielt es keine Rolle, ob wir tatsächlich eines der „göttlichen" Gesetze übertreten haben, oder eines, das aus einer wie auch immer entstandenen, verbogenen Weltanschauung unserer Erziehenden entstammt. Auf jeden Fall bleiben wir als Bestohlene zurück, als unserer Unschuld beraubte Menschen.

Gott schrieb Seine Gebote mit Feuer auf Steintafeln und übergab diese Moses. Diesen augenfälligen Akt, von dem uns die Bibel berichtet, dürfen wir auch symbolisch betrachten, daß nämlich ein jeder Mensch diese kosmischen Gesetze in seiner Seele verankert hat. Und ein jeder Mensch sollte von liebevollen Eltern oder deren Stellvertretern so geformt werden, daß er auf seinem individuellen Lebensweg mit einem klaren Unterscheidungsvermögen nach diesen Gesetzen handelt. Er wird dann so handeln, daß seine Taten der Entfaltung seiner Vollkommenheit nutzen und dem Nächsten zumindest nicht schaden.

Da gibt es die Geschichte einer Frau, die sich in zweifelhaften Situationen fragte: „Wie würde Jesus jetzt handeln?" Wenn sie sich diese Frage ehrlich beantwortete, tat sie nach ihrer Meinung das Rechte, wobei es ihr völlig gleichgültig war, welche Wertung ihre Handlungen in den Augen ihrer Mitmenschen hatten.

Dein Gewissen ist dein Wissen, deine innere Stimme, die mit d i r spricht, die d i c h lenkt und leitet, die nur für d i c h zuständig ist. Wenn du deiner inneren Stimme folgst, kannst du nicht in die Irre gehen – was immer auch die anderen sagen – denn sie ist das Göttliche in dir, das um deine Herkunft weiß und den Weg und Zeitpunkt deiner Vollendung kennt. Du kannst also gar kein „schlechtes" Gewissen haben, weil die göttliche Weisheit in dir immer leuchtend klar und hell ist. Man fühle sich auch nicht schuldig, wenn man einen Fehler begangen hat, weil die innere Stimme nicht richtig gehört wurde oder weil vergessen wurde, sie zu fragen. Es gilt zu danken, daß man den Fehler erkennen durfte. Falls er nicht revidiert werden kann, lerne man aus ihm, erkenne daraus seine Schwäche, arbeite an sich und verstehe, daß Fehler unsere Freunde sind, wenn sie als Korrektiv betrachtet werden. Nur mit Hilfe erkannter Fehler, aus denen wir positive Veränderungen an unserem Selbst und in unserem Leben herleiten, können wir zur Vollendung reifen, die uns endlich wieder in die Nähe unseres Vaters bringt.

Dr. med. Götz Blome, Autor des Buches „Mit Blumen heilen", schreibt, das Leben in seiner göttlichen Gesetzmäßigkeit benötige keinen moralischen Zwang und alles, was wir aus einer „moralfreien" Überzeugung tun, wird allen zum Segen gereichen. Um dieses „Moralfrei" gut zu verstehen, führt er aus,

„Auch Christus hat seine Mission aus einer inneren Notwendigkeit (die wir auch Gott nennen) vollzogen, nicht aus einem Schuldgefühl. Sein Leben ist für uns nicht deswegen vorbildlich, weil er sich (angeblich) für uns geopfert hat, sondern weil er bewußt, aufrecht und freiwillig das in ihn gelegte Gesetz vollzog. Auch in jedem von uns liegt ein solches Gesetz. Es ist das Leben, das zur Entfaltung und Selbstverwirklichung drängt und das uns, wenn wir ihm Folge leisten, stark macht und positiv wirken läßt. *Pine* wird Sie nicht zum unmoralischen Menschen machen, sondern zu einer Moral führen, die nicht den kleinlichen oder unreflektierten Interessen anderer Menschen entstammt. Es wird ein Leben ermöglichen, das nicht vom Schuldgefühl gesteuert und verdorben wird. Es kann aus Ihnen einen Menschen machen, der sein Leben bejaht, wie auch immer es aussehen mag."

Dr. Edward Bach sagt über das Blüten-Mittel *Pine*: „Für jene, die sich selbst Vorwürfe machen. Selbst wenn sie erfolgreich sind, denken sie, sie hätten es noch besser machen können und sind nie zufrieden mit ihren Bemühungen oder deren Resultaten. Sie arbeiten schwer und leiden sehr unter den Fehlern, die sie sich selbst einreden. Manchmal, wenn es einen Fehler gibt, den andere verschuldet haben, nehmen sie diesen sogar auf sich und fühlen sich verantwortlich."

Pine war das dritte der Heilmittel, die er ab 1935 fand. Aus den männlichen und weiblichen Blüten – Zweige von ca. 15 cm Länge geschnitten – stellte er mit der Kochmethode die Essenz her. Die Barnards stellten fest, daß die noch nicht mit Alkohol versetzte Essenz einen eigentümlichen Geschmack hatte, der ihr Wesen auf merkwürdige Weise charakterisierte: Sie schmeckte wie trockenes Holz, wie etwas Altes und Modriges. Die Föhre mit ihrer Aufgabe, alte Prägungen auszumerzen und uns aus unseren „Erbschuldverstrickungen" in die Freiheit zu verhelfen, deutet mit diesem „Geschmack" unseren blockierten Seelenzustand an.

Die positiven Eigenschaften von *Pine* haben die Menschen, die ihre Fehler akzeptieren, aber nicht als angeboren annehmen. Sie arbeiten an ihnen. Sie übernehmen für andere Menschen nur die Verantwortung, wenn es hilfreich und somit sinnvoll ist.

Blüten, die sich für eine Kombination anbieten, sind z. B. *Crab Apple* (er fühlt sich unrein), *Impatiens* (Fehler werden oft aus Ungeduld begangen), *White Chestnut* (man kann seine Gedanken nicht von den eigenen Fehlhandlungen und „Vergehen" lösen) und *Chestnut Bud* (man lernt nicht aus seinen Fehlern).

KÖRPERLICHE *PINE*-SYMPTOME

Nackensteifigkeit (dem Patienten sitzt seine Schuld im Genick), Schulter-Arm-Syndrom, Bronchial-Katarrh und Bronchial-Asthma (Schuldgefühle nehmen die Luft zum Atmen), Augenentzündungen und verklebte Augen (der Mensch kann seine Fehler nicht mehr anschauen). Haarereißen, Nägelbeißen (als Zeichen der Selbstzerstörung). Warzen, Verhärtungen (Knochen und Gewebe) bis zu bösartigen Tumoren. Nervenschmerzen, Kopfkrämpfe, pectanginöse Anfälle, Zwangshandlungen (z. B. zwanghaftes Händewaschen - das sogenannte Pilatus-Syndrom).

SEELISCHE *PINE*-SYMPTOME

Er kann keine Geschenke annehmen. Ist aufopfernd, denkt aber immer, er tut nicht genügend. Mit seinen Leistungen ist er nie zufrieden. Übertrieben demütig, bedauert dabei ständig alte Fehler in „Mea-culpa-Haltung". Entschuldigt sich häufig für Nebensächlichkeiten. Vernachlässigt sich, pedantisch (aus Angst). In der Schule stellen sie die „Prügelknaben" dar. Sie halten sich nicht für gute Menschen. Übernimmt Schuld für andere. Diffuse Schuldgefühle – auch ungerechtfertigte – quälen ihn. Permanente Traurigkeit (wegen der vielen begangenen Fehler). Überverantwortung raubt Kraft, er fühlt sich für alles zuständig. Wirkt grämlich-verzagt aufgrund von Selbstvorwürfen. Verzweiflung über seine Fehlhandlungen. Judas-Syndrom, kann dann suizidgefährdet sein.

HOMÖOPATHIE

Aurum (Gold)

Ignatia (Ignatiusbohne)

Lachesis (giftige Grubenottern)

Veratrum (weiße Nieswurz)

Natrium mur. (Natrium chlorid) - leiden unter dem Gedanken der Pflicht-verletzung, Schuldgefühle.

Arsenicum (Weißarsen)

Helleborus (Christwurzel) – bildet sich ein, ungerecht gewesen zu sein.

Kalium bromatum (Kaliumbromid) – betrachtet sich als Objekt der Rache Gottes. Besonderes Merkmal: Haarereißen, Nägelbeißen.

Nach Scheffer/Storl steht *Pine* unter dem stärkeren Einfluß des Saturn und dem schwächeren des Mars. Rinde und Äste des oberen Stammes der Föhre sind rostrot, das Holz steckt voller ätherischer Öle und Harze. Erinnern wir uns - die Kienfackel spendete Licht und hielt das Feuer zum Nutzen der Menschen, als es noch keine Elektrizität gab. Hierin erkennen wir die Signatur des feurigen Mars.

Magere Sandböden bilden den bevorzugten Standplatz der Föhren. Sie lieben sonnenarme Plätze und trotzen eisigen Jahreszeiten. Die Grannenkiefer, eine nordische Kiefernart aus der hohen Sierra Nevada, gilt als das langlebigste Geschöpf auf Erden. Man fand dort einen Baum, bei dem man viertausendsechshundert Jahresringe zählte. Diese saturnische Härte und Zähigkeit von *Pine* hilft – auch mit der Hitzewirkung des Mars – die saturnischen Erkältungs- und Verhärtungskrankheiten zu heilen. Hierbei sei nicht nur an die bekannten ätherischen Öle gedacht. Das Blüten-Mittel *Pine* hat ebensolche Wirkung.

FARBE

Bezugnehmend auf die Qualitäten von Saturn und Mars setzen wir die Farben „Braun" und „Rot" in Relation.

Christa Muth erklärt, daß dem Braun (Saturn) – Legitimation und Einschränkung – keine heiligen Merkmale zugewiesen werden. In früheren

Zeiten konnte diese Farbe den Tod der Welt bedeuten und die Ablehnung der eigenen Persönlichkeit anzeigen. Im letzteren haben wir ein bedeutsames Merkmal für den *Pine*-Typus.

Alle Angst-Blüten haben eine dynamische Farbe. Zweifelsfrei ist das Rot des Mars dynamisch, und zweifelsfrei werden Schuldgefühle aus der Angst vor Strafe genährt.

Bewegungsstockungen, Krankheiten des Blutes, Schwächezustände werden durch Rot geheilt, das Blut wird erwärmt. In der Strahlung dieser Farbe gerät der Mensch in ein Kraftfeld, das ihm Lebensfreude schenkt und ihm außer dem Gefühl physischer Geborgenheit auch psychisch Sicherheit in seinen Handlungen vermittelt.

EDELSTEIN

Der Pyrit wurde früher häufig mit dem Gold verwechselt. Besonders die Pyritsonne hat eine starke, heilende Ausstrahlung. Der Stein ist schmerzlösend und heilend, wenn man ihn auf blockierte oder gestaute Körperstellen legt.

Seinem Träger hilft er bei Problemlösungen, indem er die Erkenntnis vermittelt, daß nur ein Umdenkungsprozeß zum Auflösen erstarrter Denkmuster führt, die uns meist schon in der Kindheit „eingeimpft" werden, und die dann häufig die Basis unserer Schuldgefühle sind.

Catherine Ponder erzählt in ihrem Buch „Die Heilungsgeheimnisse der Jahrhunderte" die Geschichte einer Frau, bei der es nicht gelang, auch nur eine geringfügige Besserung ihres Gesundheitszustandes zu erreichen. Schließlich fragte Frau Ponder die Patientin nach ihren „Leichen im Keller". Dies stieß zunächst auf Unverständnis, dann auf Ablehnung, als die Pfarrerin erläuterte, daß sie mit „Leichen im Keller" jene Erlebnisse mit Menschen meinte, die ihr etwas angetan hatten, die nun in ihrer Schuld ständen und denen sie nicht vergeben könne. Trotz ihrer anfänglichen Ablehnung dachte die Frau nach, holte einzeln ihre „Leichen" aus dem Keller (Unterbewußtsein) und versuchte sogar, ihr eigenes damaliges Handeln mit den Augen des anderen zu betrachten. Sehr bald war sie bereit zu verzeihen, und wo dies noch schwer wurde, übergab sie die ganze Angelegenheit der göttlichen Gerechtigkeit, denn sie hatte erkannt, daß es nur einen autorisierten Richter gibt, der alles aus Seiner Weisheit heraus und mit seiner Güte regelt. In wenigen Wochen war diese Patientin völlig gesund.

AFFIRMATION
Ich verzeihe mir und anderen.

ROCK WATER
(QUELLWASSER)

Die Frage nach der Anzahl der Blüten-Essenzen für die verschiedenen blokkierten Seelenzustände der Menschen beantworten wir meist mit „Achtunddreißig". Wahrheitsgemäß müßten wir jedoch „Sechsunddreißig" sagen, denn *Chestnut Bud* ist eine Essenz, die aus der Knospe der Roßkastanie gewonnen wird und *Rock Water* („Quellwasser") ist kein Blütenmittel. Dennoch ist es den von Dr. Edward Bach gefundenen Heilmitteln zuzuordnen, hat dort durch seine Herkunft und Wirkung seinen berechtigten Platz. Um aber das *Rock Water* im Sinne von Dr. Bach zu finden, müssen wir uns über die verlangte Qualität dieses „Heil"-Wassers im Klaren sein und etwas über das Mysterium wissen, das ihm innewohnt.

Es ist sehr wichtig, eine Quelle zu finden, die völlig reines Wasser hat. Das heißt zunächst, daß Verseuchung durch Chemikalien oder gar nuklearer Art auszuschließen ist. Aber auch Quellen, die als Tränke für Tiere dienen – ob Weidevieh oder Wild bleibt gleich – müssen ausgeklammert werden. Schwierig ist es jetzt zu verstehen, daß auch das Wasser von Lourdes oder die heiligen Wasser des Ganges nicht infrage kommen, weil sie von

Hunderten von Menschen berührt werden. Obwohl mittlerweile physikalisch meßbar nachgewiesen werden kann, daß sich durch Segnungen und Gebete die Oberflächenspannung des Wassers (z. B. des in der Osternacht geweihten Wassers der Kirchen) deutlich verändert, sind Pilgerquellen nicht das, was Edward Bach meint. Er gibt uns klare Instruktionen, welche Ansprüche an sein „Quellwasser" gestellt werden müssen: „Jede Quelle, die dafür bekannt ist, ein heilendes Zentrum zu sein und die immer noch in ihrem natürlichen Zustand belassen wurde, ungestört von den Heiligtümern der Menschen, kann verwendet werden."

Die Barnards geben eine weitere Erläuterung: „Viele Anziehungspunkte sollten vermieden werden, ganz einfach deshalb, weil sie bekannt sind oder der Wasserlauf kanalisiert oder in irgendeiner Weise beeinflußt worden ist. Die Quelle sollte von natürlichen Kräften beschützt, aber von Menschen nicht berührt sein."

Kann es nun jede abseits gelegene Quelle sein?

„Unser Planet, die Erde, ist ein Lebewesen. Sie bewegt sich, atmet (alle vierundzwanzig Stunden nimmt sie mit der Atmung der Pflanzen einen tiefen Atemzug), sie verfügt über Systeme, um ihre Lebenskraft und Flüssigkeiten zu kanalisieren und, wenn wir sie uns als einen Körper vorstellen, scheint sie ein Nervensystem zu haben, daß an einigen Stellen energiegeladen und sensibel ist. Wir verstehen die Kompliziertheit dieses Wesens nur wenig, auch wenn wir auf seiner Oberfläche leben. In der Schule haben wir gelernt, daß das Meerwasser vom Wind, von den Wellen aufgenommen wird, wo es als Regen niederfällt. Dort sickert es durch die Felsen und entspringt wieder in Form einer Quelle, um dann zunächst als Rinnsal, das zu einem Gebirgsbach und dann zu einem Fluß wird, schließlich wieder zurück ins Meer zu fließen. Dieser Vorgang erneuert, verfeinert und lädt das Wasser mit neuer Energie auf. Das Wasser ist nicht dann am vitalsten, wenn es im Meer ist, noch im Regen, sondern wenn es als erstes aus dem Inneren der Erde entspringt."

Entscheidend bei Bachs *Rock Water* ist, daß unsere gesuchte Quelle an einem Ort entspringt, der „besonders energiegeladen und sensibel" ist, wo das Wasser also seine Heilqualitäten durch die hohe Konzentration der

Erdkräfte erhält, die eben an jenen „Nervenpunkten" walten. Zum Glück gibt es viele solcher Quellen auf der Erde, die z. T. auf Landkarten verzeichnet sind. Meistens tragen diese Quellen den Namen von Heiligen, d.h. von Menschen, deren Leben vorbildlich, deren Wesen rein war. Der *Rock Water*-Typ sucht diese Reinheit in sich, wobei er sich den Lektionen, die er zu lernen hat, voller Vertrauen hingibt, er fließt mit dem Leben.

Wir wollen uns nun bemühen, das Wesen des *Rock Water* zu erkennen, damit wir es als einen dieser sieben Helfer in rechter Weise einsetzen. Vielleicht verstehen wir den Sinn dieses Mittels am besten, wenn wir uns mit einem Ausspruch des weisen Laotse auseinandersetzen: „Auf der Welt gibt es nichts, was weicher ist als Wasser. Doch um Hartes und Starres zu bezwingen, kommt nichts diesem gleich. Daß das Schwache das Starke besiegt, das Harte dem Weichen unterliegt, jeder weiß es, doch keiner handelt danach."

Edward Bach hatte eben sein Heilmittel „*Heather*" gefunden, da entdeckte er, im Jahr 1933, in Wales einen alten Brunnen, eine längst vergessene, nicht mehr genutzte Heilquelle.

Kein Eingeweihter hat bisher in seinen Überlegungen und Lehren das Wissen um die Reinigungs- und Erneuerungskräfte des reinen Wassers außer acht gelassen. Darum hat auch Bach, den ich zu den hohen Eingeweihten zähle, den Menschen den Zutritt zu diesem Heilungsmittel in breiter Möglichkeit eröffnet, hat es nicht ausgeschlossen, weil es keine Blüte ist. Wie aber kann das heilige Wasser zur Essenz werden? Wie seine Blüten hat Bach es mit der Sonnenmethode potenziert. Er stellte einfach ein Schale des reinen Quellwassers für einige Stunden in die klaren Strahlen der hohen Mittagssonne. Durch die Sonneneinwirkung erlangt *Rock Water* die elementare Kraft, den Menschen aus starren Theorien zu lösen, einen fanatischen Idealismus wieder mit jener Liebe zu erfüllen, die uns dem Willen dessen vertrauensvoll unterordnet, der uns ein Vater mit all Seinen liebenden, weisen, königlichen Qualitäten ist.

Bach schildert den *Rock Water*-Typus so:

„Menschen mit Idealen; sie haben sehr feste Meinungen über Religion, Politik oder Reformen. Sie meinen es gut und wünschen sich eine andere, bessere Welt, neigen aber dazu, ihre Anstrengungen auf Kritik zu beschränken, statt mit gutem Beispiel voranzugehen.

Sie lassen zu, daß ihr Denken und in weitem Maße auch ihr Leben von ihren Theorien bestimmt werden. Jedes Scheitern bei dem Versuch, andere zu bewegen, ihren Vorstellungen zu folgen, macht sie sehr unglücklich. Sie wollen die Welt nach anderen Ansichten neu planen, anstatt behutsam und ruhig ihren kleinen Teil in dem großen Plan zu erfüllen.

Dieses Heilmittel bringt tiefen Frieden und Verständnis, erweitert die Sicht dahingehend, daß alle Menschen die Vollendung auf eigene Weise finden müssen, und verhilft zu der Erkenntnis des Unterschiedes zwischen „Sein" und „Tun": in uns selbst nämlich eine Widerspiegelung des Großen zu sein und nicht zu versuchen, unsere eigenen Vorstellungen über andere zu stellen. Rock Water lehrt, daß man Menschen durch behutsames Beispiel helfen und sie zur Erkenntnis der Wahrheit führen kann, nicht durch die strengen Methoden des Inquisitors. Es hilft, von der Mißbilligung Abstand zu nehmen und bringt das Verständnis dafür, daß jedermann seine eigenen Erfahrungen sammeln und sein eigenes Heil finden muß."

KÖRPERLICHE *ROCK-WATER*-SYMPTOME

Arthritis, Dysmenorrhoe, spastische Menstruationsbeschwerden, Spasmen, Steifigkeit der Knochen und Gelenke, Lymphstau, Sinusitis, Organverhärtungen, Myelosen, Lebererkrankungen, Stuhldrang ohne Erfolg, Nierenstau. (Es ist erkennbar, daß viele Erkrankungen mit den Körperflüssigkeiten zu tun haben).

SEELISCHE *ROCK-WATER*-SYMPTOME

Bedacht auf Abgrenzung. Er ist asketisch und bemängelt sich selbst. Der Patient verlangt Perfektion, bemüht sich dabei um sich selbst mit aller Strenge und scheut sich nicht, sich zu kasteien. Exzessive Diät kann zur Magersucht führen. Er neigt überhaupt zu exzessivem Tun. Er gibt sich eigenwillig, fanatisch und hat feststehende Ansichten, trägt Scheuklappen, hat fixe Ideen. Hohe Ideale, auch für sich selbst, lassen ihn zuweilen in geistigen Hochmut fallen. Er kritisiert sich (liebt sich nicht genug). Seine Selbstverleugnung kann masochistische Züge annehmen. Geistige Starrheit. Verbissen verurteilt er sich selbst, weil er nicht genug tut. Ist von starker Willenskraft getrieben, die oft falsch eingesetzt wird. Zwanghaftigkeit kennzeichnet oft seine Handlungen.

HOMÖOPATHIE

Pulsatilla (Küchenschelle)

Sulfur (sublimierter Schwefel)

Thuja (Lebensbaum) - können sehr fanatisch sein.

Myrica (nordamerikanischer Wachsbaum) - überheblich

Cannabis indica (Haschisch)

Stramonium (Stechapfel)

Hyoscyamos (Bilsenkraut) - starkes Sendungsbewußtsein mit eigener Fehleinschätzung.

Lycopodium (Sporen v. Bärlapp)

Sepia (Beutel des Tintenfisches) - unterdrücken ihre Bedürfnisse. Sie ordnen sich so stark unter, daß sie Lebensfreude verlieren.

Wenn wir uns dem Fluß des Lebens überlassen, wenn wir spontan sein können, flexibel und sanftmütig, dann tragen wir das erlöste Rock Water in uns, und dann können wir das Licht sein, das in der Finsternis leuchtet. Dann können wir aus dem Quell der eigenen Lebensfreude und durch unsere „reine" Hingabe unsere Mitmenschen erquicken, wenn sie durstig sind.

EDELSTEIN

Der Mondstein schützt den Reisenden zu Wasser - und wir alle sind Reisende zu Wasser, auf dem „Fluß des Lebens". Er heilt den Wassersüchtigen und wirkt günstig auf das Drüsen- und Lymphsystem. Scheffer/Storl schreiben dem Mond den Haupteinfluß auf Rock Water zu, was das Charakteristikum des Erdtrabanten beinhaltet. Schwächeren Einfluß hat Saturn, weshalb man unter Umständen auch an einen Turmalin denken darf. Turmaline können in einem einzigen Kristall viele Farben haben. Jene, die von Schwarz nach Rot aufsteigen, gebrauchte man im Mittelalter als Meditationssteine. Rosenkreuzer und Alchemisten nannten sie Christus-Steine, als Symbol des Aufsteigens aus der Finsternis des Stoffes durch die Vielfarbigkeit der Seele hin zum Rosenrot der höchsten Liebe.

Der Mondstein, dem hier der Vorzug gegeben ist, bringt die weibliche Seite in Mann und Frau zum Schwingen. Sanftheit, Beweglichkeit und Großherzigkeit sprudeln auf und werden zum nährenden Quell. Mit einer neu gewonnenen inneren Freiheit und Liebe können wir die Hände zum Geben und Nehmen öffnen.

FARBE

Indigo erweitert das Bewußtsein, reinigt die Schwingungen. Diese Farbe beeinflußt unser Denken und Fühlen in körperlichen, geistigen und spirituellen Bereichen. Dieses Indigo erfüllt uns mit tiefem Frieden. Liebevolle Fürsorglichkeit und Verläßlichkeit läßt uns in reiner Selbstlosigkeit das tun, was wir wünschen: Helfen und Heilen.

TON

Zu Indigoblau ist der korrespondierende Ton das „F".

AFFIRMATION

Wasser ist Leben. Ich bin Leben.

VERVAIN (EISENKRAUT)

- VERBENA OFFICINALIS -

In der Zeit von August bis September 1930 fand Dr. Edward Bach insgesamt sieben Heilpflanzen, darunter das wunderschöne, blaßlila-farbene, kleinblütige *Vervain.*

Das Eisenkraut wächst aus einem winterharten Wurzelstock mit sehr kräftigen, buschigen Stielen und wird zwischen dreißig und sechzig Zentimetern hoch. Es hat nur wenige Blätter, die hauptsächlich am unteren Teil des im Querschnitt quadratischen Stieles sitzen. Die Blätter sind behaart. Merkmale, die auf ein kriegerisches, wehrhaftes Wesen schließen lassen, das unter der Patenschaft des Planeten Mars steht. Diese Struktur ist es wahrscheinlich, die der Pflanze ein Überleben im heißen, trockenen Mittelmeerraum gestattet, aus dem sie ursprünglich stammt, und die zugleich die kleinen, überaus zarten Blüten schützt, die wiederum einen Bezug zur Venus haben. Hier besteht also ein augenfälliger Widerspruch im Erscheinungsbild des Eisenkrautes, der uns zugleich den blockierten und erlösten Seelenzustand des *Vervain*-Typus zeigt.

Die Essenz ist ein Heilmittel bei übertriebener Anstrengung und Anspannung. Es hilft „zu erkennen, daß die großen Leistungen im Leben sanft und still und ohne Anstrengung und Streß errungen werden." (Edward Bach)

Während die Stiele des Eisenkrautes mit ihrem Wachstum sich kaum begrenzen können, erscheinen die kleinen Blüten in zierlicher Bescheidenheit, sie wirken friedlich und beruhigend und scheinen uns aus einer Welt zu grüßen, in der es keine Hast, keine Konflikte, keine Spannungen gibt, wie es das zwanghafte, übertriebene Wachstum der Pflanze anzeigt.

Wie *Agrimony* (Odermennig) sucht *Vervain* in dieser Welt den Frieden, der nur aus strahlendem Licht und höchster Weisheit erwachsen kann. Der Unterschied im Ausdruck der Suche nach Frieden besteht darin, daß

Agrimony sein Leiden im Innersten versteckt, während *Vervain* die Konflikte nach außen trägt, weil es die Lebensumstände unter hohem Streß und
leidenschaftlicher Anteilnahme verändern will. Die Barnards berichten, daß
das Eisenkraut seltsamerweise häufig dort wächst, wo im Lande etwas in
Unordnung geraten ist, z. B. in Gebieten, wo die natürliche Biosphäre verletzt wurde.

In der Zeit von August bis September 1930 fand Dr. Edward Bach
insgesamt sieben Heilpflanzen, darunter das wunderschöne, blaßlila-farbene,
kleinblütige Vervain. In seinen hinterlassenen Schriften finden sich einige
Charakteristiken, die er im Laufe seiner Behandlungen und Erfahrungen
zum Teil geändert und gestrafft hat. Er war also ganz bestimmt kein blok-
kierter Vervain-Typ, denn sonst hätte er am einmal Gesagten festgehalten,
was ihm letzlich die Einsicht in das vielfältige und tiefgründige Wesen
seiner Blüten verwehrt hätte.

1933 schreibt Bach über Vervain: „Die Willensstarken. Sie sind ener-
gisch und tendieren dazu, sich selbst und andere zu überfordern, sowohl
mental als auch körperlich. Sie lassen sich nicht schlagen und machen selbst
dann noch weiter, wenn andere längst aufgegeben hätten. Sie gehen ihren
genauen Weg. Sie haben feste Vorstellungen und sind sich sehr gewiß, recht
zu haben. Sie können sich hartnäckig einer Behandlung widersetzen, bis
man sie ihnen aufzwingt. Sie können sich von ihrer Begeisterung hinreißen
lassen und bereiten sich selbst viele Belastungen. In allen Dingen neigen sie
dazu, zu ernst und angespannt zu sein. Das Leben ist für sie eine sehr an-
strengende Angelegenheit. Sie haben ihre eigenen, sehr festen Ansichten
und manchmal den Wunsch, andere zu ihrem Standpunkt zu überreden;
dann sind sie den Meinungen anderer gegenüber intolerant. Sie lassen sich
nicht gerne einen Rat geben. Häufig sind sie Menschen mit hohen Idealen
und Zielsetzungen zum Wohle der Mitmenschen."

In den Lebenserinnerungen an Dr. Bach, die Nora Weeks verfaßte, gibt
es ein besonderes Fallbeispiel für Vervain:

„Ein Mann, der mit dem Bau einer Hochspannungsleitung beschäftigt war, erlitt durch einen unglücklichen Umstand einen Siebenhundert Volt starken Stromschlag. Seine rechte Hand umklammerte das Kabel, das er von alleine nicht loslassen konnte, bis man ihn befreite.

Vier Tage nach dem Unfall - 24.10. - kam der Patient erstmalig zu Dr. Bach. Die Hand war ca. auf den dreifachen Umfang angeschwollen, und obwohl sie schwere und tiefe Brandverletzungen aufwies, war sie völlig gefühllos."

In den ersten Tagen der Gesamtbehandlung wurde mit Clematis, Impatiens, Agrimony, Mimulus und Rock Rose sowohl oral als auch in einer Calendula-Lotion therapiert.

Am 11. November vermerkt Bach, daß die Heilung gute Fortschritte mache. „Noch leichte Versteifung der Finger, besonders des noch kaum bewegungsfähigen Daumens. Vervain oral verabreicht und der Lotion zugesetzt, um Steifheit zu bekämpfen."

Am 17. November wird abermals eine deutliche Verbesserung vermerkt. Um die Reststeifheit zu beseitigen, wird noch einmal Vervain oral gegeben. Außerdem wird auf die Wunde eine mit Impatiens versetzte Lotion aufgetragen, falls die sich regenerierenden Nerven wieder Schmerzen verursachen.

Am 18. November, nur einen Tag später, kann der Patient den Daumen relativ frei bewegen. Von jetzt an macht die Genesung rasante Fortschritte. Obwohl zuerst als notwendig erachtet, war eine Hauttransplantation nicht erforderlich, da die Haut ganz natürlich nachwuchs. Lediglich am Daumenballen, wo der Patient Verbrennungen vierten Grades erlitten hatte, blieben geringfügige Narben zurück, was aber die volle Funktionsfähigkeit der Hand nicht beeinträchtigte.

Im Nachsatz zu diesem Fallbeispiel findet sich die Anmerkung, daß Bach späterhin mit Sicherheit zunächst mit Rescue behandelt hätte. Die Entwicklung der Notfall-Tropfen und Rescue-Creme fand allerdings erst zu einem wesentlich späteren Zeitpunkt statt.

KÖRPERLICHE *VERVAIN*-SYMPTOME

Der Patient ist angespannt und verkrampft. Steifheit großer und kleiner Gelenke plagt ihn. Er zerbricht Stifte beim Schreiben. Ihn kennzeichnet ein polternder „Soldatenschritt". Taube Extremitäten, aber lebhafte Mimik. Spannungsschmerz im Kopf und Schultergürtel. Bei beginnenden Wehen, wenn der Muttermund nicht weit genug geöffnet ist. Organische Verhärtungen aller Art. Leberbeschwerden, Verstopfung und Übersäuerung quälen ihn. Er atmet in der Anspannung zu flach, dadurch entstehen Beklemmungen. Appetitlosigkeit oder Heißhunger wechseln zuweilen ab.

SEELISCHE *VERVAIN*-SYMPTOME

Er will andere unbedingt bekehren und ist fanatisch missionarisch. Er argumentiert gerne. Er macht viel Wesen um das Wohlergehen anderer, ist aber begierig nach Macht und will Einfluß nehmen. Religiosität führt zuweilen zu Besessenheit von einer Idee. Er mischt sich in die Angelegenheiten anderer Menschen, spricht dabei eindringlich (hämmert auf andere ein, rückt ihnen dabei zu Leibe). Sein Enthusiasmus ist ermüdend für andere. Aufgrund eigener Anspannung und eigenem Streß ist er rasch erschöpft. Am liebsten zwingt er andere zu ihrem Glück. Seine höchsten Ideale verführen zur Herrschsucht und Intoleranz. Zu viele verschiedene Interessen fressen seine Energie. Er opfert sich für eine Sache (Märtyrer) und zeigt Sendungsbewußtsein. Er ist äußerst streng gegen andere. Starke innere Unruhe und starker Wille prägen ihn.

HOMÖOPATHIE

Arsenicum alb. (Weißarsen) - stampfende Unruhe, starker Einsatz für andere.

Natrium mur. (Kochsalz) - bewußt forscher Gang.

Lachesis (Otterngift) - religiöser Fanatismus

Causticum (Ätzstoff ohne Kalium)

Robinia (falsche Akazie)

Selenium (Element Selen)
Sulfur (sublimierter Schwefel)
Thuja (Lebensbaum)- alle Mittel können, nach sorgfältiger Repertorisation, dem fanatischen Menschen helfen.

Verbena officinalis ist auch in der Pflanzenheilkunde bekannt. Als gerbstoffhaltige Bitterdroge ist es ein Mittel gegen Magenbeschwerden, Appetitlosigkeit und Erkältungskrankheiten, wobei man das ganze Kraut meist ohne Wurzel verwendet. Für die eben genannten Symptom-Komplexe gibt es aber jeweils viel wirksamere Mittel. In der Volksheilkunde jedoch richtet man sich noch immer nach mittelalterlichen Kräuterbüchern. Hier hat das Eisenkraut, das unter anderem auch „Druidenkraut" heißt, einen Hauptanteil in der Wundbehandlung. Hierzu wurde ein Aufguß sowohl innerlich als auch äußerlich angewandt.

EDELSTEIN

Als heiliger Stein der Inkas wird der Rhodochrosit bezeichnet, den man auch „Inka-Rose" nennt. Der Stein kann sowohl kristallin als auch opak (undurchsichtig) in einer rosa bis orangeroten Farbe vorkommen. Diese Farben erwärmen unser Herz und bringen liebevolle Gefühle in unser Bewußtsein. Das ebnet den Weg vom Kopf zu unserem Herzen, indem es den Energiefluß in unserem Sonnenzentrum erlöst und stärkt. Dies führt beim Träger des Rhodochrosit zu mehr Vergeistigung und Offenheit. Durch Lösen unserer mentalen und seelischen Erstarrung werden wir uns bewußt, wer wir sind. Wir erkennen unsere Kompetenzen und erfahren, welchen Platz wir hier auf Erden einzunehmen haben.

FARBE

Dem Edelstein zugeordnet, ebenso dem Paten des Vervain, dem kriegerischen Mars, wäre die Farbe Orange. Orange ist lebensfroh, im Vollbesitz einer gesunden, fast aufdringlichen Lebensbejahung. Es hat einen eigenmächtigen Charakter und will gerne andere dominieren. Betrachten wir aber das erlöste Vervain, zu dem Dr. Bach uns führt, dann können wir wohl den Wechsel zum sanften Rosa mit all seiner Hingabe und Liebesfähigkeit erkennen: „Wir wollen danach streben, so nachsichtig, so still, so geduldig und hilfreich zu sein, daß wir uns unter unseren Mitmenschen mehr wie ein Lufthauch oder ein Sonnenstrahl bewegen. Wir sollten stets bereit sein, ihnen zu helfen, wenn sie uns darum bitten, aber wir sollten ihnen niemals unsere eigene Ansicht aufzwingen."

TON
Korrespondierend zum Orange ist das „E".

AFFIRMATION
Meine Kraft ist Sanftmut, meine Stärke Dankbarkeit.

WHITE CHESTNUT (ROSSKASTANIENBLÜTE) *- AESCULUS HIPPOCASTANUM -*

Es scheint, als würde die Chi-Kraft, die Lebensenergie, die der Kastanienbaum versammelt, um seine Knospen zu sprengen, der blockierte *White Chestnut*-Typ allein darauf verwenden, seine Gedanken in einem ständigen Kreislauf um dasselbe Thema zu bewegen. Aber auch am Bild, das die Blüten abgeben, sind wieder die positiven und negativen Wesensinhalte abzulesen.

Die einzelnen Blüten sind unsymmetrisch, haben keinen glatten Rand und wirken eher wie zufällig hingestreut im Blattwerk des Baumes. Sie scheinen ungeordnet verteilt. Dieser Augenschein erleichtert es uns, eine Vorstellung vom Gemüt des Menschen zu haben, dem unerwünschte Gedanken unkontrolliert wie Affen durch den Käfig im Kopf herumspringen. Die Sorgen, die dieser Mensch hat, lassen sich weder beruhigen noch etwa verscheuchen. Selbst wenn dies für kurze Zeit gelingen sollte, begeben sich solche Gedanken alsbald wieder in ihr Hamsterrad zurück. Für den Menschen, dessen geistige Kraft so zerflossen ist, daß er sich aus diesem Teufelskreis nicht befreien kann, ist *White Chestnut* d a s Heilmittel.

Die weiße Kastanienblüte hilft, den Gedankensturm abflauen zu lassen. Die Fähigkeit zu kontemplieren oder zu meditieren erblüht in der einkehrenden Ruhe, wodurch der Mensch die Möglichkeit gewinnt, sich in eine friedvolle Stimmung zu versetzen. Dann wird seine Seele befähigt, über die innere Stimme und die Intuition mit dem Menschen einen Dialog aufzunehmen. Die Individualität – das vollkommen Sein – kann heilend auf die Persönlichkeit einwirken. Ohne weiteres wird es dem Menschen am Ende dieses Heilungsprozesses gelingen, seine Bedürfnisse mit den Wünschen seines Höheren Selbst in Einklang zu bringen.

Das Frühjahr ist die Zeit des wachsenden Lichtes, der steigenden, stärkenden Sonne. Die Monate winterlicher Nöte sind vorbei, die Menschen dürfen mit ihren Ängsten und Sorgen Frieden schließen.

Im Winter, der dunklen Jahreszeit, sind dagegen auch dunkle Kräfte unterwegs, die dann zur Fastnacht, um die Frühlingsmondzeit, mit lautem Getöse vertrieben werden. Zudem hat der Mensch - hauptsächlich in früheren Zeiten - sich häufig Sorgen machen müssen, ob die Wintervorräte reichen und ob auch das Einbringen der Saat in den Ackerboden von günstigen Witterungen und Einstrahlungen aus dem Himmel begleitet ist. Darum ist die Zeit der Kastanienblüte von jeher eine Zeit gewesen, sich in froher Erwartung auf den Segen des Sommers zu geben. Solche Überlegungen haben sicher auch Edward Bach bewegt, als er einen blühenden Kastanienbaum betrachtete.

Von weitem hat man den Eindruck, der Kastanienbaum sei mit leuchtenden weißen Sternen besteckt. Auf diese Weise zeigt uns der Baum neben seinem Gesamteindruck von Kraft und Würde auch den Weg zu unseren Sternenbrüdern, ohne deren Hilfe und Vermittlung ihrer Weisheit, wie Bach in „Einer Geschichte des Tierkreises" andeutete, ihm die Ausführung seines Lebenswerkes nicht gelungen wäre.

„Als unser Herr, der große Bruder des Menschengeschlechts, die Zeit für gekommen hielt, daß wir eine weitere Lektion aus dem großen Buch des Lebens lernten, kam der Bote strahlend hell in der Finsternis der Nacht, in der Kälte des Winters, da das körperliche Leben sich nach innen zurückzieht, und verkündete die neue Offenbarung eines weiteren Aspektes der Liebe, für den die Menschheit nun reif geworden war.

Die Menschen aber fürchteten sich sehr vor dem Licht und den Engeln, und anstatt Freude und Glück zu empfinden, mußten sie geheißen werden, sich zu ängstigen, daß Friede und Wohlwollen zu ihnen kämen. Dieser Nachricht lauschten sie mit gebeugten Knien, den Blick zu Boden gewandt, um sicher zu sein, daß die vertraute Erde, die sie kannten, noch immer festen Halt unter ihren Füßen gewährte, denn dieser allein gab ihnen Gewißheit. Nun trug die Erde, auf der sie lebten und die ihnen Speise im Überfluß schenkte, zahlreiche Pflanzen und Kräuter zu ihrer Heilung, aber diese sollten sie selbst entdecken."

Die weisen Brüder der Menschen, die vor langem die freudige Nachricht von den Sternen empfingen, gingen aus, die Kräuter zu suchen, die wahren Freunde des Menschen, die Kräfte bargen zur Heilung, und sie fanden die „Zwölf Heiler" dank der Tugenden der „Vier Helfer". Die „Vier Helfer" aber waren: Der Glaube an eine bessere Welt, die sie eines Tages zu erreichen hofften, gegenwärtig sich widerspiegelnd im flammenden Gold des Stechginsters; die Ausdauer der Eiche, die tapfer allen Stürmen trotzt und schwächeren Wesen Dach und Unterstützung bietet; die bescheidene Bereitwilligkeit des Heidekrautes zu dienen, das sich freut, mit seiner schlichten Schönheit die dürren, windumtobten Kuppen zu bedecken; und die reinen Quellen, deren Wasser aus dem Gestein sprudelnd hervordrängt und

Klarheit und Erquickung jenen schenkt, die müde und angeschlagen aus der Schlacht kommen.

Wie groß Edward Bachs Dankbarkeit war und wie sehr er sich stets bewußt war, nur ein Empfangender und Mittler zu sein, dokumentiert ein Schriftstück vom September 1936 - kurz vor seinem Tod: „Durch die Gnade Gottes ist offenbart worden, daß es Ihm gefallen hat, allen, die leiden, eine Heilung ihrer Drangsal zu geben. Es ist bewiesen, daß mittels dieser göttlichen Pflanzen nicht nur Kranke genasen, sondern daß vermehrt Freude, Glück, Freundlichkeit und Nützlichkeit in das Leben all jener einkehrten, die an deren heilenden Tugenden teilhatten.

Jetzt ist es notwendig, daß jene, die Wissen von diesen Pflanzen und Kräutern besitzen, hinausgehen und alle Menschen in ihrer Anwendung unterweisen."

KÖRPERLICHE *WHITE-CHESTNUT*-SYMPTOME
Schlafstörungen herrschen vor. Er ist zerstreut, leidet an Konzentrationsschwäche. Kopfschmerzen, besonders im Stirnbereich, sind deutlich. Schulter- und Nackenverspannungen erzeugen diese Kopfschmerzen. Er verletzt sich häufig die Hände und Finger (weil er nicht loslassen kann!). Gestörte Motorik und Zwangshandlungen, die sich ständig wiederholen, gehören zum Bild. Süchte, von denen man nicht freikommt. Die Qual verursacht Zähneknirschen. Der Patient führt Selbstgespräche. Neigung zu Autismus.

SEELISCHE *WHITE-CHESTNUT*-SYMPTOME
Ständiger innerer Monolog, der nicht beendet werden kann, bedrängt den Kranken. Er fällt in Stimmungen, aus denen er nicht herausfindet. Beobachtungsgabe fehlt, weil er von seinen Innenbildern und -stimmen abgelenkt wird. Mentale Starrheit, fixe Ideen sind Ausdruck der blockierten Persönlichkeit. Dabei ist er leicht erregbar und aggressiv durch die Qualen, welche die ständig kreisenden Gedanken verursachen.

HOMÖOPATHIE

Ambra grisea (krankhaftes Sekret des Pottwales) - wird von eigenen Gedanken gequält. (Nach Mathias Dorcsi nur in der D 3 wirksam.)

Argentum nit. (Silbernitrat) - leidet unter fixen Ideen. Auch ein Suchtmittel (Schokolade!)

Aconitum (Echter Sturmhut) - Psychische u. physische Qual, physische Unruhe, große Furcht, Angst und Sorge.

Phosphorus (gelber Phosphor) - Erregbar, unruhig, niedergeschlagen und furchtsam.

FARBE

Das leuchtende Weiß und der rosa Blütenkelch weisen den Weg zur Wirkung der Blüte über die Farbe. Das priesterliche, reinigende und versöhnende Weiß - Licht und Frieden vermittelnd - mischt sich mit leuchtendem Rosa. Über den „Rosa-Heilstrahl" in allen Schattierungen sagt White Eagle, daß sie dem Element Feuer entsprechen und Farben der mächtigen Engel der Liebe seien, einer Liebe „welche lebensspendende schöpferische Kraft in unser aller Leben ist und zugleich die innere Flamme der Andacht, Demut und Hingabe in unserem Herzen."

Nach Scheffer/Storl steht White Chestnut unter dem Einfluß des Planeten Jupiter, der als Vermittler zwischen Hitze und Kälte, zwischen Mars - unter dessen schwächerem Einfluß die Blüte steht - und Saturn gilt. Jupiter schenkt Klugheit und Lebhaftigkeit, wünschenswerte Eigenschaften für den blockierten White-Chestnut-Typen. Außerdem ist Jupiter der Planet unseres Sonnensystems mit der schnellsten Rotation - weshalb seine Pole auch abgeflacht sind. Hier mag der Bezug zu den rotierenden Gedanken gefunden sein, wie der kriegerische Mars die zeitweise hervorbrechenden Aggressionen des White-Chestnut-Patienten andeuten könnte.

EDELSTEIN

Der Karneol erleichtert die Konzentration auf die augenblicklichen Aktivitäten. Dadurch erledigen wir unsere Arbeit mit mehr Freude. Er steigert Vitalität, Kreativität und Antriebskraft. Der Stein erscheint auch in der ersten Reihe der Edelsteine auf dem Schild des Hohepriesters und ist dem Stamm Issachar zugeordnet. Die Juden schätzen den Karneol, weil er die Stimme des Blutes stärkt, eine wichtige Eigenschaft, denn es galt und gilt beim orthodoxen Juden als verpönt, sich mit Menschen anderer Rassen zu mischen. Als Talisman soll er den Träger gegen Unfälle, Sturm und Blitz, Alpträume und den bösen Blick schützen. Er heilt Blutvergiftungen durch seine reinigende Kraft, besänftigt ein aufgeregtes und zorniges Gemüt, hilft aus der Schwermut und beschützt die Keuschheit der Frauen, wenn sie ihn in der Frisur tragen.

TON

Der korrespondierende Ton ist das „D", da beruhigend, kühlend und entspannend. Es gehört auch zum Jupiter.

AFFIRMATION

Meine Gedanken sind klar, aufbauend und schöpferisch.

KAPITEL 3

DIENST, VERSTÄNDNIS UND LEBENSFREUDE

„Jeder von uns hat eine göttliche Aufgabe in dieser Welt, und unsere
Seelen benutzen unseren Geist und unseren Körper als Instrumente, um
diese Aufgabe zu bewerkstelligen, so daß das Ergebnis vollkommene
Gesundheit und vollkommenes Glück ist, wenn alle drei in Einklang
miteinander zusammenarbeiten."
(Edward Bach)

1. Beech
2. Centaury
3. Impatiens
4. Mustard
5. Oak
6. Olive
7. Water Violet
8. Wild Rose
9. Willow
10. Hornbeam

BEECH (ROTBUCHE)

- FACUS SYLVATICA -

Mechthild Scheffer charakterisiert den *Beech*-Zustand folgendermaßen: „Kritiksucht, Arroganz, Intoleranz. Man verurteilt andere ohne jedes Einfühlungsvermögen."

Aufgrund dieser und anderer Kurzcharakteristika von Scheffer fiel es fast allen Patienten sehr schwer, zum Beispiel diese Blüte als notwendig zu akzeptieren. Es geschah sogar zuweilen, daß ein Patient in Tränen ausbrach und sich anschließend völlig in sich zurückzog, weil er sich mißverstanden fühlte. Wie vorsichtig man an jede Deutung herangehen muß, mag besonders am Beispiel der „*Beech*"-Blüte bewußt werden.

Gehen wir zunächst vom botanischen Bild der Pflanze – in diesem Falle des Baumes – aus. Es wurde mehrfach erwähnt, daß die Intuition von Dr. Bach auch durch die Gesamterscheinung der Pflanze geweckt wurde. Seine persönlichen, seelischen und körperlichen Beschwerden, die er immer erduldete, wenn die Zeit reif für eine neue Blütenentdeckung war, bestätigten ihm, nachdem er selbst ein paar Tropfen der neuen Essenz genommen hatte und alle Pein verschwunden war, schließlich die Richtigkeit seiner intuitiven Wahrnehmung.

Versetzen wir uns jetzt im Geist in einen Buchenwald. Über uns spannt sich ein lichtdurchlässiges Blätterdach. Die jungen Blättchen leuchten in durchsichtigem Grün, haben feine Härchen und sind in winzige Fältchen gelegt. Der Stamm hat eine glatte Rinde mit grober Maserung, und sein Holz ist ebenmäßig. Möbel mit einem Buchenfurnier sind immer von erlesener Schönheit. Mit diesem Bild vor Augen wird deutlich, daß die Buche ein erhabener und fast vollkommener Baum ist, dessen Früchte nicht nur den Tieren schmecken, sondern dessen Blüten auch Heilkraft besitzen. Es erstaunt uns nicht, wenn Märchen und Sagen früherer Zeit häufig ihre

Szenen in Buchenwäldern hatten. Aber beim Durchstreifen eines Buchenwaldes fällt es auf, daß kaum andere Baumarten oder andere Gehölze dort zu finden sind. Die Buche erstickt nämlich mit einem Teppich ihrer toten Blätter anderes Leben, und das dichte Gewölbe ihrer Krone hält Regen und Sonne häufig ab. Anderes kann schwerlich gedeihen. In einem Buchenwald ist die Buche der Alleinherrscher. Warum ist das so?

Die Buche für sich ist ein relativ schwacher Baum, da er nur an der Oberfläche verwurzelt ist. Wo Buchen geschlagen werden, kann der einzelne Baum alsbald Opfer eines Sturmes sein. So erkennen wir in ihm nicht nur eine Vision von Reinheit, Erhabenheit und Schönheit, sondern wir sehen in seiner Natur auch den Ausdruck seiner „Lebensangst", die am Ende zu Intoleranz anderen gegenüber führt. Sein Bedürfnis nach Sicherheit verdrängt jeden Fremdling aus dem eigenen Lebensraum.

Es ist sicher nicht richtig, dem Blütenmittel „*Beech*" die Interpretation Intoleranz, Kritiksucht, Urteilssucht bis hin zu grausamer Härte, besonders im vernichtenden Urteil über andere, zu geben und andererseits den transformierten Zustand auf geistigen Scharfblick, Verständnis für die verschiedenen menschlichen Verhaltensmuster, gute diagnostische Fähigkeiten und Toleranz im Leben zu beschränken.

Dr. Bachs Indikation für diese Blüte lautet: „Für diejenigen, die das Bedürfnis verspüren, in allem, was sie umgibt, vermehrt das Gute und Schöne zu erkennen. Und, obwohl vieles falsch zu sein scheint, wollen sie die Fähigkeit besitzen, das Gute im Inneren heranwachsen zu sehen. Sie streben danach, toleranter und nachsichtiger zu werden und mehr Verständnis für die unterschiedlichen Wege zu zeigen, auf denen jeder einzelne und alle Dinge sich zu ihrer endgültigen Vollkommenheit entwickeln."

Wie die Buche, mit ihrer ungewöhnlichen Verfeinerung, ist auch der *Beech*-Typ ein Schöngeist. Sobald allerdings dessen Drang zu Genauigkeit und Feinheit sich negativ entwickeln, sein Harmoniebedürfnis und Schönheitssinn also zu oft beleidigt werden, kann er nicht mehr erkennen, daß andere Verhaltensweisen die gleiche Berechtigung haben wie die eigenen, daß andere Wertmaßstäbe dieselbe Gültigkeit besitzen und vom Standpunkt des anderen genauso erlaubt sind. Hier heilt *Beech* und führt den gekränkten Schöngeist zurück zu einer liebenden Annahme des Lebens in all seinen Möglichkeiten und seiner Vielfalt.

Den *Beech*-Typus kann der Therapeut unschwer erkennen. Er sucht nämlich in allem nur das Negative, schildert seine Beschwerden meist mit einer Kritik an den bisherigen Therapien oder Behandlern. Nicht selten treffen wir jenen *Beech*-Patienten, der uns gleich beim ersten Kontakt stolz erzählt, daß er schon zahllose Therapeuten ausprobiert habe, aber alle hätten es falsch gemacht und ihn nicht verstanden. Wagt man es dann, mit ihm nicht einer Meinung zu sein, wird er wieder ein hartes Urteil fällen. Denn der *Beech*-Typ wird kaum nach der Ursache fragen oder etwa seinem Gegenüber die Frage „Warum" stellen. Dies würde nämlich bereits seine Toleranzgrenze überschreiten, die aufgrund seines überhöhten Schönheitssinnes und seines stark ausgeprägten Harmoniebedürfnisses sehr eng gesteckt ist. Der *Beech*-Typ hat hohe Ideale, die er unbedingt verwirklicht sehen möchte, wobei er seinen eigenen Maßstab nie infrage stellt.

Welche Erkrankungen können sich nun aus dieser starren Seelenhaltung heraus entwickeln? Ganz sicher viele krampfartige Zustände. Der anhaltende Gegensatz zwischen seiner inneren und der äußeren Welt verursacht beim *Beech*-Typus unter anderem Myogelosen, verschiedene Wirbelsäulen-Syndrome oder spastische Zustände im Gefäß- und Bronchialsystem. Er ist auch häufig Allergiker und produziert Ekzeme, Asthma, Heuschnupfen, eine rheumatische Erkrankung oder eine sonstige Immun- oder Autoimmun-Erkrankung. Hier sei besonders auf den meist recht schwierigen und kritischen MS-Patienten verwiesen. Aus der Betrachtung des Gesamtbildes ist nicht verwunderlich, daß er auch zu Koliken neigt. Seine Hohlorgane wehren sich bei solchen Zuständen krampfhaft gegen ihren Inhalt. Wir dürfen also die erkrankte *Beech*-Persönlichkeit als einen Menschen betrachten, der

118

sich in einer dauerhaften, teilweise hoch angespannten Abwehrhaltung befindet. (Es sei hier noch erwähnt, daß die allergischen Erkrankungen außer *Beech* meist auch noch andere, die Problematik erfassende Mittel benötigen, wie etwa *Crab Apple, Holly, Gentian, Gorse, Star of Bethlehem, Olive* oder *White Chestnut*). *Beech* ist demnach in der Regel ein Kombinationsmittel und selten als Einzelmittel zu verordnen.

Man wappne sich dem *Beech*-Patienten gegenüber mit einer gehörigen Portion Geduld und Ausdauer. Es braucht viel Zeit, jenen Menschen von seinen Innenbildern zu lösen, die ihm auch unbewußt Fluchtmöglichkeit vor der für ihn so unschönen Wirklichkeit sind. Es ist ein langsames Wachstum zu einer Akzeptanz gegenüber der Vielfalt und den Möglichkeiten der Schöpfung, zu der jeder Mensch als Individuum gehört. Die Bewußtseinserweiterung, die der blockierte Mensch benötigt, um seine s u b j e k t i v e Wahrheit zu erkennen und die seiner Mitmenschen zu tolerieren, kann nur in kleinen Schritten vorangehen. Der *Beech*-Typ im blockierten Zustand bedarf einer tiefgreifenden Veränderung, damit er wieder zu seinem Wesen findet, s e i n e Vision von Schönheit und Reinheit zwar pflegt, aber dennoch das Leben mit all seinen Unvollkommenheiten mit liebendem Herzen ertragen kann.

KÖRPERLICHE *BEECH*-SYMPTOME

Krampfzustände aller Art. Muskelverhärtungen und Wirbelsäulen-Erkrankungen können auftreten. Vielfach leidet er an allergischen Erkrankungen wie Asthma und Heuschnupfen. Auch rheumatische Erkrankungen können auftreten. Alle Arten von Immun- und Autoimmunerkrankungen, mit besonderem Hinweis auf MS und perniziöse Anämie, aber auch normale anämische Zustände sind möglich. Magen- und Darmstörungen, wie zum Beispiel Brechdurchfall.

Im akuten Zustand: 2-3 Tr. *Beech* auf ein Glas Wasser, teelöffelweise über den Tag verteilt einnehmen.

SEELISCHE *BEECH*-SYMPTOME

Er ist auf Abgrenzung bedacht. Seine Anspannung ist meist dauerhaft. Arroganz läßt ihn alles kritisieren. Er beschwert sich über andere, fühlt sich oft diskriminiert. Er hat feste, unwandelbare Ansichten, fixe Ideen und überspannte Ideale. In seiner Intoleranz isoliert er sich, weil er die Welt nicht ertragen kann. Häufig rügt er Kleinigkeiten und kann kleinlich bis zum Geiz sein. Der Mangel an Mitgefühl macht ihn unnachsichtig. Durch seine innerliche Verhärtung hat er sich gegen die „Häßlichkeiten" gepanzert. Kaum kann er ein freies Urteil fällen, denn er ist immer von den eigenen Wertmaßstäben überzeugt. Sein Pessimismus macht ihn oft reizbar.

HOMÖOPATHIE

Palladium (Palladium Metall) – ist stolz und leicht beleidigt. Er hat Enge im Darm, Rheumaschmerz in der Schulter.

Platinum (Platinum Metall) – Neigung zu Lähmung und hysterischen Spasmen.

Hyoscyamus (Bilsenkraut) – Neigung zu Spasmen. Er ist streitsüchtig.

Lycopodium (Sporen v. Bärlapp) – wenn mit der Streitsucht noch Verdauungsbeschwerden vergesellschaftet sind.

Calcium phos. (Calciumphosphat) – kritisiert andere Menschen in Abwesenheit.

Natrium mur. (Natriumchlorid) und

Sepia (Tintenbeutel d. Tintenfisches) - kritisiert auch in Gegenwart des Betreffenden.

FARBE

Das Grün verhilft zu Balance, Ausgeglichenheit und Harmonie. Da das Nervensystem positiv beeinflußt wird, verschwinden nervöse Probleme wie Asthma, Schlafstörungen, Streß, Ärger und Negativität. Grün vermittelt Vertrauen und schenkt Gelassenheit. Der Mensch kann seine Hände öffnen, das heißt sich öffnen, um zu empfangen. Gemäß der Farbe wird *Beech* dem Einfluß der Sonne zugeordnet, die im Zusammenspiel mit anderen Kräften die Schönheit der Natur zu ihrer Entfaltung bringt.

TON

Der korrespondierende Ton ist das „H".

EDELSTEIN

Zu den heiligen Steinen gehört auch der T ü r k i s. Er lehrt uns, Schönheit zu erkennen und sie in uns aufzunehmen. Er verfärbt sich bei Krankheit und Gefahr für seinen Träger. Manchmal „opfert" er sich und zerspringt, womit nach altem Glauben das Übel von seinem Besitzer abgewendet ist. Antje und Helmut G. Hofmann bezeichnen ihn wegen seiner blaugrünen Farbe als Symbol des Meeres und sagen, daß der Türkis Reinheit in den Gedanken schenkt und so zur Weisheit führt.

Göttliche Ordnung ist so vielfältig wie Gott selbst. Wir können diese Ordnung getrost gewähren lassen.

AFFIRMATION

Ich bin Liebe und Liebe segnet mich und meine Mitmenschen.

CENTAURY (TAUSENDGÜLDENKRAUT)

- CENTAURIUM ERYTHEA -

Diese Pflanze gedeiht am besten auf trockenen, dünnen Böden. Die Blüten, die sich nur vormittags öffnen, wenn es warm und sonnig ist, sind kleine zartrosa Sterne mit starker Leuchtkraft. Die Blätter sind blaßgrün, und die ganze Pflanze gibt den Eindruck äußerster Zartheit und Bescheidenheit. Dem flüchtigen Betrachter der heimischen Fluren entzieht sie sich häufig, und so wird die Pflanze, deren Blütezeit von Ende Juni bis September dauert, oft übersehen. Edward Bach jedoch erkannte das Tausendgüldenkraut richtig. Es ist weder elfenhaft noch schwächlich, sondern stark, klar und hell. Wie sonst könnte es sich auf den mageren Böden halten? Warum wohl hat der Blütenstern einen solch strahlenden Glanz, eine so ausgeprägte Form?

Paulus lehrte die ersten Christen von Kollossos: „Als die Auserwählten Gottes, heilig und geliebt, zeigt Mitgefühl, Demut, Sanftheit und Geduld..." Er sprach seine Brüder auf die göttlichen Tugenden an, deren wir uns allemal befleißigen sollten. Aber dabei können wir auch durch unser Menschsein versagen. In der Ausübung von Demut können wir zu weit gehen, nämlich wenn wir allzu bescheidenen Sinnes sind. Denn dann repräsentieren wir nicht mehr wahre Seelengröße, sondern setzen Signale der Schwäche und mangelnder Zielstrebigkeit. Dies sind jedoch beileibe nicht die Probleme des einzelnen. Der allzu versklavte Sklave wird gewiß den Ruf der Freiheit – sei er an das Innere oder Äußere gerichtet – überhören und so eines seiner kostbarsten Güter, die Freiheit als Zeichen unserer Gotteskindschaft, verlieren. Der Unfreie aber, wird er nicht schnell zum Ballast der Gemeinschaft?

Die Führer der Menschheit, welche abgleiten in das finstere Wesen des Tyrannen und zur Schreckensherrschaft schreiten, können diesen unheilvollen Weg nur gehen, weil sich die Schwachen nicht widersetzen. Darum werden auch die vermeintlich Sanften und Demütigen mitschuldig, wenn der erste Diener seines Staates versagt.

Edward Bach erkannte, daß übertriebene Demut, Bescheidenheit und Geduld eine Haltung ist, die Menschen annehmen können. Darum suchte er eine entsprechende Blüte. Unter seinen Heilern wird *Centaury* als kraftspendend betrachtet. Es hilft, die Tugenden im rechten Maß auszuüben, weil es eine zielgerichtete Klarheit schenkt, die befähigt, die Grenzen zu finden, zu akzeptieren und zu verteidigen.

Bach liebte es, seine Blüten wie Persönlichkeiten zu betrachten und als solche auch sprechen und handeln zu lassen. Er hinterließ uns manche märchenhaft anmutende Geschichte, wie z. B. diese über *Centaury*: „Ich bin schwach, ja, ich weiß, ich bin schwach. Aber warum nur? Weil ich gelernt habe, Stärke und Macht und Dominanzstreben zu hassen? Und sollte ich auf seiten der Schwäche bisweilen ein wenig übertreiben, so vergib mir, denn das geschieht allein deshalb, weil ich es sehr hasse, andere zu verletzen. Schon bald werde ich imstande sein, in mir ein Gleichgewicht herzustellen, so daß ich weder verletze noch mich verletzen lasse. Aber in diesem Augenblick würde ich lieber leiden, als einem meiner Mitmenschen auch nur das geringste Leid zuzufügen.

Habe deshalb viel Geduld mit deiner kleinen *Centaury*. Zwar ist sie schwach, ich weiß, aber ihre Schwäche ist von der rechten Art, und bald schon werde ich größer und stärker und schöner sein, bis Ihr alle mich bewundern werdet wegen der Stärke, die ich euch vermittle."

Das Tausendgüldenkraut ist auch in der Pflanzenheilkunde anerkannt: *Centaurium erythea* ist eine reine Bitterstoffdroge. Blüten und Stengel sind besonders reich an diesen Wirkstoffen. Sie zeigt Heilwirkung bei Appetitlosigkeit, Magenschwäche mit mangelnder Magensaftsekretion, Störungen der Magenentleerung, Blähungen sowie Krampf- und Erschlaffungszuständen des Magens und Darms. Tee ist hier sehr erfolgreich. Dabei wirken die Bitterstoffe schon nach Berührung mit der Mundschleimhaut, indem sie nämlich heilende Reflexe auslösen. Beim saftlosen, erschlafften, „müden" Magen ist das Tausendgüldenkraut das beste Mittel. Ein ganz spezifisches Anwendungsgebiet ist die Anorexia nervosa, die psychogen bedingte Eßunlust junger Mädchen. Im Verbund mit diesen Magen-Darmstörungen findet sich manchmal Kreislaufschwäche. Auch hier ist die Droge wirksam. Der Tee eignet sich auch für Patienten mit nervöser Erschöpfung. Solche mit Gallensteinen können ihre gereizte Galle beruhigen und Koliken vorbeugen, wenn sie den Tee trinken. In der Volksmedizin findet *Centaury* auch Anwendung bei Blutarmut, Leberleiden und Fettsucht. Es wird benutzt zur Blutreinigung und bei Hautausschlägen.

DAS TEE-REZEPT:

Ein gehäufter Teelöffel Tee (das ganze Kraut) wird mit ¼ l Wasser kalt beigestellt und unter gelegentlichem Umrühren acht bis zehn Stunden ausgezogen. Nach dem Abseihen wird der Tee auf Trinktemperatur erwärmt und v o r den Mahlzeiten ungesüßt getrunken. (In Verbindung mit Bitterstoffen säuert Zucker stark.) Nebenwirkungen sind nicht zu befürchten, zumal der bittere Geschmack der Droge ein Zuviel verhindert, auch wenn man sich rasch an diesen gewöhnt.

KÖRPERLICHE *CENTAURY*-SYMPTOME

Der Patient ist leicht ermüdbar. Hier hilft eine Blutreinigung, besonders bei Frühjahrsmüdigkeit. Es stärkt die Abwehrkräfte, d. h. der Organismus sagt wieder „nein", wenn Bakterien und Viren eindringen wollen. Im Mittelalter und im Alterturm wurde Centaurium als Fieber-, Wundheil- und Wurmmittel genutzt. Es galt als Gegengift bei Bissen von Schlangen und tollwütigen Hunden. Die Pflanze wurde zerrieben und aufgelegt. Die großen Ärzte der Antike, wie etwa Dioskorides und Galen, trieben mit dem Tausendgüldenkraut – Kentaurion, wie es genannt wurde – die galligen Säfte an, beschleunigten stockende Monatsblutungen und heilten Augenleiden. Hier bieten sich mit der Blütenessenz heute noch Möglichkeiten.

Centaury begegnet uns demnach bereits in der griechischen Sagenwelt, wie Scheffer/Storl in ihrem Buch „Die Seelenpflanzen des Edward Bach" ausführen: „So glaubte man, die Zentauren seien so instinktsicher, daß sie in allen Kräutern, die Mutter Gaia zu bieten hat, die Heilkräfte sofort erkennen können. So habe der berühmteste Zentaur, Chiron, zuerst die hier besprochene Pflanze entdeckt und verwendet – daher der alte Gattungsname „Chironia".

Im Gegensatz zu seinen rohen Genossen war Chiron sanft, geduldig, menschenfreundlich und weise, daß Könige ihm ihre Söhne zur Unterweisung anvertrauten. Vom Sonnengott Apollo selbst inspiriert, zeigte er den

Helden Achilleus und Iason, wie man Wunden heilt, dem blinden Phoinix
gab er das Augenlicht wieder, und sogar der Heilgott Asklepios (Aesculapius)
mußte zu ihm gehen, um zu lernen, wie man lindernde Salben bereitet,
heilende Getränke braut und die notwendigen ärztlichen Handlungen ausführt. Aus Versehen verwundete Herkules den edlen Zentaur mit einem
Pfeil, der mit dem giftigen Blut des Wasserschlangenungeheuers Hydra
bestrichen worden war. Einige Erzähler behaupten, Chiron habe die tödli-
che Fußwunde mit Tausendgüldenkraut wieder ausgeheilt. Andere erzählen jedoch, daß die schwärende Wunde derart schmerzte, daß er auf seine
Unsterblichkeit auf Erden verzichtete und von den Göttern in den Himmel, ins Sternbild Schütze, versetzt wurde. Eine schwache Erinnerung an
den Pferdemenschen lebt im Volksglauben weiter, wenn von jedem Beritte-
nen verlangt wird, daß er beim Anblick eines Tausendgüldenkrautes vom
Pferd steigen und es pflücken müsse, um Glück zu haben."

Es sind die Bitterstoffe, die der Pflanze ihre Wirkung geben. Rudolf
Steiner sagt: „Bitterstoffe machen die inneren Organe hungrig." Bitterstoffe
erlauben der Seele, sich stärker mit dem leiblichen Dasein zu verbinden.
Auch in seiner Eigenschaft als Fiebermittel deutet die Pflanze in diese Richtung. Fieber entsteht immer, wenn das höhere Prinzip in die ihm zu ent-
gleiten drohende Physis eingreift und mit hitziger Glut diese wieder an sich
reißt. Seine Haupteigenschaft als Magenmittel erinnert, daß ein übersensibler
Magen immer auf eine Ich-Schwäche hinweist.

Die Blüten-Essenz *Centaury* – natürlich hergestellt mit der Sonnenmethode – trägt durch das Gold im Namen schon den Bezug zur Sonne in
sich – *Centaury* gibt dem Menschen die Kraft, „Nein" zu sagen, wo ein
„Nein" am Platz ist.

SEELISCHE *CENTAURY*-SYMPTOME

Er liebt Konventionen, die ein Stützkorsett gegen seine Schwäche sind.
Leidet am Cinderella-Syndrom, ist also servil, um zu Gefallen zu sein und
aus Willensschwäche. Dabei überarbeitet er sich lieber, statt „nein" zu sa-

gen, macht sich so zum Opferlamm, aber ohne zu klagen. (*Willow* beklagt und bemitleidet sich). Leicht gerät er in Hörigkeit. Häufig ist der Kranke durch einen schwachen Genesungswillen gekennzeichnet. Mit sanfter Sturheit hält er an seinen Pflichten fest, selbst wenn die Last zum Zusammenbruch führt, weil er sich völlig auslaugen läßt. Der *Centaury*-Typ zeigt nicht, wie ihm wirklich zumute ist, aus Angst, lästig zu sein und um seine selbstgewählte Märtyrerrolle zu behalten. (Anders der *Agrimony*-Typ, der sich nicht zu erkennen gibt, weil er fürchtet, im urpersönlichen Bereich mit allen Nöten und Sorgen „erwischt" zu werden). Es sollte noch erwähnt werden, daß eine mediale Veranlagung bei einem blockierten *Centaury*-Typus zu Wahnbildern führen kann.

Dr. med. Götz Blome gibt dem Menschen, der *Centaury* benötigt, den Rat: „Wie auch immer die Folgen Ihrer Gutmütigkeit und Opferbereitschaft aussehen mögen, wahrscheinlich sind Sie oft so müde, denn das Leben, das Sie führen, entbehrt ja der Stärke. Es kann Sie nicht aufbauen, weil es nicht Ihr eigenes ist. Sie sind nicht wie Christus (den Sie vielleicht als Vorbild nehmen), denn Sie erfüllen nicht Ihre Mission. Sein Leben war nicht das eines schwachen und gutmütigen Opfers, das aus Angst vor dem Unmut der anderen auf seine Lebensentfaltung verzichtet. Wären Sie wie Er, dann könnten Sie aus Ihrer Überzeugung heraus Ihr Leben gestalten."

Der Psychotherapeut wird sich darüber im Klaren sein, daß im servilen, angepaßten Verhalten des *Centaury*-Patienten die Ursache in der Kindheit zu suchen ist. Die Angst vor Strafe, vor Liebesentzug hat das Kind verletzt und unsicher gemacht, hat ihm ein Gefühl der Minderwertigkeit gegeben. Sein natürliches Verlangen nach Harmonie und Zuwendung ist nicht erfüllt worden. So hat es irgendwann seine persönlichen Bedürfnisse aufgegeben und ist nur noch in eine Richtung gewachsen: Zu dienen, um geliebt zu werden, und zwar unter Aufgabe aller persönlichen Wünsche, mit einer Maßlosigkeit, welche die maßlosen Forderungen ehemaliger „Erzieher" widerspiegelt.

Centaury wird helfen, das eigene Ich wahrzunehmen und mit gebotener Stärke zur Geltung zu bringen.

HOMÖOPATHIE

Pulsatilla (Küchenschelle) – hat eine deutliche Beziehung zum Charakter und zu Magenproblemen.

Coffea (Rohkaffee) – hörig, servil.

Eine Therapie mit *Centaury* kann mit einer D 200, etwa von Coffea, geschlossen werden und ist eine lohnende Möglichkeit.

Nicht zur klassischen Homöopathie zu rechnen sind die Komplexmittel der ISO-Pharma. Der Vollständigkeit halber sei das Stoffwechselmittel St lo Centaurium cp erwähnt. Es gilt als Fieber- und Magenmittel und wird eingesetzt bei Neuralgien, auch bei Migräne. Die Wirkung auf die Peristaltik macht es zum Durchfallmittel, seine Wirkung auf Hautausschläge läßt den Einsatz bei Pocken und Masern zu. Hypochondrie, Hysterie, Folgen von spiritistischen oder hypnotischen Versuchen und deren Mißbrauch können mit Centaurium cp behandelt werden. Die aufgeführten Indikationen lassen auch die Erwägung zu, das Mittel bei Drogenabhängigkeit einzusetzen – zumindest als willkommenes Begleitmittel. Mit dieser Palette im Indikationsangebot gilt dieses ISO-Mittel als hervorragendstes, wirksamstes und merkwürdigstes aller Heilmittel der ISO.

EDELSTEIN

Wir betrachten *Centaury* auch als eine der „Liebesblüten", die Edward Bach entdeckt hat. Das kleine rosa Sternchen des Tausendgüldenkrautes erinnert an den R o s e n q u a r z, der ein sanfter, zärtlicher Stein ist. Er gehört zu den Bergkristallen und wird der Venus zugeordnet. Wie die Blüte gibt auch er Kraft, weckt den Sinn für das Schöne und läßt dem Träger schöpferische Energien zufließen.

FARBE

Zu bevorzugen ist Rosa, das ebenfalls einen Bezug zur Venus hat. In den einschlägigen Büchern über Farbtherapie ist die Farbschattierung „Rosa" nur knapp erläutert.

Der Heiler Keith Sherwood beschreibt es so: „Ein rosiges Leuchten beweist kindliche Liebe und Liebe zur Heimat, während ein Rot, das ins Rosa übergeht, Glück und Zärtlichkeit anzeigt."

TON

Hat die Farbe Rot als korrespondierenden Ton das „C", so mag es bei Rosa das leise schwingende, reine, klare „C" einer Harfensaite sein.

Wir sollten niemals angepaßt und demütig sein, um andere Menschen nicht zu enttäuschen oder sie zu verlieren. In den Schuhen eines anderen durch das Leben zu gehen, führt zum Verlust der eigenen Persönlichkeit.

AFFIRMATION

Ich finde mein wahres Selbst und werde aktiv und freudig meine eigene Lebensaufgabe erfüllen.

IMPATIENS (DRÜSENTRAGENDES SPRINGKRAUT)
- IMPATIENS GLANDULIFERA -

Neben der Angst, als Leiden der Seele, ist die Ungeduld eine weitere Beschränkung unseres Seins. Sie ist ein Merkmal unserer hochtechnisierten Welt, wo die Zwiesprache der Individuen untereinander allmählich verstummt. Alleingelassen, ohne das liebende Echo auf seine Stimme, beginnt der Mensch zu vereinsamen, verliert den Bezug zur Natur, vergißt, daß er ein Teil dieser Natur ist. Der Mensch als Mikrokosmos – ohne Bindung zum All, zum Ganzen – verliert sich schließlich in seiner eigenen Welt. Jeder Anstoß von außen, der die Bahn seines Egos stört, bedeutet für diesen Menschen eine ungeheure Irritation, die mit Reizbarkeit, Ungeduld, einem Ausbruch rascher Handlungsabfolgen und ungezügelter Wortkaskaden quittiert werden kann. Diese Ausbrüche überraschen den Ungeduldigen oft selbst, sind häufig aber schnell vorüber.

Der *Impatiens*-Patient hat ein Ziel, und dieses Ziel will er rasch erreichen. Wer da langsam im Geiste und langsam im Handeln ist, kann für den *Impatiens*-Typus ein arges Ärgernis sein. Solche „Hindernisse" müssen niedergewalzt, Einwände hinweggefegt, das Unbequeme eilig aussortiert werden. Vielleicht waren die Götter des alten Testamentes und uralter Sagen die Verkörperung der Bach-Blüte *Impatiens*. Erst der Gott des Neuen Testamentes und Sein Sohn, Jesus, der Christus, lehrten Nachsicht und die königlich-göttliche Eigenschaft des Verzeihens, eben jene Gnade, die uns *Impatiens* vermittelt.

Impatiens glandulifera (auch Fleißiges Lieschen oder Noli me tangere) wurde um 1830 in Kaschmir entdeckt und wird als „Himalaya-Balsam" bezeichnet. Das *Impatiens* mit seinen vielen Arten gehört in die Familie der Balsaminengewächse, zählt also zu den Springkräutern. Diese Kräuter werden so genannt, weil die reifen Kapseln ihren Samen explosionsartig oft zwei Meter und mehr in die Weite springen lassen. Auch bei diesem Anblick zeichnet sich etwas von der Ungeduld des blockierten *Impatiens*-Menschen ab.

Impatiens ist heute in der Volksheilkunde ohne größere Bedeutung. In China werden die Blüten der „Phonifeenpflanze" (so heißt *Impatiens* dort) am Nachmittag gesammelt. Blüten oder das Kraut werden abgekocht und sowohl innerlich wie äußerlich verwendet bei: Drüsenentzündungen, Erkältungskrankheiten, Rheuma und Hautkrankheiten. Mit frischen, zerriebenen Blüten werden Pilzinfektionen der Hände behandelt. Inzwischen ist es chinesischen Forschern gelungen, einen Nachweis zu erbringen, daß der Saft, bzw. eine aus den Blüten hergestellte Tinktur, tatsächlich eine bakterienhemmende Wirkung hat.

Im Frühjahr 1930 beschloß Edward Bach, aus London wegzuziehen. Da er seine Entschlüsse immer umgehend in die Tat umsetzte, verließ er London bereits an einem frühen Maimorgen des selben Jahres. Sein Ziel war Wales. Gleichwohl hielt er sich zwischenzeitlich immer wieder in London auf, wie wir einem Bericht von Nora Weeks entnehmen können. Die Großstadt wurde ihm jedoch von Mal zu Mal unerträglicher. So hatte er im September 1930 plötzlich die Idee, wieder nach Wales zu fahren. Diesem Einfall gab er unverzüglich nach, getreu seiner Lebensregel, immer und sofort auf seine innere Stimme zu hören, was sich auch dieses Mal als segensreich – sogar für die Menschheit – erweisen sollte. Am Ufer der Usk, einem Gebirgsbach, entdeckte er das blaß-malvenfarbene *Impatiens* und die goldblütige *Mimulus*-Blüte. So fand er gleich zwei seiner Heilmittel, was nicht ohne Bedeutung für den inneren Bezug dieser beiden Blüten ist.

Bach bestand darauf, eine zart-malvenfarben blühende *Impatiens*-Pflanze auszuwählen, aus der mit der Sonnenmethode die Essenz gewonnen werden sollte. Blüten dieser Farbe seien zarter und kühler und übermittelten so besser das Wesen der sanften Zartheit, die dem erlösten Seelenzustand des *Impatiens*-Typus entspricht.

Edward Bach fragte den Menschen: „Gehörst du zu jenen, die wissen, daß in der Tiefe ihres Wesens noch eine Spur von Grausamkeit vorhanden ist? Wenn gekämpft und gequält wird – hast du dann nicht selbst dagegen anzukämpfen, daß boshafte Empfindungen in dir angesprochen werden? Hast du noch das Verlangen in dir, andere zu zwingen, deine Denkweise zu übernehmen? Bist du ungeduldig und aus dieser Ungeduld heraus zuweilen reizbar und gemein? Sind noch Spuren des Inquisitors in der Tiefe deines Wesens übrig?

Dann strebst du nun nach höchster Sanftmut, Freundlichkeit und Vergebung, und das Springkraut mit seinen blaßlila Blüten – es wächst an so manchem Bachufer in Wales – wird dir mit seinem Segen auf den Weg helfen."

Hier hält uns Bach mit seinen Bemerkungen zu *Impatiens* liebend einen Spiegel vor. Erkennen wir uns darin und schauen uns dabei ehrlich in die Augen, gehen wir bereits die ersten Schritte unserer Genesung entgegen. Hier wird deutlich, wie die Bach-Blüten wirken können. Im Bewußtmachen unserer Fehler und der Erkenntnis, daß wir uns verändern können, liegt die Chance zur Heilung.

An anderer Stelle charakterisierte Edward Bach *Impatiens* so: „Zu jeder Zeit bei Ungeduld. Ungeduldig mit sich selbst, wollen die Dinge beschleunigen, rasch erledigen, sofort gesund werden und wieder auf den Beinen sein. Ungeduldig mit anderen, gereizt über Kleinigkeiten, Temperament nur schwer unter Kontrolle zu halten. Können nicht warten. Dieser Zustand ist verbreitet und häufig ein gutes Zeichen während der Rekonvaleszenz; die von diesem Heilmittel verbreitete Ruhe beschleunigt oft die Genesung. Bei starken Schmerzen stellt sich häufig Ungeduld ein, und so zeigt sich *Impatiens* bei diesen Gelegenheiten als von großem Wert zur Linderung von Schmerzen und zur Beruhigung des Patienten."

KÖRPERLICHE *IMPATIENS*-SYMPTOME

Er überanstrengt sich bei der Arbeit. Die Gesichtsfarbe wird häufig gewechselt. Knackt ungeduldig mit den Fingern. Ihn kennzeichnet oft nervöser Hautausschlag (Neurodermitis). Heißhungrig ißt er sehr schnell. Herpes signalisiert Abwehr gegen andere, Hitzewallungen im Klimakterium machen gereizt. Plötzliche Krampfschmerzen und Hautaffektionen – er fährt aus der Haut! Rasche und hastige Reaktionen, auch nervöse Beschwerden der Verdauungsorgane. Unkontrollierte Bewegungen der Extremitäten, das hyperaktive Kind, der Zappelphilipp. Spannungsschmerzen im Kopf, hinter den Augen, zwischen den Schulterblättern.

SEELISCHE *IMPATIENS*-SYMPTOME

Er arbeitet lieber allein, weil andere zu langsam sind. Dabei treibt er sich und andere stets zu mehr Tempo an. An anderen hat er oft etwas auszusetzen. Der Streßpatient! Der Mensch ist sehr fähig und sehr begabt. Sein Geduldsfaden reißt plötzlich, weil er meist reizbar und nervös ist. Gesellschaft wird gemieden, weil es verlorene Zeit bedeutet. Er kann es nicht ertragen, kritisiert zu werden. Zuweilen ist er durch zu hohe Energieverausgabung extrem träge. Durch sein Ungestüm ist er oft unfallgefährdet. Die innere Unruhe veranlaßt ihn, nicht zuzuhören, oder er fällt anderen ins Wort. Leidet unter gravierenden Bindungsschwierigkeiten. Seine Zorn- und Wutanfälle sind heftig, aber kurz.

HOMÖOPATHIE

Chamomilla (echte Kamille) -
Lycopodium (Sporen von Bärlapp) -
Nux vomica (Samen v. Brechnußbaum) - alle drei sind ungeduldig, unbeherrscht, nörglerisch und können übellaunig sein.
Lachesis (Gift v. Ottern) -
Coffea (Rohkaffee) – leicht erregt, zeitweise gereizt und rasch im Handeln.
Tarantula Hispanica (spanische Tarantel) - Reizzustände, äußerste Ruhelosigkeit, launenhaft, Abneigung gegen Gesellschaft, schneller Arbeiter.

FARBE

Ganz gewiß steht *Impatiens* unter dem Haupteinfluß des Planeten Merkur, dem die Farbe O r a n g e als Übergang vom Rot des Lebens zur mehr geistigen, spirituellen Seite zugeordnet wird. (Christa Muths) Merkur steht der Sonne am nächsten, und in der Alchemie galt er als Entsprechung für die „Materia prima" – die Urmaterie oder den „Stein der Weisen". Beim „Stein der Weisen" handelt es sich um eine Substanz, die aufgrund langwieriger Prozesse aus der Urmaterie gewonnen wurde, die unedle Metalle in edle verwandeln konnte und zugleich verjüngend und heilend wirken sollte. Mercurius, das Quecksilber, gilt außerdem in der Alchemie u. a. als eines der „philosophischen" Elemente und Weltprinzipien. Es repräsentiert das Flüchtige, den Spiritus. Orange verbindet körperliche Energie mit geistiger Kraft, was dem Menschen zu gefühlsmäßiger Ruhe und Geborgenheit verhilft. Wer zu einer solchen Ruhe genesen ist, kann sich dem Lebenstempo mit dem eigenen Maß anpassen und wird das Maß seiner Mitmenschen respektieren.

TON
Die Farbe Orange wird vom „E" begleitet.

EDELSTEIN
Als wohltuender und auch ansprechender Stein wird der grüne, halbdurchscheinende Aventurin, der aus Indien und Nepal kommt, beschrieben. Nervöse Hautausschläge, Herzprobleme und Streßsymptome kann er mildern. Seine Farbe ist sanft und seine gleichmäßigen, metallisch schimmernden Einschlüsse vermitteln dem Träger oder Betrachter Gelassenheit. Ruhe durchflutet das aufgewühlte Gemüt und öffnet Heiterkeit und Gelassenheit Tür und Tor.

Der Eilige lebt mit seinen Gedanken fortwährend in der Zukunft. Er hat das Wünschen zum Lebensziel gemacht und das Erschaffen vergessen – die Habgier streckt die Hände nach ihm aus. Wer allein der Zukunft nachjagt, gerät in Isolation und verliert seine Lebensfreude, denn nur das Hier und Jetzt ist farbig und bewegt, mit Menschen und Freunden belebt.
Der Fuchs verstummte und schaute den kleinen Prinzen lange an: „Bitte... zähme mich!" sagte er.
„Ich möchte wohl", antwortete der kleine Prinz. „Aber ich habe nicht viel Zeit. Ich muß Freunde finden und viele Dinge kennenlernen."
„Man kennt nur die Dinge, die man zähmt", sagte der Fuchs.
„Die Menschen haben keine Zeit mehr, irgend etwas kennenzulernen.

Sie kaufen sich alles fertig in den Geschäften. Aber da es keine Kaufläden für Freunde gibt, haben die Leute keine Freunde mehr. Wenn du einen Freund willst, so zähme mich!" „Was muß ich da tun?" fragte der kleine Prinz.

„Du mußt geduldig sein", antwortete der Fuchs.

„Du setzt dich zuerst ein wenig abseits von mir ins Gras. Ich werde dich verstohlen, so aus den Augenwinkeln anschauen, und du wirst nichts sagen. Die Sprache ist deine Quelle von Mißverständnissen. Aber jeden Tag wirst du dich ein bißchen näher setzen können."

Leben wir also wirklich unser Leben, aber lassen wir uns nicht in seine Strudel reißen, die uns zugleich von Gott entfernen würden. Wie aber finden wir die Tür zur Gelassenheit, wie den Schlüssel zum rechten Maß der Dinge? Vielleicht hilft es, wenn wir uns an ein Wort von Mahatma Gandhi erinnern, der bemerkte, daß es im Leben Wichtigeres gäbe, als das Tempo zu erhöhen.

Wer sich jetzt im blockierten Zustand von *Impatiens* erkannt hat, der lasse sich das helle, reine Wesen dieser Blüte von Edward Bach vorstellen. Er sah das erlöste *Impatiens* als ein Wesen ausgestattet mit zarter Sanftheit, begabt mit gütiger Nachsicht und mit einer so großen Liebe gesegnet, daß es niemals etwas verzeihen muß. So hat Gott uns gewollt, so hat Gott die Blume „*Impatiens*" geschaffen, uns zum Segen und zur Heilung.

AFFIRMATION

Ich bin immer zur rechten Zeit am rechten Ort.

MUSTARD (WILDER ACKERSENF)
- SINAPIS ARVENSIS -

Im wilden Ackersenf lassen die schwefelgelben Blüten und die Schärfe, die in der ganzen Pflanze wohnt, bereits auf deren sulfurischen Geist schließen.

Schwefel war für die Alchemisten das Zeichen der befreiten Seele, und sie setzten ihn in seinem brennenden Ausdruck und erschaffenden Prinzip der Sonne gleich. Auch das Gold in seiner Bedeutung als verdichtetes Sonnenlicht wurde dem Sulfur zugerechnet. Diese die Seele befreiende Kraft, die dann in ihr ein neues Bewußtsein bildet, welches formgebend auf den Geist und somit auf das äußere Sein des Menschen wirkt, diese Kraft lebt in der Blüte von *Mustard*.

Vielleicht ist es möglich, durch eine innere Schau das Seelenwesen des wilden Ackersenf zu erfassen. Erschaue vor dir die weite Wiese, deren Grün fast ganz vom flammenden Gelb ungezählter Blüten verdeckt ist. Wie wogendes Licht heben sie sich vor dem fernen Waldrand ab. Du sinkst hinein in den Frieden dieses stillen Sommertages. Eine Lerche singt, und wie ihr Lied emporsteigt, wächst Freude in dir. Du verschmilzt mit den Sonnenstrahlen, die sich mehr und mehr mit den Wiesenpflanzen verweben. Wärme umflutet dich, und du möchtest dich jetzt ganz dem Licht und der Freude hingeben. Du willst Licht und Freude sein. Aber nun kommt eine Wolke, und aller Glanz fällt von dem Bild. Die Sonne ist fort, du frierst und bist traurig. Schwermut ergreift dich, und du weißt nicht warum. Du lebst im Schatten und hast das Licht vergessen. Doch dann zieht die Wolke weiter, und das Sonnenlicht steigt wieder hernieder und lagert auf der Wiese. Wie der Ackersenf, der dort überreichlich blüht, wirst auch du zum Sonnnenträger mit einem Quell sprudelnder Lebensfreude in dir. Du bist fröhlich, auch wenn du nicht weißt, aus welchem Grund.

Die Saat des Ackersenfes kann viele Jahre im Erdreich ruhen. Das kleine Korn wartet, bis es günstige Bedingungen findet, bis es genau in der Tiefe ruht und mit den entsprechenden Nährstoffen gefüttert, die es benötigt, um sich zu entfalten. Dann wird die Pflanze allerdings sehr schnell alles andere zur Seite drängen, was den Bauern verärgern, dem lustvollen Spaziergänger jedoch einen Anblick sonnenüberfluteter Erde vermitteln wird.

Das verborgene Ruhen des Samens – gegebenenfalls über viele Jahre – mit seinem plötzlichen Hervorbrechen durch einen äußeren Anlaß, z. B. durch ein Pflügen des Feldes, und dem dann alles überwuchernden Sein, ist ein Zeichen für den blockierten Seelenzustand des *Mustard*-Typen. Seine plötzliche Niedergeschlagenheit kann mit einem weit zurückliegenden Geschehen im Leben zu tun haben. *Mustard*-Typen, die nebenbei bemerkt häufig unter dem Gesichtspunkt handeln, was für s i e günstig und vorteilhaft ist, erklären meist, sie seien schon immer so gewesen, nämlich wechselnden Stimmungen unterworfen. Wie bei *Wild Rose*, dem *Star of Bethlehem* und gelegentlich *Honeysuckle* kann man die Auffassung vertreten, daß wir mit dem Heilmittel *Mustard* ebenfalls eine Möglichkeit haben, Blockaden aufzulösen, deren Ursachen in früheren Leben liegen.

Dr. Edward Bach sagt über *Mustard*: „Für jene, die zuweilen schwermütig oder gar verzweifelt sind, als ob eine kalte, dunkle Wolke sie überschattete und Licht und Lebensfreude vor ihnen verberge. Vielleicht ist es gar nicht möglich, solche Phasen zu begründen oder zu erklären. Unter diesen Umständen ist es fast ausgeschlossen, glücklich oder fröhlich zu erscheinen."

KÖRPERLICHE *MUSTARD*-SYMPTOME

Neben Rheuma, Ischias und Muskelschmerzen sind es auch Verdauungsbeschwerden. Bei Migräne als Begleiterscheinung der Mensis. Es wirkt stark entgiftend auf die Leber, deshalb bei Stoffwechselstörungen insgesamt. Beeinflußt Nesselsucht, Hautausschläge sowie innerliche und äußerliche

Pilzinfektionen. Bei chronischer Obstipation, durch Gallenstau und dadurch hervorgerufener Appetitlosigkeit. Hormonell bedingte Gemütsverdüsterung, also im Klimakterium, aber auch bei Libido-Schwäche. Der Patient fühlt sich elend ohne erkennbare Ursache. Brustfell-Rippenfell-Lungenentzündung werden günstig heilend beeinflußt. Magen- und Darmgeschwüre werden gelindert. Der Patient wird stimmlos und heiser ohne besonderen Grund. Heuschnupfen wird begrenzt.

SEELISCHE *MUSTARD*-SYMPTOME

Pessimistisch, mißtrauisch, trostlos, freudlos in seiner dunklen Phase. Stark wechselnde Stimmungen, von zu Tode betrübt bis zu himmelhoch jauchzend. Vorübergehende Antriebsschwäche.

Achtung! Mit *Clematis* vergleichen. Hier fehlen die Stimmungsschwankungen. Phasenweise apathisch, traurig oder verzweifelt, ohne erkennbare oder dem Kranken bewußte Ursache. Er bewegt sich langsam, spricht mit sehr leiser Stimme, seufzt dabei viel. Weltschmerz, der nicht benannt werden kann, häufig bei Pubertierenden. Dann fehlt jegliches Interesse.

HOMÖOPATHIE

Aurum (Gold) – Schwermut

Cannabis indica (Haschisch)

Cannabis sativa (Hanfblätter)

Graphites (Reißblei)

Medorrhinum (Gonohokheneiter)

Valeriana officinalis (Baldrian) - stehen stark neben sich.

Cimicifuga (Wanzenkraut) – empfindet seine Traurigkeit wie eine schwarze Wolke.

Aluminia (Tonerde) – sehr niedergeschlagen, fürchtet deshalb seinen Verstand zu verlieren, wechselnde Stimmungen, auch Suizidtendenz.

Die Homöopathie bietet zahlreiche Depressionsmittel. Monnica Hackl empfiehlt bei der Wahl zum *Mustard* Ergänzungsmittel, die sich an den körperlichen Symptomen orientieren. Ein homöopathisches Mittel beim besonderen Brennen der Schleimhäute, Jucken, Schwitzen und Hitze ist „Sinapis nigra", der schwarze Senf, der auch in der Phytotherapie seine Verwendung findet, wohingegen der wilde Ackersenf dort keinerlei Bedeutung hat.

FARBE

Das leuchtende Schwefelgelb, ein Gelb mit einem leichten Grünstich, ist Träger der *Mustard*-Energie. Diese spezielle Farbe ist gehirnanregend und knochenbildend, das heißt im Körperlichen stabilisierend und im Geistigen bewußtseinserweiternd und formend. Diese Farbe schenkt Vertrauen und Gelassenheit. Selbstverständlich ist die Sonne der Hauptenergiespender.

TON

Das volltönende, vibrierende „H", der Ton der Sonne, kommuniziert mit der Seelenschwingung von *Mustard*.

EDELSTEIN

Mit dem Pyrit verwandt und ebenfalls ein Schwefelkies ist der Markasit, der manchmal auch weißer Pyrit genannt wird. Er hat eine weißlich gelbe Farbe mit einem Stich ins Grünliche. Markasit-Kristalle sind von außen stumpf, aber innen strahlend glänzend. Für die Alchemisten war er Sinnbild für den Menschen auf seiner fünften Entwicklungsstufe. Das heißt: Der Mensch ist innerlich bereits erleuchtet, kann aber dieses Licht noch nicht nach außen geben.

Die Alchemisten erkannten den Schwefel als das licht- und feuertragende Prinzip – Sulfur heißt „Sonnenträger" (aus dem Lateinischen – sol = Sonne und ferre = tragen. Vergleiche Luzifer = Lichtträger).

Überall in der Natur finden wir Schwefel. Im Meer, in den tiefsten Schichten der Erde, in allen Lebewesen, denn er ist Bestandteil des Leben tragenden Eiweißes. Der wilde Ackersenf, unsere Bach-Blüte *Mustard*, ist ein Schwefelkind, ist ein Träger des inneren Lichtes, denn sein blühendes Erscheinen, das Äcker und Wiesen in ein gelbes Strahlenmeer verwandelt, entzückt unser Auge.

Jesus vergleicht das gewachsene Senfkraut mit einem Baum, und er meint hier die Zeder, die auch im Alten Testament häufig in Gleichnissen herbeigezogen wird. Sie galt wegen ihrer besonderen Größe als Zeichen der Kraft und Ausdauer, und wie alle Koniferen ist auch die Zeder ein Symbol der Unsterblichkeit.

Mustard wird uns aus der Trübsal herausführen und unsere befreite Anima kann sich entfalten, kann wachsen. Wenn endlich das Samenkorn des inneren Lichtes zur Größe und Kraft einer Zeder herangewachsen ist, werden wir voller Fröhlichkeit und Freude die Unsterblichkeit unserer Seele erkennen.

„Vögel unter dem Himmel kommen und werden in seinen Zweigen nisten", das heißt endlich können sich die Wesenheiten des Kosmos mit uns verbinden. So können wir noch selbstlos jene an unserem Licht, unserem Glück teilhaben lassen, die noch nicht durch die Bach-Blüte *Mustard* erlöst sind. Denn schließlich sind wir alle Heiler und immer gerufen, von dem zu geben, das uns geschenkt wurde, wie Edward Bach uns immer wieder erinnert.

AFFIRMATION
Auch zu meiner Seele gehören Freude und Glück.

OAK (EICHE)

- QUERKUS ROBUR -

Die Geschichte von dem Eichenbaum.

„Eines Tages, vor nicht allzu langer Zeit, lehnte in einem alten Park in Surrey ein Mann an einem Eichenbaum, und er hörte, was die Eiche dachte. Zwar hörte er sehr seltsame Geräusche, aber Bäume denken tatsächlich, und einige Menschen können verstehen, was diese großen Wesen denken.

Dieser alte Eichenbaum, und er war in der Tat ein sehr alter Baum, sagte zu sich selbst: „Wie ich die Kühe dort unten auf der Wiese beneide, die frei umhergehen können, und ich stehe hier. Und alles um mich her ist so schön, so wundervoll, das Sonnenlicht, der sanfte Wind und der Regen. Und doch bin ich hier an dieser Stelle verwurzelt."

Und Jahre später entdeckte der Mann, daß in den Blüten des Eichenbaumes eine ganz besondere Kraft enthalten ist, die Kraft, kranke Menschen zu heilen. Und so begann er, die Blüten der Eichenbäume zu sammeln und sie zu Arzneien zu verarbeiten. Und viele, viele Menschen würden geheilt und fühlten sich wieder wohl.

Einige Zeit später lag der Mann an einem heißen Sommernachmittag einmal am Rande eines Kornfeldes. Er war fast eingeschlafen, als er einen Baum denken hörte, denn manche Menschen können Bäume denken hören. Der Baum sprach leise mit sich selbst und sagte: „Es macht mir nichts mehr aus, hier an dieser Stelle verwurzelt zu sein, und ich beneide auch die Kühe nicht mehr, die auf der Wiese umhergehen können, denn ich kann meine Blüten in alle vier Himmelsrichtungen verschenken und Menschen heilen, die krank sind." Und der Mann blickte auf und sah, daß der Baum, der so dachte, eine Eiche war." (Edward Bach)

Die Sommereiche, und sie ist es, die Edward Bach sein Heilmittel lieferte, hat Blätter, die keinen oder nur einen sehr kleinen Stiel haben. Dafür haben die weiblichen Blüten, die im Herbst die Eichelfrucht entwickeln, einen zwei bis drei Zentimeter langen Stiel. Aus diesen weiblichen Blüten, die sich von April bis Ende Juni zeigen, wird die Essenz gewonnen. Mit den männlichen Blüten kann man sie nicht verwechseln, denn diese sind Kätzchen. In Gedanken an alte verknorrte Eichen überrascht es ein wenig, daß das Konzentrat mit der Sonnenmethode hergestellt wird.

Die Eiche gehört in die Familie der Buchengewächse und ist hauptsächlich in den gemäßigten Zonen der Nordhemisphäre vertreten, aber einige Arten wachsen südlich, bis in die tropischen Gebiete hinein. Wieviele es insgesamt gibt, ist nicht genau bekannt, es wird geschätzt, daß es zwischen zweihundertfünfzig und sechshundert sind.

Die Stiel- und Traubeneichen gehören zu den wirtschaftlich wichtigsten Laubbäumen. Ihr Holz wurde, besonders in England, für die unersättliche Royal Navy zum Schiffbau verwendet. Auch Kathedralen, Kirchen und riesige Festsäle stützten Decken und Kuppeln mit schweren Eichenbalken. Das Holz galt als hervorragender Wärmespender, da es lange und intensiv brennt. Die Rinde lieferte Gerbstoff für die Lohe des lederverarbeitenden Handwerks, bot auch wichtige Medizin, und die stärkehaltige Eichel war ein willkommenes Futter für die Schweinemast. (Die Tiere wurden bei reicher Ernte einfach in den Wald getrieben). Dann ersetzte die Kartoffel dieses Schweinefutter und manche Eisenträger, oder später die Betonstütze, verdrängte die guten alten Eichenbalken. So verlor der Eichenwald an forstwirtschaftlichem Interesse. Die großen Wälder wurden abgeholzt und die Flächen mit schneller wachsenden Nadelhölzern besiedelt. Erst heutzutage, mit unserem ständig wachsenden Umweltbewußtsein, erkennen wir die ökologische Wichtigkeit der Eichenwälder. In ihnen finden Hunderte von verschiedenartigen Insekten, Vögeln und Nagetieren Quartier und Nahrung, und auch alle Arten von Pflanzen dürfen im Schutz der Eichenwälder gedeihen. Der massive und standfeste Baum, den ein Wind nicht beugen und ein Sturm nicht fällen kann, ist tolerant und bietet Licht und Lebensraum für seine Mitgeschöpfe. Hier verhält er sich völlig konträr zur Buche (*Beech*), die andere, kleine Gehölze durch ihren hohen Anspruch an eigenem Lichtraum verdrängt oder absterben läßt. Durch dieses

141

Bild finden wir auch den Schlüssel zum positiven Seelenzustand des *Oak*-Typus: Er ist immer bereit, andere zu schützen und die Last anderer Menschen auf sich zu nehmen, wobei er durch seinen Mut und seine Tapferkeit hilft und Vorbild ist. Die eigenen Kraftreserven setzt er mit eben jenem Maß an Menschlichkeit und Zuneigung ein, das den anderen nicht bevormundet oder gar erdrückt.

Die Eiche gilt als König der Laubbäume, ist ein heiliger Baum der Druiden und heißt „Druir". Im druidischen Baumkalender symbolisiert die Eiche den Zeitpunkt der Sommersonnenwende, da der zweigestaltige König von seinem eigenen dunklen Ich gekreuzigt wird.

In dem alten Gedicht „Schlacht der Bäume und Sträucher" heißt es:
„Unter den stampfenden Füßen der schnellen Eiche
Dröhnten Himmel und Erde;
Mannhafter Wächter der Pforte
Heißt ihr Name in allen Sprachen."

Und als „Wächter der Pforte" sollten wir die Bach-Blüte *Oak* betrachten: Dieser heilige Baum leitet das läuternde und befruchtende Himmelsfeuer auf die Erde nieder. (Weil Eichen sehr oft auf Wasseradern, die sich kreuzen, wachsen, schlägt häufig der Blitz in sie ein). Der Baum trennt nach alter Überlieferung das Unwahre vom Wahren, das Ungerechte vom Gerechten, den Schein vom Sein (als Thing-Baum) und ist somit das Tor zu einer Welt, aus der wir einst kamen und durch welches wir wieder Zutritt zu unserem verlorenen Paradies erlangen können.

Wegen ihres harten, dauerhaften Holzes galt die Eiche in der Antike als Symbol für Kraft, Männlichkeit und Beharrlichkeit. Man glaubte auch, das Holz sei unverweslich, und darum betrachtete man den Baum im Mittelalter als ein Zeichen für die Unsterblichkeit. Im 18. Jahrhundert wurde die Eiche in Deutschland als ein Symbol für Heldentum gesetzt, und seit dem Beginn des 19. Jahrhunderts hat das Eichenlaub die Bedeutung des Siegeslorbeer.

Wehrhaft, standhaft, unbeugsam – so muß der blockierte *Oak*-Typ verstanden werden. Nun kann man einwenden, daß solche Eigenschaften nicht gerade zu den menschlichen Untugenden gehören. Aber wie die Eiche oft verknorrt in ihrem Daseinskampf, so kann auch der allzu wehrhafte, allzu standfeste, allzu unbeugsame Mensch erstarren und verknorren.

Wehrt euch also, wo es sinnvoll ist, aber fügt euch in Frieden, wenn ihr Gottes Ratschluß erkennt. Seid standhaft, aber widersetzt euch wegen eurer Prinzipien nicht dem Fluß des Lebens. Haltet euch, dem Kind Gottes, die Treue! Seid nicht unbeugsam, sonst verfehlt ihr vielleicht den Willen des Vaters. Unbeugsam könnt ihr nicht die vielen Tore passieren, die sich euch zu einer immer anderen Welt öffnen. Unbeugsam werdet ihr taub und blind für die kleine, leise Stimme in euch, die euch zu eurem hohen Ziel leitet.

Edward Bach ordnete *Oak*, die Heilpflanze, die er der Kategorie der Helfer zuteilte, dem blassen Patienten zu, den sein dauernder Kampf erschöpft hat und der trotzdem nicht aufgibt.

„Für jene, die sich sehr anstrengen und Mühe geben, um wieder gesund zu werden, und auch in ihrem täglichen Leben hart kämpfen. Sie werden weiterhin eines nach dem anderen ausprobieren, auch wenn ihr Fall hoffnungslos scheint. Sie kämpfen weiter. Sie sind nicht zufrieden mit sich selbst, wenn Krankheit ihnen die Erfüllung ihrer Pflichten oder ihre Hilfe für andere durchkreuzt. Sie sind tapfere Menschen, die gegen große Schwierigkeiten ankämpfen, ohne daß ihre Anstrengung oder ihre Hoffnung dabei nachlassen."

Wenn die Eiche abstirbt, ihre Äste brechen, der Stamm am Verfaulen ist, selbst dann noch treibt sie aus. Auch die *Oak*-Persönlichkeit kämpft gegen chronische Schwäche und Krankheit und akzeptiert niemals eine Niederlage. Der Patient wird selbst dann noch seinen Pflichten nachgehen, wenn er schwer leidet, bis er schließlich – manchmal zu seinem Erstaunen – einen Zusammenbruch erleidet und, so Bach, „die Kontrolle über bestimmte Körperteile oder Körperfunktionen verliert." Der blockierte *Oak*-Zustand entbehrt allerdings des flammenden Fanatismus, der lauten Predigt von *Vervain*. Es ist vielmehr der stille Kampf, die lautlose Pflichterfüllung. *Vervain* kämpft in seinem Sendungsbewußtsein, wobei es sich und seine Interessen nicht vergißt. *Oak* kämpft in harter Pflichterfüllung, sogar gegen die eigenen Bedürfnisse, letztlich nur für andere.

Der erlöste *Oak*-Typus wird einen erweiterten Horizont haben, wird seine und andere Grenzen akzeptieren und durch liebevolles Geneigtsein wird er seine starren Verhaltensweisen ablegen können, mit denen er seinen Willen ausgedrückt hat.

Die Bach-Blüten-Therapie ist eine Therapie des Bewußtmachens, worauf immer wieder hingewiesen wird. Der bewußte Mensch wird um seine Schwächen wissen und sich um die Tugend bemühen, die eben jene Schwäche tilgt. Die Barnards stellten ihrer Betrachtung über *Oak* als Affirmation einen Ausspruch Edward Bachs voran, der sehr treffend ist:

„Unser einziges Ziel besteht darin, unsere Fehler zu erkennen und uns zu bemühen, die Tugend zu entwickeln, die den Fehlern entgegenwirkt, so daß sie verschwinden, wie Schnee in der Sonne schmilzt. Wir wollen nicht gegen unsere Sorgen ankämpfen. Kämpft nicht gegen Eure Krankheit und Eure Schwäche an, sondern vergeßt vielmehr, indem Ihr Euch auf die Entwicklung der Tugend konzentriert, die Ihr braucht."

KÖRPERLICHE *OAK*-SYMPTOME

Verhärtungskrankheiten wie Arteriosklerose, Erstarrung, Morgensteifigkeit der Gelenke, Verknöcherung der Wirbelsäule, Sklerose der Leber. Hilfe auch bei plötzlichem Kräfteverlust, Schwäche der Extremitäten, ungewöhnlichen Kontraktionen der Glieder, auch bei Wadenkrämpfen. Drüsenverhärtungen, besonders der Brustdrüsen, verknöcherte Gehörknöchelchen. Empfohlen als Begleitmittel bei Multipler Sklerose. Nierenstau, Obstipation und Hämorrhoiden können zur Symptomatik gehören.

Seelische *Oak*-Symptome

Er ist ärgerlich über die eigene Krankheit. Als Arbeitsfanatiker gibt er nie auf. Er ist ausdauernd und streng diszipliniert (z.B. der Marathonläufer). Er beschwert sich auch nicht im Dauerleistungsstreß, da er höchste Anforderungen an sich stellt. Seine Kraft schätzt er nicht gut ein. Seine Dauerleistung kann zu nervlichem und körperlichem Zusammenbruch führen. Medikamente sprechen plötzlich nicht mehr an, oder der noch kranke Patient behauptet, er brauche keine Behandlung mehr, weil er therapiemüde sei. Er fühlt sich für alles verantwortlich, ist dabei unflexibel und laugt sich aus.

Homöopathie

Aurum (Gold)

Nux vomica (Brechnuß) – sehr ehrgeizig und pflichtbewußt.

Tarantula (span. Tarantel) – alle drei arbeiten viel; fast liegt Arbeitswut vor.

Plumbum (Blei) – neigt zu Verhärtungen und Verknöcherungen.

Farbe

Von achtundzwanzig Blüten stehen sechzehn (Scheffer/Storl) unter dem Einfluß des Planeten Jupiter. Er wird als der gütige und gerechte Planetenkönig bezeichnet, der, nach römischer Legende, als neugeborenes Kind Schutz unter einer Eiche fand. Und so sind auch die Tugenden Güte, Gerechtigkeit und Hilfsbereitschaft solche, die uns die Bach-Blüte *Oak* entwickeln hilft, wobei der Mars, hier mit seinem schwächeren Einfluß, das Seine dazutun wird, um diese Tugenden mit einer gemäßigten, aber zielstrebigen Anstrengung zu erwerben, um sie mit dem rechten Maß an Eigen- und Nächstenliebe einzusetzen.

Die Dynamik des erlösten *Oak*, gekennzeichnet durch die rote Farbe der Blüte, wird im Blau, Träger der Jupiter-Energie, beruhigt und entspannt, so daß das überzogen Wehrhafte, Standhafte sich in Verläßlichkeit und Loyalität wandelt, wobei der Mensch unter Einbeziehung seines Unterbewußten und Unbewußten die eigene Aufgabe mit dem notwendigen Maß an Ordnung und Fügung erfüllt.

Über den blauen Heilstrahl sagt White Eagle: „Blau ruft in der Seele ein Verlangen hervor, die Hilfe des Himmels anzurufen. Diese Hilfe gewährt der Seele Frieden und ein Gefühl ruhiger Geborgenheit, selbst dann, wenn die Ereignisse auf dem äußeren Plan so gut wie hoffnungslos erscheinen mögen."

EDELSTEIN

Als Stein der Yogis, der Heiler, der Kirchenfürsten und vieler Heiliger ist der Saphir bekannt, den es in den Farben weiß, zartblau, blaugrün oder dunkelblau gibt. Am schönsten ist er wohl in einem satten Kornblumenblau mit einem strahlenden Stern in seinem Inneren. Mit seiner unglaublichen Schönheit erweckt er das Bedürfnis nach innerer Wandlung in uns und schenkt einen tiefen Glauben. Wir werden unserer Lebensaufgabe gewahr, er unterstützt uns in der Verwirklichung unserer Ideale, wobei er uns hilft, dies in Übereinkunft mit dem göttlichen Willen zu tun. Die Herausforderungen des Lebens, seien sie an uns gestellt oder an unsere Mitmenschen, denen wir helfen sollen, werden wir im Glauben an die Weisheit und im Vertrauen auf die liebevolle Führung unseres himmlischen Vaters bewältigen.

Die Eiche ist in früheren Zeiten der „Richtbaum" gewesen, unter dem der König thronte, um seines Amtes zu walten, das er von „Gottes Gnaden" erhalten hatte. Unter einer Eiche wurden Weissagungen ausgesprochen und lebenswichtige Entscheidungen gefällt. Alles Entschiedene und jedes ausgesprochene Wort wurde lebendig, mußte in die Tat umgesetzt werden und galt als unwiderruflich, denn wer unter den weit ausladenden Zweigen einer Eiche sprach, mußte die Wahrheit sagen. Die Freien und Edlen, die Könige und ihre Ritterschaft gaben hier durch ihr Wort, dem die Taten folgen mußten, Zeugnis edler ritterlicher Gesinnung. Recht und

Unrecht, Schein und Wahrheit, Güte und Härte, Schutz und Verbannung sollten hier getrennt werden und der Wirklichkeit jener Zeit ihr Gepräge geben.

Merlin, der mächtige Druide, der weiße Magier, der den jungen Artus behütete und dem späteren König ein weiser Ratgeber war, dieser Myrrdin – so der keltische Name – wählte für seinen König fünfzig Ritter aus, die, gemäß dem Vorbild, das die Apostel Christi gaben, mit den Tugenden des Mutes, der Treue, der Wahrheitsliebe, der Güte, der Gerechtigkeit und Nächstenliebe, die nur aus einer Liebe zum eigenen Höheren Sein geboren werden kann, ausgestattet sein sollten. Bei Hofe und auch vom Volk wurde Merlin belächelt, glaubte man doch, eine solch stattliche Anzahl vortrefflicher Helden nicht zusammenrufen zu können. Aber Merlin ließ eine riesige runde Tischplatte herbeischaffen – rund, damit eine Ordnung ohne Rangfolge möglich war – und rief auch fünfzig Ritter zusammen. Und das Wunder geschah! Obwohl von Art und Wesen unterschiedlich, entwickelten sie doch all die Tugenden, die Merlin gefordert hatte, und die Tafelrunde des König Artus sorgte für Frieden und Wohlstand im Land durch Vorbild und Verbreitung eben jener Tugenden. Ist es erstaunlich, daß die Tafel, an der jene Ritter ihre Wandlung erfuhren, eine einzige Scheibe dicken Eichenholzes war?

Die Ritter sind längst vergangen, das Holz der Tafelrunde vermodert, die Magie der heiligen Fünfzig ist erloschen. Wir leben jetzt in einer Zeit der ernsten Gefahr für unseren Planeten durch die Untugenden der Gier, des Hasses und der Zwietracht. Edward Bach, ein neuer Merlin, schenkte uns das Heilmittel *Oak*, damit wir lernen, maßvoll zu sein, Verantwortung zu tragen, die durch die Liebe und Güte belebt wird, und Vertrauen auf eine höhere Macht zu entwickeln. Dann wird unsere Anspannung in Frieden münden, weil die verteilten Lasten einer gemeinsamen Aufgabe die Menschheit zusammenführt und stärkt.

AFFIRMATION

Ich erfahre jede Stärkung, die ich benötige und bin bereit, die Lasten mit anderen zu tragen.

OLIVE (OLIVE)

- OLEA EUROPOEA -

Dann verließ Jesus die Stadt und ging, wie er es gewohnt war, zum Ölberg; seine Jünger folgten ihm. Als er dort war, sagte er zu ihnen: „Betet darum, daß ihr nicht in Versuchung geratet!" – Dann entfernte er sich von ihnen, ungefähr einen Steinwurf weit, kniete nieder und betete: „Vater, wenn du willst, nimm diesen Kelch von mir! Aber nicht mein, sondern deine Wille geschehe." – Da erschien ihm ein Engel vom Himmel und gab ihm neue Kraft.

Im Inhalt dieses Abschnittes aus dem Lukas Evangelium finden wir den ganzen Seeleninhalt der Bach-Blüte „Olive".

Schon in der Genesis gibt es einen Hinweis auf den Olivenbaum. Erinnern wir uns: Am vierundfünfzigsten Tag nachdem die Arche im Gebirge Ararat aufgesetzt hatte, ließ Noah eine Taube fliegen. Es heißt in der Bibel:

„Gegen Abend kehrte sie zurück und siehe da: in ihrem Schnabel hatte sie einen frischen Ölzweig."

So wissen wir, daß der Olivenbaum schon lange auf der Erde wächst. Es hat sich um ihn durch die Jahrtausende viel Symbolik entwickelt. Im Griechenland war er der Pallas Athene geweiht und galt als ein Zeichen geistiger Stärke und Erkenntnis.

Der Baum selbst kann viele Jahrhunderte alt werden, man sagt sogar, daß im Garten Gethsemane noch heute acht Bäume stehen, die schon zur Zeit Christi dort wuchsen. Der Baum blüht unter extremsten Bedingungen und trägt sogar in seinem letzten Lebensjahr, wenn er unter Umständen innen bereits völlig hohl ist, noch Früchte. Solche uralten Bäume werden von den Olivenbauern dann gefällt. Jedoch sprießen aus dem Stumpf alsbald neue Triebe, die zu einem neuen Baum wachsen können.

Öle gelten bei uns und in vielen anderen Kulturen als Träger besonderer Kräfte. Hier ist das Olivenöl angesprochen, als Zeichen geistiger Kraft und als Lichtsymbol („Da stieg ein Engel herab.").

Aus den Merkmalen des Baumes, „Fruchtbarkeit" und „Lebenskraft", erwachsen seine weiteren Qualitäten - geistige Stärke und Erkenntnis. Die heiligen Schriften lehren die Folgerungen: Sieg über den Tod, Versöhnung und Frieden mit Gott und die daraus sich ergebende Erneuerung des Lebens und seiner positiven Qualitäten.

Die Olivenblüte ist cremig weiß, hat einen zarten Duft und vier Blättchen. Über die Zahl „Vier" enthüllt sich uns auch hier die Wirkweise der Essenz. Die Vier steht in engem Zusammenhang mit dem Quadrat und dem Kreuz - durch Leiden zum Leben. Interessant ist hierbei vielleicht noch die Beziehung zum Tetramorph. Er ist eine Viergestalt - eine Gestalt mit vier Gesichtern und vier oder sechs Flügeln, die teilweise mit Augen übersät sind. Dieser Tetramorph war bis zum Spät-Mittelalter die zusammenfassende Bezeichnung für die Cherubim. Ursprünglich handelte es sich beim Tetramorph wohl um ein Sinnbild der Allgegenwart Gottes. Jesus betete unter einem Ölbaum. Vielleicht wollte er uns aufzeigen, daß wir uns in Not und Bedrängnis an einem Ort sammeln sollen, damit die Lichtkräfte und damit die Gegenwart Gottes deutlich werden können, um jenen zu helfen, die durch Erschöpfung und Angst in Blindheit gefangen sind.

Das Bach-Blüten-Mittel *„Olive"* gehört zu den sieben Helfern und wird gerne bei bereits langwährenden, chronischen Krankheiten eingesetzt. Der Patient ist ausgebrannt und erschöpft. Die Blüte hilft, wieder Mut zu fassen und regt die Erneuerung der Kräfte an. *Olive* sollte als erstes Mittel Krebspatienten gegeben werden. In einem besonderen Fall eines inoperablen Karzinoms – die Geschwulst war von außen sichtbar – ging der Tumor innerhalb kürzester Zeit deutlich zurück.

Für welchen Patienten empfiehlt Edward Bach *Olive*? „Für jene, die blaß sind, ausgelaugt und erschöpft, sei es nach viel Kummer, Krankheit, Trauer oder langer Anstrengung. In jeder Beziehung sind sie sehr müde und haben das Gefühl, keine Kraft mehr zu besitzen, um weiter zu kämpfen, und manchmal wissen sie kaum, wie sie sich auf den Beinen halten sollen. Sie sind unter Umständen sehr von der Hilfe anderer abhängig. Bei manchen Patienten ist die Haut sehr trocken und vielleicht auch runzelig." (Mit Olivenöl einreiben!)

Edward Bach ließ sich von Freunden, die nach Italien reisten, die Blüten-Essenz *Olive* mit der Sonnenmethode herstellen, da diese Pflanze, genau wie *Vine,* nicht in England beheimatet ist.

KÖRPERLICHE *OLIVE*-SYMPTOME

Bei Entkräftung, körperlicher und seelischer Verausgabung. Nach starkem Blutverlust oder bei Schwäche durch einseitige Ernährung. Die Sauerstoffaufnahme des Blutes ist gestört. Gestörter Schlaf durch mangelnde Schlaftiefe, ebenso Schlaf, der nicht erquickt. Bei Unterfunktion des Organismus, chronischen Krankheiten oder Tumoren. Hilfreich vor und nach Operationen.

SEELISCHE *OLIVE*-SYMPTOME

Totale seelische, körperliche und geistige Erschöpfung. Nach schwerem Schock. Verausgabung durch Trauer, Unlust oder Freudlosigkeit, weil der Alltag nicht bewältigt werden kann. Der Patient kann keinen Gedanken mehr fassen, zeigt keinerlei Interesse. Die Lebenskraft ist geschwächt, er fühlt sich unglücklich und findet nicht aus seinen negativen Emotionen heraus, weil er zu schwach ist.

Wenn man durch einen Olivenhain wandert, entdeckt man viele verknorrte und teilweise ausgehöhlte Bäume. Oft sind diese Formen nicht etwa vom Alter geprägt, sondern durch Menschenhand entstanden. Der Olivenbaum wird nämlich häufig von einem holzfressenden Pilz befallen.

Der Bauer schabt dann diese Stellen immer wieder aus. Im Extrem werden sogar Löcher in den Stamm geschnitten. Der Baum wird also regelrecht operiert, um sein Überleben zu sichern, was er dann trotz seiner bizarren Formen auch kann. *Olive* ist also tatsächlich ein Blüten-Mittel, das sich in Verbindung mit dem *Star of Bethlehem* für den frisch Operierten anbietet.

Außerdem ist *Olive* mit *Elm* und *Larch* eine weitere Blüten-Essenz, die dem Patienten mit einer gestörten Darmflora hilft, das Milieu zu regenerieren. Hierbei sei in erster Linie an den Krebspatienten und den Suchtpatienten gedacht. Beide befinden sich meist im blockierten *Olive*-Zustand, beide haben in der begleitenden Symptomatik immer eine gestörte Darmflora.

HOMÖOPATHIE

Aborantum (Eberraute)

Alumina (Tonerde)

Arsenicum album (Weißarsen)

Carbo vegetabilis (Holzkohle)

China (Chinabaum) – haben alle die totale Erschöpfung im Bild.

Gute Mittel gegen ungewöhnlich starke Erschöpfungszustände sind auch die homöopathischen Säuren, wie z. B.:

Acidum phos. und *Acidum muriaticum.*

Stannum (Zinn) – traurig, ängstlich, entmutigt, deutliche Schwäche. *Olive* am nächsten.

Helonias (Einhornwurzel)– für auf allen Ebenen erschöpfte Frauen.

Als ein Kind des Südens speichert der Olivenbaum für sein Wachstum Sonne, Licht und Wärme, die dann in den Seelenkräften der Blüte ihren Ausdruck finden. Der Mensch im erlösten *Olive*-Zustand vertraut, daß ihm Stärke und Vitalität in ausreichendem Maße zur Verfügung stehen, wann immer er ihrer bedarf. Er verliert auch nicht das Interesse und den Mut am Leben, wenn er einmal durch ungünstige Umstände eine Weile zum Nichtstun verurteilt ist. Die Sonne mit ihrem kräftigenden und stärkenden Einfluß auf den Baum mag ebenso wie die Venus mit ihrer anregenden, Wärme verbreitenden und Freude erweckenden Kraft Pate gestanden haben. Aus der Sonne und der Venus läßt sich ein Bezug zu den

FARBEN

Gelb und Grün herstellen, die eine Verbindung zu den Tönen „G" und „H" haben.

EDELSTEIN

Aus dem Himmel kommend, nämlich manchmal in Meteoren, mit der Kraft des Sonnenlichtes gesegnet, kommt einer der grünen heiligen Steine – der Oliven. Pulverisiert gibt man ihn als homöopathische Einreibung bei Augenkrankheiten. Der Stein befreit seinen Träger von Melancholie, wirkt heilend und kräftigend. Er löst Verhärtungen (Tumore) und reinigt den Magen- und Darmbereich. Seine Leuchtkraft weist ihn als ein Geschenk der Sonne aus, und so schenkt der Oliven seinem Träger die Freude am Leben zurück. Freude stärkt das Immunsystem, darum ist es möglich, daß Freude die schlimmsten Krankheiten überwinden hilft, wie unter anderem Dr. Veronica Carstens in vielen Fällen festgestellt hat.

Sind wir nun doch mutlos, ausgelaugt, ohne Freude, traurig und zu Tode erschöpft, so daß uns die Kraft fehlt, die Hände zu falten und um Stärkung zu bitten, dann betrachten wir doch das Bild, das die folgende Geschichte entstehen läßt.

Eines Nachts hatte ich einen Traum. Ich träumte, ich wanderte mit dem Herrn am Ufer entlang, und am Himmel flammten Szenen aus meinem Leben auf. Bei jeder Szene bemerkte ich zwei Fußspuren. Die eine Fußspur war die meine und die andere war die des Herrn.

Als sich die letzte Szene aus meinem Leben zeigte, sah ich zurück zu den Fußspuren im Sand.

Ich bemerkte, daß auf meinem Lebensweg oftmals nur eine Fußspur zu sehen war. Und das gerade in den schwersten und traurigsten Zeiten in meinem Leben.

Das bedrückte mich und ich fragte den Herrn danach.

„Herr, du sagtest, als ich mich entschloß, dir zu folgen, daß du den ganzen Weg mit mir gehen würdest. Aber jetzt habe ich gesehen, gerade in den dunkelsten Zeiten in meinem Leben ist nur eine Fußspur zu sehen.

Ich verstehe nicht, wie du mich verlassen konntest, als ich Dich am nötigsten brauchte."

Der Herr antwortete: „Mein geliebtes Kind, ich liebe dich und würde dich nie und nimmer verlassen, während der Zeit deiner Prüfungen und Leiden.

Siehe, als du nur eine Fußspur gesehen hast, zu der Zeit war es, als ich dich getragen habe."

AFFIRMATION

Ich erkenne die Schönheiten des Lebens und gewinne immer mehr Kraft.

WATER VIOLET (SUMPFWASSERFEDER)
- HOTTONIA PALUSTRIS -

Wir begegnen im *Water Violet* einem Bachschen Blütenmittel, das unsere zutiefst verborgene Menschenliebe erlöst. Ein wenig erinnert dieses Blütenwesen an die kleine Theresia von Lisieux, die mit freudiger Opferbereitschaft und fröhlicher Demut zum segensreichen Vorbild nicht nur in ihrer Ordensgemeinschaft wurde. Etwas Jungfräuliches haftet dieser Pflanze an, wie sie da im kristallklaren Wasser eines still fließenden Gewässers steht, oftmals geschützt durch steiles, Mensch und Tier kaum zugängliches Ufer, manchmal weit von ihm entfernt. So läßt sich die Sumpfwasserfeder meist nur mühsam finden und wird zur Kostbarkeit. Wie alle Wasserblumen –

und hier denke man besonders an die königliche Seerose – hat auch das *Water Violet* etwas von erhabener, spiritueller Ausstrahlung. Die zartviolette Farbe gibt ebenfalls eine Botschaft aus jenen Bereichen, die von höchster Harmonie und Seelenliebe erfüllt sind, jener Liebe, derer wir in der heutigen Zeit so dringend bedürfen, damit der Menschheit und unserem Planeten endlich Heilung zuteil wird.

Schon in den dreißiger Jahren, als Bach dieses Heilmittel suchte und fand, war die Sumpfwasserfeder nur schwer zu entdecken, weil die zunehmende Belastung der Seen und Flüsse das Dasein dieser Pflanze unerträglich macht. Immer mehr zieht sie sich inzwischen zurück, und wenn wir aufmerksam sind, vermerken wir dies als ein Gefahrensignal unserer gequälten Erde. Für sie ist es mittlerweile ein wahrlich schmerzhaftes Opfer, der Menschheit zu dienen. In jenem negativen Seelenzustand wird sie sich stolz von uns distanzieren und vielleicht jene Lebensverachtung zeigen, wie sie auch der blockierte *Water Violet*-Typ an den Tag legt. Nur würde uns alle das am Ende das Leben kosten.

Im Frühling 1931 wanderte Edward Bach viele Tage durch die walisischen Berge, weil er zu seinen vorgesehenen zwölf Heilern noch drei weitere finden wollte. Er ging allein, sprach nur mit den Schafhirten, denen er begegnete, dachte aber viel an eine stille, freundliche Bekannte, die jedoch zeitweilig in eine hochmütige, verschlossene Stimmung geriet, während der sie dann auch körperlich zu leiden hatte. Hände, Schultern und Knie wurden steif und schmerzend wie bei einem Gichtanfall. Aber erst im Juni – und nicht in Wales, sondern in Sussex – fand Bach das passende Heilmittel für diese Freundin. Er selbst war nun, vielleicht durch seine einsamen Wanderungen, in einem ähnlichen seelischen und körperlichen Zustand, als er an einem Flußufer die Sumpfwasserfeder entdeckte. Er hielt seine Hände über die Blüten, und alsbald fühlte er sich friedlich, fröhlich und demütig. Er pflückte einige der kostbaren Blüten, die er dann mit der Sonnenmethode potenzierte.

Bach erwähnte, daß der *Water Violet*-Typ oft ein sehr schöner Mensch ist, sowohl im Denken als auch in körperlicher Hinsicht. Aber im blockierten Zustand, wenn Verletzungen und Kränkungen ihn zum Rückzug in eine selbst auferlegte Isolation treiben, wenn er unnahbar, hochmütig und stolz wird, wenn er erstarrt in seiner Ein-samkeit, dann hilft ihm das aus den Blüten der Sumpfwasserfeder gewonnene Heilmittel zu lernen, daß jeder Mensch allein ist, dieses aber in Wahrheit „All-eins" heißt. Wenn wir erfassen, daß wir das Geburtsrecht unserer Freiheit verwirklichen, sobald wir nur auf uns gestellt leben, dann haben wir das hohe Lernziel des Bach'schen Blütenmittels *„Water Violet"* erreicht. Denn aus dieser Freiheit heraus haben wir offene Ohren für unsere innere Stimme, die unser Tun leitet, aus dem dann Segen für unsere Mitmenschen erwachsen wird.

Wir können den Frieden niemals „erkämpfen", sowenig wie wir die Liebe „erkämpfen" können. Friede und Liebe müssen aus unserer inneren Ruhe und liebevollem Dienst an unseren Menschengeschwistern hervorgehen. Und hierbei ist tatsächlich jeder auf sich selbst gestellt. Nur aus dem stillen, liebenden Tun des Einzelnen – eines jeden einzelnen Menschen – kann der Weltfriede geboren werden, können die Wunden des Planeten sich schließen, kann Heilung für den Kosmos von uns ausgehen, so wie zur Zeit eine interstellare Gefahr von der Erde ausgeht.

Es ist besonders für das Blütenmittel *Water Violet* wichtig, die Beschreibung von Edward Bach zu hören:

„Water Violet: Trauer – Freude. Gehörst du zu jenen großen Seelen, die tapfer und ohne zu klagen sich anstrengen, ihren Menschengeschwistern zu dienen, und die ihr Leid ruhig und still ergeben tragen und sich durch den Kummer nicht von ihrer täglichen Arbeit ablenken lassen? Hast du echten Verlust erlitten, traurige Zeiten erlebt und gehst doch still weiter deinen Weg?

Dann wird dir die hübsche Sumpfwasserfeder, die frei auf dem Wasser unserer klarsten Bäche treibt, helfen, damit du verstehst, daß deine Trauer, dein Kummer dich läutern, dich näherbringen einem großen Ziel: Daß du lernst, deinen Mitmenschen selbst in der Stunde der Heimsuchung zu dienen; daß du lernst, in der Welt ganz auf dich gestellt zu leben und die tiefe Freude aus der vollkommenen Freiheit zu gewinnen und so der Mensch-

heit vollkommen dienen zu können. Wenn das erkannt ist, gibt es kein
Opfer mehr, sondern die höchste Freude der Hilfsbereitschaft unter allen
Umständen. Weiterhin wird die kleine Pflanze dir verstehen helfen, daß
soviel im Leben, das du für gemein und traurig hältst, in Wahrheit zum
Guten derer dient, die du bedauerst."

KÖRPERLICHE *WATER VIOLET*-SYMPTOME
Alle Krankheiten, die mit Körperflüssigkeiten zu tun haben, wie Lymphatische Erkrankungen, Drüsenschwellungen, Weißfluß, Dauerschnupfen,
Gicht, Rheuma, Harnstau, Nierenfunktionsschwäche, Obstipation, trok-
kene Schleimhäute. Hinzu kommen Gelenkversteifungen und als Ausdruck
nicht ausgeleiteter Gifte Hautausschläge.

SEELISCHE *WATER VIOLET*-SYMPTOME
Er ist hochmütig, stolz, zurückhaltend. Stille Trauer, stiller Kummer rufen
sein Bedürfnis sich abzugrenzen hervor. Er ist ruhig und intelligent. Er
flüchtet in die Einsamkeit, weil er Probleme lieber allein löst, flieht vor
Gesellschaft. Wenn er sich überlegen fühlt, isoliert er sich, dabei klagt er
nicht. Trotzdem kann er sehr unglücklich und traurig sein, ohne dies zu
verdeutlichen. Am liebsten verläßt er sich ganz auf sich selbst. Wenn ihn
das Elend anderer zu sehr bedrückt, zieht er sich plötzlich zurück.

Diese ruhigen und meist schönen Menschen, wie Edward Bach sie beschreibt, sind am besten an ihren p o s i t i v e n Eigenschaften zu erkennen,
da ihre blockierten Zustände selten zum Dauerthema werden, wohl aber
häufiger auftreten können und deswegen der Behandlung bedürfen.

„Ihr innerer Frieden und ihre Ruhe sind ein Segen für die Menschheit",
sagt Edward Bach, und so ein Segen ist heute unverzichtbarer denn je.
Darum hier die positiven Seeleneigenschaften des *Water Violet*-Typus:

Er mischt sich nicht ein und ist im inneren Gleichgewicht. Sein Mitgefühl ist tief und aufrichtig. In fröhlicher Demut – Mut zum Dienen – ist er
hilfsbereit, selbstsicher und selbstbewußt. In Notsituationen behält er ei-

nen besonnenen Überblick. Voller Selbstvertrauen ist er ein freier und freudiger Mensch, der unabhängig von der Meinung der Leute seiner inneren Stimme folgen kann.

HOMÖOPATHIE

Bryonia (Zaunrübe)

Gelsemium (wilder Jasmin) – hat den Wunsch nach Ungestörtheit.

Natrium mur. (Kochsalz) – löst seine Probleme alleine.

Arsenicum alb. (Weißarsen) – ist ein ehrgeiziger Einzelkämpfer.

Monnica Hackl verweist noch auf den Geiz, der zum Gemütssymptom von Bryonia gehört. Sie meint, daß auch das übersteigerte Abgrenzungsbedürfnis von *Water Violet* einem „seelischen Geiz" entspreche, weil der Patient zeitweise das Gefühl für die Wichtigkeit eines zwischenmenschlichen Austausches verloren hat.

FARBE

Ein sehr zartes Violett der fünf Kelchblätter steht neben dem leuchtenden Gelb des Blütenmittelpunktes. Das helle Lila weist auf die spirituelle Liebe hin, die die ganze Menschheit umfaßt, eine Liebe, die sich über alles Materielle hinaus erheben kann, obwohl das Gelb, den klaren Intellekt symbolisierend, einer Verbindung vom Verstand zum Herzen verspricht. Diese „Zweisamkeit" der Kräfte macht schließlich jenen Menschen aus, der freudig seinen unermüdlichen Dienst an der Menschheit leisten kann.

Violett stand bei den Inkas und Azteken für das Königtum. Im Westen versinnbildlicht diese Farbe religiöse Ergebenheit. Gelb ist die Farbe der Sonne, des Glücklichseins. Im Hinduismus symbolisiert sie Leben, Wahrheit, Licht und Unsterblichkeit.

TON

Zum Violett gehört das „A", zum Gelb das „G". Beide Töne folgen in der
C-Dur-Tonleiter aufeinander.

EDELSTEIN

Obwohl hauptsächlich als Stein für stillende Mütter empfohlen und dem
Mond im Besonderen zugeordnet, sei hier der Chalzedon mit seiner Schwingung dem *Water Violet* angenähert. In seiner Zartheit und freudigen Hilfsbereitschaft, in seiner Ruhe und Frieden vermittelnden Art hat diese Heilpflanze durchaus etwas Weibliches, Mütterliches und somit Mondhaftes,
dem Wasser verbundenes an sich. Es wird dem Chalzedon „Verbindendes"
und „Heilendes" zugesprochen, eine Aufgabe, die der *Water Violet*-Mensch
zu erfüllen hat – ist er doch angetreten, um „der Menschheit zum Segen"
zu werden.

Der große indische Heilige Sathya Sai Baba schrieb über den Dienst am
Nächsten: „Was für ein Talent ein Mensch auch besitzt, es sollte der Menschheit, ja, jedem Lebewesen dienen. Darin liegt Erfüllung. Alle Menschen
sind Verwandte. Sie sind aus demselben Stoff, gleich gebildet, mit dersel-
ben göttlichen Wesenheit in jedem. Dienst am Mitmenschen wird in dir
die Göttlichkeit zum Blühen bringen. Dienst wird dein Herz mit himmlischer Freude erfüllen und dich fühlen lassen, daß das Leben der Mühe wert
gewesen ist. Dienst am Mitmenschen ist Gottesdienst, denn Er ist in jedem
Menschen, in jedem Lebewesen, jedem Stein und Sumpf. Leg' deine Talente zu Gottes Füßen. Laß jede Handlung eine Blume sein, frei von kriechen-
den Würmern des Neides und Egoismus!

Laß sie eine Blume sein voller Liebesduft und Opferbereitschaft!"

AFFIRMATION

Mit großer Freude gewähre ich jenen Hilfe, die sie benötigen.

WILD ROSE (HECKENROSE)
- ROSA CANINA -

„Wenn jemand stirbt, nicht das allein ist Tod. Tod ist, wenn einer lebt und es nicht weiß."

In diesem Wort von Rainer Maria Rilke haben wir den blockierten Seelenzustand der Bach-Blüte „*Wild Rose*" auf das Beste beschrieben. Edward Bach charakterisiert dieses Heilmittel, welches zu den letzten gehört, die er entdeckte, folgendermaßen: „Für jene, die sich ohne genügend Grund in Gleichgültigkeit allem ergeben, das geschieht, die einfach durchs Leben treiben, es annehmen, wie es sich bietet, ohne irgendeine Anstrengung zu unternehmen, die Dinge zu bessern und etwas Freude zu finden. Sie haben sich dem Lebenskampf klag- und widerstandslos ergeben."

Patienten im *Wild Rose*-Zustand sind nicht schwer zu erkennen: Meist werden sie von Angehörigen oder Freunden zum Gespräch begleitet. Häufig geben sie kaum Auskunft über ihre Befindlichkeiten. Ihre Augen sind glanzlos, ihr Blick verliert sich irgendwo und ihre Antworten sind meist in einem Schulterzucken erschöpft. Sie können auch nicht erklären, weshalb sie in diesen Zustand der Apathie geraten sind. Diese innere Leere in äußerer Gleichgültigkeit schmerzt und quält nicht, ruft kein drängendes Verlangen nach einer Veränderung hervor. Ein Trug-Frieden hat sich ausgebreitet, eine Reglosigkeit im Fühlen und Handeln, die den Patienten gefährlich nahe an einen Zustand totaler Erstarrung bringt. Es ist Winter in Seele und Geist, aber unter der Eisdecke wird der schwellende Same und die schlafende Knospe nicht wahrgenommen, weil jeder Gedanke an Frühling, Wachstum und Erneuerung erloschen ist, weil das Leben sich davonschleichen will – wo der Tod lauert. Diese nekrophile Haltung kann unbekannte, längst vergangene Ursachen haben oder ein Relikt aus einem früheren Leben sein.

Ich möchte hier den Fall einer Patientin schildern, der mich tief beeindruckt hat:

Helga (Name geändert) war eine Frau Anfang vierzig mit einem deutlichen Mangel an Lebensfreude. Ihre scheinbare Gelassenheit trug Zeichen einer lastenden Trauer, die zeitweise in Gleichgültigkeit und Antriebslosigkeit abstumpfte. Auf meine Frage, ob sie schon einmal glücklich gewesen sei, erwiderte sie: „Ja, in der Wüste. Da war Stille, Leblosigkeit, Nichts." Dann dachte sie einen Augenblick nach und fügte hinzu: „Wenn ich bei einem Sterbenden sitze, dann geht es mir gut. Ich bin dann so nahe dran, ich bin auch fast weg. Niemand will was, ich muß nichts tun – verstehst du?"

Es gab Zeiten, da hat sie wenig oder gar nicht gearbeitet – „einfach nur so", wie sie erklärte.

Ich war damals noch eine relativ unerfahrene Bach-Blüten-Therapeutin und über den Zustand dieser Patientin sehr erschreckt. Wenige Tage nach dem eben geschilderten Gespräch rief sie mich an und fragte, was ich von einer Rückführungssitzung hielte. Sie wollte endlich wissen, was hinter ihren merkwürdigen Verhaltensweisen steckte, denn normal sei das ja wohl nicht. Obwohl wir zu jenem Zeitpunkt bereits eine Weile mit Bach-Blüten gearbeitet hatten, war ihr seelischer Zustand zwar verändert, aber eine tiefgreifende Belebung ihrer Seele war nicht erfolgt.

Nach der ersten Reinkarnationssitzung bei einem Therapeuten kam sie aufgeregt zu mir. Sie hatte sich als arme chinesische Bäuerin mit fünf Kindern erlebt, die von ihrem Mann davongejagt worden war und nun völlig mittellos und ohne Obdach in einem Gebirge umherwanderte. Schließlich habe sie ein Einsiedler aufgegriffen, ihr eine Höhle gezeigt, in die sie sich gekauert habe. Der Eremit habe die Kinder versorgt, sie aber habe weder gegessen noch getrunken, alles war ihr egal, es war ihr auch gleichgültig, was mit den Kindern geschah. „Ich saß einfach nur da und habe nichts gespürt. Verstehst du, ich war eigentlich tot, obwohl ich noch lebte." – Jetzt erkannte ich in aller Gewißheit ihren blockierten *Wild Rose*-Zustand. Sie erhielt das Heilmittel mit dem *Star of Bethlehem*, denn sie war recht geschockt über ihr Erlebnis. Innerhalb von etwa vierzehn Tagen bis drei Wochen veränderte sich die Patientin. Sie wurde unternehmungslustig, schmiedete Pläne, die sie dann auch durchführte. Sie zeigte Aktivitäten, die auf eine neugewonnene Lebensfreude schließen ließen. Ihre Veränderung zum

Positiven ist stabil geblieben, das Auf und Ab ihres Lebens hat seit damals seine Meisterin gefunden.

Es muß aber dringend empfohlen werden, *Wild Rose* nur einzusetzen, wenn in den ersten Tagen der Einnahme ein Kontakt zum Patienten gehalten werden kann. Es ist möglich, daß die Antriebslosigkeit, die Freudlosigkeit in eine tiefe Schwermut abgleitet. Dann muß jemand mit *Rescue, Gorse* oder dem *Star of Bethlehem* zur Hilfe bereit stehen. Wegen dieses häufig erlebten Abgleitens in eine noch erstarrtere Leblosigkeit ist auch anzuraten, *Wild Rose* nur in höchster Dringlichkeit in die erste Blüten-Mischung zu verordnen und i m m e r mit dem *Star of Bethlehem* zu kombinieren. Die erwachenden Lebensgeister können seelische und körperliche Schmerzen verursachen, wie das zum Beispiel auch an Händen und Füßen geschieht, die vor Kälte abgestorben waren und nun wieder „lebendig" werden.

Körperliche *Wild Rose*-Symptome

Bei Erschöpfung nach starkem Blut- und Säfteverlust, der benommen macht, z. B. nach einer Fehlgeburt. Gut geeignet für Frühgeburten mit geschwächter Lebenskraft, dann unbedingt mit dem *Star of Bethlehem* zusammen verabreichen. Übersättigung nach sexuellen Exzessen. Macht den Patienten apathisch. Häufig ist er appetitlos, da kein Interesse an Essen und Trinken besteht. Organversagen aus Schwäche, hier besonders das Herz. Der Kranke vegetiert bis zur sozialen Verwahrlosung vor sich hin. Lähmungen, Muskelschwäche, Knochenmarkerkrankungen, alle chronischen, schwächenden Krankheiten sind dem Krankheitsbild zuzuordnen. Wahnsinn und agitierte Depressionen können auftreten.

Seelische *Wild Rose*-Symptome

Er ist resigniert, antriebsschwach, apathisch, fatalistisch. Sein Desinteresse am Leben kommt aus seiner Resignation. Dazu paßt mangelnder Selbsterhaltungstrieb, weil alles hoffnungslos ist. Beschwerden hält er für zwecklos.

In seiner Schwermut ängstigt der Tod nicht. Zuweilen ist er extrem träge. Seine oft grundlose Trauer, sein stilles Unglück lähmen seine Gedanken, machen ihn vergeßlich.

Noch eine Anmerkung zum Wort *Wahnsinn* und zur agitierten Depression: Die Kraftlosigkeit und die Resignation des blockierten *Wild Rose*-Typus bringt es mit sich, daß der Geist sich unter Umständen nicht gegen eine Überflutung von Phantasien und Gedanken wehren kann. Dies führt zu Hektik und Angst, einem Gefühl der Sinnlosigkeit, weil die Schwäche des Patienten ihn daran hindert, sich die notwendige Disziplin aufzuerlegen. Da diese Kranken auch stark suizidgefährdet sind, muß man in solchen Fällen *Wild Rose* mit *White Chestnut, Cherry Plum* und dem *Star of Bethlehem* sowie eventuell mit *Rock Rose* kombinieren. Heilpraktikern, die einen so schwerstkranken Patienten haben, sei dringend geraten, einen Facharzt einzuschalten, damit eventuelle gerichtliche Folgen auszuschließen sind.

HOMÖOPATHIE

Acidum phos. (Phosphorsäure)

Acidum mur. (Salzsäure)

Agnus castus (Keuschlamm)

Arsenicum alb. (Weißarsen)

China (Chinabaum) – alle Mittel können eine tiefe Resignation zeigen, der eine starke körperliche oder seelische Erschöpfung vorangegangen ist.

Carbo vegetabilis (Holzkohle) – Schwäche, Gleichgültigkeit dem Leben oder Tod gegenüber.

Acidum nit. (Salpetersäure) – läßt sich aus Enttäuschung treiben.

Calcium phos. (Calciumphosphat)

Ignatia (Ignatiusbohne) – beide können tief und häufig seufzen aus stillem Gram.

In der Phytotherapie war kein Hinweis auf den Gebrauch der Heckenrose zu entdecken. Walisische Kräuterärzte jedoch verabreichen heute noch einen Aufguß der Blüten zur „Stärkung von Herz und Hirn", womit das Zentralthema dieser Bach-Blüte angesprochen ist.

Seit dem Altertum gilt die Rosa canina als ein Mittel gegen Unfruchtbarkeit, möglicherweise erklärbar, weil die Pflanze ein Kind der Venus ist, die Liebe und Empfängnis beeinflußt. Die Volksmedizin verwendet zu diesem Zweck die Blütenpollen, die einen Inhaltsstoff haben, der eine Vorstufe des Vitamin E ist, das auch als Fruchtbarkeitsvitamin bezeichnet wird.

Edward Bach setzte seine *Wild Rose*-Essenz, die mit der Kochmethode gewonnen wird, immer ein, wenn er einen besonders geschwächten Patienten vorfand. Im Vorfeld einer Heilung das Interesse am Leben neu zu wecken und Lebensfreude wieder aufblühen zu lassen, ist sicher eine gute Basis und sollte besonders bei schwer chronisch kranken Patienten eine grundsätzliche Überlegung sein.

Die Liebe zum Toten – Nekrophilie – wie sie eingangs am Fallbeispiel geschildert wurde, wird von Erich Fromm kurz so definiert: „Das Haben beherrscht das Sein, das Tote das Lebendige." Dem gegenüber stellt Peter Lauster die Biophilie. Die Biophilie ist der normale Impuls, das Leben und die Lebendigkeit zu lieben, sich dem Leben zu öffnen, schöpferisch und konstruktiv zu wirken, alles Destruktive zu lassen.

FARBE

Getragen wird das Blütenwesen von der rosa Farbschwingung ihrer fünf Kronenblätter. Rosa symbolisiert Liebe und Zuneigung ohne Leidenschaft – eine Farbstrahlung, die auch Zärtlichkeit und das Gefühl des Behütetseins vermittelt.

TON

Der Ton der Venus ist das „G". Bei unserer Bach-Blüte *Wild Rose* hat aber auch der kämpferische Mars ein Wörtchen mitzureden, betrachtet man nur die Dornen und die knallroten Hagebutten-Früchte der Heckenrose. Deshalb können hier das „C" und das „G" zusammenklingen.

EDELSTEIN

Der Beryll ist ein besonders hartes Mineral, das schon im Altertum bekannt war. Früher schliff man Augengläser daraus – daher der Name „Brille" – und schon Caesar soll ein solches „Vergrößerungsglas" benutzt haben.

Der Stein schärft das Sehvermögen und entgiftet – Heileigenschaften, die dem durch schwarze Melancholie dem Leben gegenüber blind gewordenen *Wild Rose*-Typ helfen. Der M o r g a n i t - ein rosa Beryll – hat diese Eigenschaften, zu denen noch die Fähigkeit kommt, Herz und Gefühle zu erwärmen. Leider ist der Morganit sehr selten, aber mit einem durchsichtigen weißen Beryll regt man diese Kräfte ebenfalls an.

Wir schenken Rosen als Ausdruck der Freude und der Liebe, Gefühle, die sich jeder Mensch zu erfahren wünscht. Aber auch Trauer, Kummer, Angst und Sorge gehören zu unserem Leben, denn wir könnten das eine ohne das andere nicht erfahren, wir könnten ohne das bewußte Erleben nicht wachsen. Darum dürfen wir uns nicht abkapseln, sondern müssen uns dem Leben öffnen, wie die wilde Rose, die ihre fünf zartrosa Blütenblätter waagerecht entfaltet, um wie kleine Schlüsselantennen die gesamte kosmische Strömung mit allen Unbilden aber auch dem Segen aufzunehmen.

AFFIRMATION

Ich freue mich jeden Morgen auf alle Überraschungen, die der Tag mir bringt.

WILLOW (WEIDE)

- SALIX VITELLINA -

„Sie saß mit Leide auf öder Heide, sah vor sich nieder.
Oh Weide, grüne Weide!"

Einige kennen sicher dieses Lied der Desdemona aus der Oper „Othello" von Giuseppe Verdi. Im Text und in der Melodie dieser Arie findet sich viel vom blockierten Seelenzustand der Bach-Blüte „*Willow*". Das Opfer des Schicksals, in trauriger, depressiver Stimmung, beklagt das Dasein, gibt Ausdruck öder, beklemmender Leere, ist vereinsamt, weil die Freude an den täglichen Dingen, dem täglichen Umgang mit Menschen verlorenging und ein Engagement für eigene oder fremde Belange kaum mehr möglich ist. Der blockierte Seelenzustand des *Willow*-Patienten führt ihn zunächst in die Vereinsamung und schließlich – wenn er keine Hilfe erfährt – in die Verbitterung.

Der Misanthrop, der Menschenfeind, ist geboren.

Aber so wie wir aus Weidenruten Zäune flechten und der Baum hier für Eingrenzung und Einfriedung steht, so biegt sie sich dem Korbmacher zu sinnvollen Gefäßen, sammelt und bewahrt das Gut, das ihr anvertraut wird. Und schon erkennen wir die gewaltige Kraft der Regeneration, die in der Weide steckt. Hat man jemals so grausam gestutzte Bäume wie die Weide gesehen, von denen nach dem Kappen oftmals nur der Stumpf übrigbleibt, und die dennoch bald wieder austreibt, grünt und blüht und die Form, die sie ursprünglich hat, wieder ins Dasein drängt?

In der Antike galt die Weide, gleich ob Baum oder Strauch, als unfruchtbar. Deshalb setzte man sie bis ins Mittelalter als Symbol für Keuschheit. Der dem Venuszauber verfallene Tannhäuser, reuig geworden durch seine „hohe Minne" zur. hl. Elisabeth, unternimmt eine Pilgerfahrt zum Papst nach Rom. Der aber verflucht ihn ob seiner einstigen fleischlichen, maßlosen Begierde und bannt ihn mit dem Spruch: „Solange mein Krummstab nicht grünt, erfährst du keine Vergebung." Der heimgekehrte Tannhäuser kämpft noch einmal einen heftigen Kampf gegen dunkle Triebe, aber die reine Liebe siegt. Nachdem er später entseelt zu Boden gesunken ist, bringen heimkehrende Pilger in feierlichem Zug den grünenden Krummstab des Papstes.

In dieser Legende findet sich das Erlösungsmotiv der Bach-Blüte *Willow*. Es heißt: Vergeben und Verzeihen!

Der blockierte *Willow*-Typ steht im Mittelpunkt seiner Welt, und weil er unflexibel ist, kann er sich seinen Lebensumständen schwerlich anpassen. Das, was ihm geboten wird vom Schicksal, ist ihm entweder zu wenig, weil er meint, er habe mehr Belohnung verdient, oder es scheint ihm zu hart, da der Platz auf der sozialen Stufenleiter weder seiner Veranlagung noch seiner Person angemessen ist. Die Überzeugung vom eigenen Wert, die wir haben müssen, um Gott in uns zu ehren und gegebenenfalls unsere Würde zu verteidigen, ist im blockierten *Willow*-Typ dermaßen überzogen, daß sie ihren Ausdruck nicht nur in Bitternis, sondern auch in Dünkelhaftigkeit finden kann. Aber wir sind nun einmal nicht alle Heilige und Märtyrer, Erfinder und Staatsmänner oder andere, weltbewegende Berühmtheiten. Dennoch haben wir alle einen besonderen Platz zu unserer Zeit in Gottes großem Plan, den eben nur wir ausfüllen können. Verweigern wir uns diesem Platz und der damit verbundenen Aufgabe, stimmt der göttliche Plan nicht mehr, und das Rad der Wiedergeburt dreht sich einmal mehr.

Wir können Ruhe und Freude finden, die nötige Gelassenheit und Biegsamkeit in uns kultivieren, wenn wir in unser tägliches Dankgebet den Satz aufnehmen:

„Ich weiß, Vater, am Ende wird alles gut sein."

Dabei sollten wir wissen, daß es lange dauern kann, bis wir an diesem „Ende" angekommen sind, von dem aus wir dann alles überblicken dürfen.

Weltweit, vorzugsweise in der nördlichen Hemisphäre, weil die Weide gerade diesen feucht-kühlen Lebensraum benötigt, gibt es insgesamt etwa fünfhundert Arten. Edward Bach nutzte für sein Heilmittel sowohl männliche als auch weibliche Blüten der Salix vitellina, der Dotterweide, die, wie bei allen Weiden, auf verschiedenen Bäumen wachsen. Salix vitellina ist an ihren gelben Ästen leicht zu erkennen und deshalb von den anderen Arten gut zu unterscheiden.

Edward Bach ordnet *Willow* jener Gruppe seiner Heilmittel zu, die den Mutlosen und Verzweifelten helfen sollen. Er gibt uns folgende Beschreibung: „Für jene, die ein Mißgeschick oder Unglück erlitten haben und dies nur schwer und ohne Klagen und Verbitterung annehmen können, da sie das Leben vor allem nach dem Erfolg beurteilen, den es ihnen bringt. Sie haben das Gefühl, so schwere Prüfungen nicht verdient zu haben; sie meinen, es sei ihnen Unrecht widerfahren und werden verbittert. Oft zeigen sie weniger Interesse und sind weniger aktiv in bezug auf jene Dinge, die ihnen früher Freude und Befriedigung gebracht haben."

KÖRPERLICHE *WILLOW*-SYMPTOME

Heilsam bei Gastritis, Lebererkrankungen, Leberschmerzen und gegen Wasserkrankheiten, wie Rheuma, Gicht, spastische Menstruation, Erkrankungen der Blase, lymphatische Erkrankungen, stark und übelriechende Schweiße. Verdauungsbeschwerden, Arthritis, Arthrose, Hüftschmerzen, Rückenschmerzen, Burning Feet-and-Hands-Syndrom.

Aber auch die „hitzigen" Erkrankungen können für „*Willow*" stehen. Die Weidenrinde enthält Salicylsäure, das natürliche Aspirin! Zu Beachten bei: Nesselfieber, Arthritis, Burning Feet-and-Hands-Syndrom. Ebenfalls ein hervorragendes Begleitmittel für den Krebspatienten.

SEELISCHE *WILLOW*-SYMPTOME

Er beschwert sich über andere und sein Schicksal mit unterdrücktem Zorn. Er ist der ewige egoistische Nehmer-Typ. Sein wütendes Selbstmitleid macht ihn verbittert, zum übellaunigen Märtyrer. Er scheut sich nicht zu simulieren, ist nachtragend, schnell gekränkt, ein Opfer des Schicksals (in seinen Augen). Er hält sich für den Nabel der Welt, ist ein Spielverderber, besonders wenn er verliert, wobei er nachtragend und leicht gemein ist. Er ist sehr undankbar, hält aber andere für undankbar. Seine Krankheiten verbittern ihn; wenn er keine hat, simuliert er. Eigene Schuld kann er nicht anerkennen.

Die Bach-Blüte *Willow* in Verbindung mit dem *Star of Bethlehem* ist eine ideale Kombination, wenn ein todkranker Patient sein Ende nicht akzeptieren kann.

HOMÖOPATHIE

Capsicum (Cayenne Pfeffer) – hitzige Disposition.

Lachesis (Otterngift)

Lycopodium (Sporen v. Bärlauch) – alle drei sind schnell beleidigt, dulden keinen Widerspruch.

Psorinum (Inhalt v. Krätzebläschen) – glaubt, er wird nicht mehr gesund.

Natrium mur. (Kochsalz) – vergißt nie, was ihm einmal angetan wurde.

Ignatia (Ignatiusbohne) – zieht sich nach Enttäuschung verletzt zurück und ist dann mit dem Umfeld unzufrieden.

Acidum nitricum (Salpetersäure) – beschwert sich dauernd, ist chronisch unzufrieden.

Magnesium mur. (Magnesium chlorid) – verdrießlich, verbittert.

Lilium tigrinum (Tigerlilie) – „Nabel der Welt", tiefer Groll, schuldabweisend.

Im „Großen Buch der Heilpflanzen" sagt Manfried Pahlow über die Heilkraft der Weidenrinde: „Seit man das Aspirin und die reine Salicylsäure synthetisch herstellen kann, spielt die Weidenrinde als Fieber- und Rheumamittel keine große Rolle mehr. Die schweißtreibende, schmerzlindernde und entwässernde Wirkung sind zwar unbestritten, aber nur noch selten wird die Droge in Teemischungen gebraucht. Schade, denn vielleicht kann man mit Weidenrinde bei den Erkrankungen, gegen die noch kein Heilmittel gefunden wurde, ich meine speziell das Rheuma, mehr erreichen, als man glaubt. Sich dieser Heilpflanze zu bedienen, sollte man nicht allein der Volksmedizin überlassen."

Ein Weidenrinden-Tee bei allen fieberhaften Erkrankungen, die mit Kopfschmerzen einhergehen, bei Rheuma und Gicht, um Harnsäure aus dem Körper auszuscheiden oder bei Magen- und Darmbeschwerden getrunken, ist ein von Pahlow vorgestelltes Heilmittel. Das Rezept soll hier nicht unerwähnt bleiben: „Ein gehäufter Teelöffel fein geschnittene Weidenrinde wird mit einem viertel Liter kaltem Wasser angesetzt, ganz langsam zum Sieden erhitzt und dann vom Herd genommen. Etwa nach fünf Minuten muß abgeseiht werden." Zwei Tassen Tee pro Tag sind die richtige Dosierung. Dann keine Nebenwirkungen. Achtung! Für Schwangere verboten!!

Deutlich und unübersehbar hat Luna – der Mond – der Bach-Blüte *Willow* ihre Prägung gegeben. Die Pflanze gedeiht besonders in feuchten Niederungen, und oftmals säumt sie unsere Flußufer. Durch die voranschreitende Trockenlegung weiter Feuchtgebiete verliert der Baum jedoch allmählich an Lebensraum. Auf längere Sicht ist er deshalb in seinem Bestand bedroht. Da Bäume jedoch ihre eigenen, besonderen Kräfte haben und die Weide zudem noch über eine unsagbare Lebensenergie verfügt, die insbesondere ihre Regenerationsfähigkeit ausmacht, bleibt zu erwarten, daß die Natur ihr Werk verrichtet und uns neue, an veränderte Lebensbedingungen angepaßte Arten beschert. Diese Anpassungsfähigkeit wäre dann wiederum ein Merkmal des erlösten *Willow*-Zustandes.

FARBE

Die ersten Pflanzen, die zum Jahresanfang ihre Augen öffnen, haben weiße Blüten. Im voranschreitenden Zyklus geht das Weiß in Gelb über, dann zu Rot und zuletzt prangt die Natur in Blau und Violett. Erkennen wir also in der Dotterweide auch die Heilkraft der Farbe Gelb, die teilweise mit dem Gold und seiner Symbolik für Ewigkeit und Verklärung gleichgesetzt wird.

In China wird Gelb dem Schwarz gegenübergestellt, entsprechend den vielfältigen Beziehungen der beiden Prinzipien Yang (Gelb) und Yin (Schwarz). Man betrachtete vergleichsweise die Entstehung des Gelb aus dem Schwarz mit dem Aufstieg der Erde aus den Urgewässern. Nach der chinesischen Fünf-Elemente-Lehre haben wir es also mit dem Element Erde (gelb) und Wasser (schwarz) zu tun. Es ist nun sicher interessant, auch hier für den physischen und psychischen Bereich die Signatur von *Willow* zu erkennen und zu übertragen.

White Eagle spricht über den „Gelben Heilstrahl": „Wir finden in dieser Farbe das Heilmittel für alle Menschen, deren Zuversicht und deren Vertrauen in das Walten göttlicher Weisheit nach Stärkung verlangt. Heil-Gelb ist eine hilfreiche Farbe für alle, die mit geistigen Problemen ringen und auf eine Erhellung und Erleuchtung ihrer Gedanken warten. In den scheinenden, goldgelben Wassern des Heilsees erblicke nun eine silberweiße Fontäne des Lichtes ihre Strahlen erheben wie eine Flamme - rein, reinigend, stärkend und doch so still. Ruhe aus in dem Licht dieser Flamme, und die Antwort auf deine Probleme wird sich finden, wird deine Schwierigkeiten lösen und überwinden."

EDELSTEIN

Die wasserhaltige, amorphe Form der Kieselsäure ist der O p a l. Er enthält zwischen sechs und vierunddreißig Prozent Wasser und kann in allen Regenbogenfarben schimmern, wobei für die Bach-Blüte *Willow* der milchweiße bis grüngelbe Opal gemeint ist. Man sollte den Opal nicht ständig tragen, sondern nur, wenn man seine Unterstützung benötigt. Der Wassergehalt macht den Stein auch hoch empfindlich. Darum sollte er ab und zu befeuchtet werden, da er sonst eintrocknet und bricht. Körperlich und geistig belebt und vitalisiert der Opal seinen Träger. Da er jedoch die Fähigkeit hat, alle unsere Eigenschaften zu verstärken, sollte er sehr bewußt getragen werden. Er hilft uns, unser Innenleben zu erkennen und den Wert unserer Gedanken einzuordnen, weil er die Wahrheit widerspiegelt. Dies kann dem blockierten *Willow*-Typus helfen, sich als ein Werkzeug Gottes und nicht als ein Opfer des Schicksals zu betrachten.

TON

Hier korrespondiert das zweigestrichene „G".

AFFIRMATION

I. Ich allein trage die Verantwortung für mein Handeln.

II. Ich verzeihe allen Menschen, die mir wissentlich oder unwissentlich etwas angetan haben.

Zu welcher Weisheit sind wir erwacht, wenn wir in allem die göttliche Fügung erkennen können, und wenn wir begreifen, daß wir im Rad der Wiedergeburt die Chance erhalten, den Ausgleich zu schaffen für unsere, Verfehlungen, bis wir endlich wieder im lichtvollen Zentrum eintreffen, von dem wir einst ausgegangen sind. Auf dem Weg dorthin müssen wir lernen, mit einer alles umfassenden Kraft und Hingabe zu lieben. Hierbei wird uns *Willow* helfen. Der Weg zu unserem Ziel ist steinig, steil und weit. Aber wir werden begleitet – wenn wir das möchten – von den „Wunder"-vollen Helfern und Heilern, die Edward Bach uns zur Seite gestellt hat.

Ich allein trage die Verantwortung für mein Handeln.

HORNBEAM (HAINBUCHE)

- CARPINUS BETULAS -

Leicht gehen wir an *Hornbeam* vorbei, da sich der Erschöpfungszustand eines Patienten viel eher an *Elm*, *Oak* oder *Olive* definieren läßt. „Bei mentaler Erschöpfung" heißt es häufig lapidar in den Kurzbeschreibungen. Nun, zweifelsfrei, der blockierte *Hornbeam*-Typ ist erschöpft. Aber ist er das wirklich? Um das Seelenwesen dieser Blüte zu erfassen, zu erkennen, wie der Mensch gemeint war, ehe seine Blockaden auftraten, schauen wir uns den Baum an.

Die Hainbuche kann bis zu fünfundzwanzig Meter hoch werden und bleibt trotz ihrer stattlichen Erscheinung bescheiden, was ihre Bedürfnisse an den Boden, auf dem sie steht und der sie nähren soll, betrifft. Ihr Holz ist glatt und weiß, was uns zuweilen den Vergleich zu gebleichten Knochen aufdrängt. Diese Härte wurde früher genutzt, um Nägel, Räder und dergleichen zu fertigen, was den Gedanken nahelegt, daß der Baum bereits in der Steinzeit Nutzholz geliefert haben könnte. Der Ochse trug das Joch aus seinem Holz, aber genauso gut ließen sich die beweglichen Teile eines Klaviers daraus herstellen. (Hier haben wir die Verbindung zum Schönen und Geistigen, deren Möglichkeiten ebenfalls in *Hornbeam* schlummern).

Die Hainbuche hat sehr dichtes Laubwerk. Wer in ihrem kühlenden Schatten ruht, erfährt wohl auch etwas von der dynamisierenden Kraft, die von ihr ausgeht. Nützlich ist er also, der Baum, und zugleich von trotziger Lebenskraft, denn der Axt des Holzfällers oder dem oft verstümmelnden Schnitt (Hecken) des Gärtners widersetzt er sich, indem er eilends neue Triebe sprießen läßt. Diese Biegsamkeit des Geästes kommt der werkelnden Menschenhand entgegen. So kann man das Laubwerk mehrerer nebeneinander stehender Bäume so zurichten, daß ein Tunnel entsteht, der dem Dahinschreitenden das Gefühl von Schutz und Geborgenheit schenkt.

Faßt man nun alle eben genannten Eigenschaften zusammen, kann von der Hainbuche gesagt werden: Sie hat Kraft, ist nützlich und dient guten Zwecken. Und diese Tugenden machen den positiven Seelenzustand von *Hornbeam* aus. Ist es nun möglich, daß so ein Baum, der zudem noch von hoher Widerstandskraft geprägt ist, daß so ein Baum, beziehungsweise Mensch, tatsächlich dermaßen ermüdet, daß er glaubt, das Leben nicht mehr meistern und seinen Pflichten nicht mehr nachkommen zu können?

Elm mangelt es an Selbstbewußtsein, und der *Elm*-Typus fürchtet deshalb, seinen Aufgaben nicht gewachsen zu sein.

Oak ist erschöpft an seinen körperlichen Kräften und schleppt sich trotzdem weiter über das Schlachtfeld.

Olive ist körperlich, seelisch und geistig ausgelaugt. Jesus weinte unter

172

einem *Oliven*baum im Garten Gethsemane – nicht mehr Herr seiner Angst vor dem nahen Martyrium – erschöpft und am Ende seiner menschlichen Kräfte. *Olive* ist deshalb auch eine Blüte, die unsere Schwerstkranken häufig benötigen.

Der *Hornbeam*-Typ mit seiner schier unverwüstlichen Kraft hat im blockierten Zustand das G e f ü h l, seinen Aufgaben nicht gewachsen zu sein. Jedoch wird er von diesem Gefühl getäuscht. In Wahrheit verbraucht er zu viele Energien, weil er mit dem Kopf seine Probleme bearbeitet und diesem die erste Entscheidungsinstanz einräumt. Darüber vernachlässigt er den „Bauch". Häufig ist der *Hornbeam*-Patient ein Schreibtischtäter – also ein Schreibtischarbeiter, der für alle seine Antworten eine logische Begründung sucht.

Der lateinische Name des Baumes „Carpinus" entstammt dem Keltischen. „Car" ist das Holz und „Pinus" der Kopf, ein „Holzkopf" also. Und neigen wir nicht manchmal dazu, den in bloßen Argumenten Erstickten als „Holzkopf" zu bezeichnen?

Dem Holz des Baumes mißt man nach alter Überlieferung auch zauberische Kräfte zu. Benutzt man Hasel-, Birken- und Weidenzweige, um Wünschelruten für das Aufspüren von Wasseradern herzustellen, so diente eine Hainbuchenrute dem Auffinden unterirdischer Metalladern und Erzvorkommen. So ist es richtig zu sagen, daß der *Hornbeam*-Patient leidet, weil die Nutzung seiner mentalen und intuitiven Kräfte in einem starken Mißverhältnis zu seiner Kopfarbeit stehen, daß die Eingeweide dadurch unter einer Spannung leiden, die einem kräfteverzehrenden Feuer gleicht, da ein „harter Schädel" zuviel Raum und Energie für sich beansprucht. Von einem tatsächlichen Erschöpfungszustand kann deshalb auch keine Rede sein.

KÖRPERLICHE *HORNBEAM*-SYMPTOME

Bei einem Kater nach Alkohol- und Drogengenuß. Er zeigt Kopfschmerzen, auch Migräne. Morgenmüdigkeit beherrscht ihn, oft durch Nachtarbeit. Er fühlt sich erschöpft durch Fließbandarbeit oder andere Routinearbeit. Stubenluft macht blaß, führt zu Blutarmut. Durchblutungsstörungen und Krampfadern durch Daueranspannung.

SEELISCHE *HORNBEAM*-SYMPTOME

Die Arbeit kann man angeblich nicht bewältigen. Der Patient liefert sich zu vielen geistigen Eindrücken aus. Die als einseitig empfundene Arbeit führt zu geistiger Erschöpfung. Am Ende will er keine Ablenkung durch Vergnügen mehr, ist geistig blockiert, leidet an schöpferischer Leere (Hemmingway). Sein Kopf ist vernebelt oder er klagt über einen zu „vollen Kopf". Lustlosigkeit durch Routine des Alltags. Er zweifelt an seiner Stärke. Zuweilen wird er zum geistigen „Vielfraß" und liest beispielsweise mehrere Bücher gleichzeitig (*White Chestnut*).

HOMÖOPATHIE

Acidum phos. (Phosphorsäure)

Agaricus (Fliegenpilz) – Überarbeitung im Studium.

Phosphorus (Phosphor)

Psorinum (Inhalt v. Krätzebläschen) – besonderes Merkmal: müder Kopf

Argentum nitricum (Silbernitrat)

Silicea (reiner Feuerstein) – glauben, sie können die Arbeit nicht schaffen.

Da beim *Hornbeam*-Typus alle Energien und Kräfte zum Kopf gelenkt werden, müssen wir bei ihm an Stau- oder Mangelzustände der unteren Extremitäten, der Verdauungsorgane und der Ausscheidungsorgane denken. Frauen leiden häufig an Frigidität, Männer an Impotenz. Besonders letzteres hat dann seine Ursache nicht in organischen Störungen.

Scheffer/Storl stellen *Hornbeam* unter einen starken Marseinfluß, der durch Merkur etwas gemildert wird. Die Botanik des Baumes – Kraft und Härte des Holzes auf der einen Seite, die Anwesenheit von Flugsamen und die daraus folgende Windbestäubung auf der anderen (Mars Zeichen Feuer, Merkur Zeichen Luft) rechtfertigen diese Zuordnung.

FARBEN

In Rot und Orange finden wir die Entsprechung. Der Übergang vom marshaften Rot, das Leben, Lebensenergie, Kraft und Führungsqualitäten verspricht, zum Orange beinhaltet die Stärkung der seelischen, spirituellen Seite, deren der blockierte *Hornbeam*-Typus dringend bedarf. Aus diesen beiden Farben ergeben sich demnach zwei Töne.

TÖNE

Zu Rot korrespondiert der Ton „C",
zu Orange korrespondiert der Ton „E".

EDELSTEIN

Korallen sind ein organisches Meeresprodukt und undurchsichtig. Sie leben in Gemeinschaft, sind nur so lebensfähig, wie auch der Mensch die Gemeinschaft braucht. Isolation, in die der *Hornbeam*-Typus durch seine Kopflastigkeit allzu leicht gerät, macht krank.

Die Koralle in den Farben weiß, rosa bis tief rot – hier sei der rosa Koralle der Vorrang gegeben – hilft ihrem Träger bei Blutarmut, Depression und Mangelerscheinungen. Dem marshaften *Hornbeam*-Typus wird sie mit Beruhigung und Ausgleich dienen. Sie lehrt, das Leben mit Freude zu meistern, die Liebe zu uns selbst zu üben, damit wir sie, dem Christus-Gebot gehorchend, an unsere Mitmenschen weiterreichen können. Wo wir mit Freude an unsere Pflichten und Aufgaben gehen, werden wir mit offenen Augen alles wahrnehmen und unsere Kräfte klug verteilen und gezielt einsetzen. Dann wächst uns die Stärke und Freiheit zu, auf unserem Platz dem Nächsten dienlich und nützlich zu sein – dann sind wir in der glücklichen Lage, unser erlöstes *Hornbeam* voll zu entfalten.

Bach ordnete *Hornbeam* jenen Blüten zu, die den Menschen helfen, ihre Unsicherheiten zu verlassen. Und wenn wir sicher geworden sind in unserem Denken, Tun und Fühlen, welche schier unermeßliche Lebensfreude wird uns dann beflügeln.

„Also sprach Zarathustra: Seit es Menschen gibt, hat sich der Mensch zu wenig gefreut: Das allein, meine Brüder, ist unsere Erbsünde." (Friedrich Nietzsche)

AFFIRMATION

Im Bewußtsein meiner Einheit von Körper, Geist und Seele bewältige ich mit Freude alle meine Aufgaben.

KAPITEL 4

LERNEN, ENTSCHEIDEN, ERLÖSUNG

„Wir lernen, in der Welt vollkommen alleine dazustehen und gewinnen dadurch die tiefe Freude vollständiger Freiheit und sind deshalb zu wahrhaftigem Dienst an der Menschheit fähig. Und wenn wir dies verwirklicht haben, ist es kein Opfer mehr, sondern die außergewöhnliche Freude der Hilfsbereitschaft unter allen Umständen."

- Edward Bach -

1. Scleranthus
2. Wild Oat
3. Chestnut Bud
4. Clematis
5. Cerato
6. Star of Bethlehem
7. Vine
8. Crab Apple
9. Sweet Chestnut
10. Honeysuckle

SCLERANTHUS (EINJÄHRIGER KNÄUEL)
- SCLERANTHUS ANNUUS -

Jeder Mensch kennt diese Augenblickshaltung, die auf klar gestellte Fragen ein „J-ein" zur Antwort haben. Das mag einer kurzfristigen Unsicherheit Ausdruck verleihen – der Gefragte muß die Antwort erst überdenken, vielleicht, weil er mit dem Thema bisher kaum konfrontiert wurde. In diesem Falle bedarf es ganz bestimmt keiner Bach-Blüte, schon gar nicht des Heilers *Scleranthus*. Wie aber, wenn ein Mensch generell nicht in der Lage ist, eindeutig Stellung zu beziehen? Einer, der nicht unterscheiden kann und sich darum nicht entscheiden mag?

Die Barnards meinen, daß dem blockierten *Scleranthus* der zentrale Bezugspunkt fehlt, der Ego-ismus, das Ichbewußtsein. Dieser Mangel am Gewahrsein der eigenen Lebendigkeit, d. h. der eigenen Wurzeln und der eigenen Krone, machen dann die geistige Unsicherheit aus, die schließlich in einer deutlichen Verwirrung des Lebenswillens endet, weil auch der Sinn dieses eigenen Lebens unklar geworden ist. Eine Heilung jedoch kann der Mensch nicht allein dadurch finden, daß die gedankliche Ausrichtung auf bestimmte Themen eine deutliche, gefühlsmäßige Färbung findet. Es geht vielmehr darum, unsere Persönlichkeit wieder mit unserer Individualität zu vereinen. In einem einfachen Bild ausgedrückt: Eine Kerze wieder mit ihrer Flamme in Verbindung zu bringen oder unser Menschsein mit unserer Göttlichkeit in Harmonie zu setzen. Aus dieser Einheit heraus sind wir in der Lage zu handeln, Entscheidungen so zu treffen, daß eine sinnvolle Aktion möglich wird, wie das in unserem irdischen Leben notwendig ist.

Im botanischen Bild dieser Heilpflanze erkennt man ihren Charakter. In einem grünen Knäuel kriecht sie über den Boden, unauffällig und leicht zu übersehen. Man meint, sie entdeckt zu haben, aber im selben Moment ist sie wieder im allgemeinen Grün verschwunden. Die Pflanze, die heute gefunden wurde, ist anderntags vielleicht nicht mehr vorhanden – von

Wildtieren gefressen oder von der Sonne verbrannt. Die Pflanze wächst dicht am Boden, mit zahlreichen ineinander verwickelten Stielen, die nach allen Seiten streben. Die Blätter sind klein und stachelig, und die Blütentrauben sitzen am Ende der Triebe, haben keine Blütenblätter und sind grün, wie die ganze Pflanze. Dieses Wachstum in alle Richtungen zeigt das Streben nach einem Ziel, signalisiert das Bedürfnis nach Unterscheidung, nach einer geschärften Wahrnehmung. Mit diesen Eigenschaften eines neu gewonnenen Ich-Bewußtseins ist der Mensch dann endlich in der Lage, Entscheidungen zu treffen und Handlungen auszuführen, die seinem Wesen und seinen Fähigkeiten entsprechen.

In der Zeit von August bis September 1930 fand Dr. Bach insgesamt sieben Heilpflanzen, darunter auch den einjährigen Knäuel. In einer ersten Ausarbeitung erhält das Heilmittel diese Beschreibung:

„*Scleranthus* – die Wetterfahne.

Der Schlüsselbegriff für diesen Typus ist sein Mangel an Stabilität und Vertrauen. Er besitzt kein Selbstvertrauen und sucht deshalb immer den Rat anderer, was dazu führt, daß er zwischen den verschiedenen Empfehlungen und Meinungen seiner Freunde hin und her schwankt. Er ist nicht imstande, Entscheidungen zu treffen und hat darunter sehr zu leiden.

Diese Menschen sind nervös, ruhelos, drücken sich vor Verantwortung und gehen anderen aus dem Wege, wenn sie nicht gerade ihre Hilfe brauchen. Ihr Fehler besteht darin, daß sie sich allein auf den Intellekt verlassen und nicht im geringsten auf die Intuition. Sie haben Schwierigkeiten, ihr Denken zu konzentrieren, deshalb schwanken sie von einer Sache zur anderen."

Sie verkörpern manches Extrem: mal depressiv, dann wieder voller Freude. Im einen Augenblick optimistisch, im nächsten pessimistisch. Sie sind unzuverlässig und unsicher, weil sie ihre Einstellung dauernd wechseln. An einem Tag sind sie gutwillig und umgänglich, am anderen launenhaft und schwierig, mal großzügig und extravagant, dann wieder geizig und kleinlich.

All ihre Symptome, Körpertemperaturen usw. sind im Kommen und

Gehen begriffen, schwanken, steigen und fallen rasch – ganz entsprechend dem Gemütszustand.

Die Arznei bringt Klarheit des mentalen Sehvermögens, Fähigkeit zur raschen Entscheidung und Bestimmtheit und Ruhe in schwierigen Situationen.

Zunächst ein kleiner Exkurs: In den frühen Jahren seiner Suche nach bestimmten Heilpflanzen hat Edward Bach zuweilen auch noch andere gefunden, die er dann jedoch nicht in sein Repertoire aufgenommen hat. Dazu gehört z. B. Cotyledon, das Nabelkraut, das zu den Dickblattgewächsen gehört. Es ist ein homöopathisches Mittel und hat deutliche Wirkung auf das Herz. Dumpfe Schmerzen in den Muskeln und im Bindegewebe kennzeichnen den Patienten, ebenso seine Gelenkschwäche. Bach sagt über Cotyledon: „Viele Fälle von Hysterie, hysterischer Epilepsie und hysterischen Lähmungen gehören zu dieser Gruppe. Die Arznei fördert ihre Festigkeit, ruhigen Mut und stille Siegeszuversicht.

Sie bringt die Qualitäten des römischen Centurios, der 'treu bis zum Tode' war; wie *Scleranthus* die Qualitäten des Befehlshabers entfaltet."

In mehreren Fassungen erhält Scleranthus dann eine prägnante Definition, die letzte 1936.

„Für jene, die sehr darunter leiden, sich nicht zwischen zwei Dingen entscheiden zu können, weil abwechselnd das eine, dann das andere richtig erscheint. Sie sind im allgemeinen stille Menschen, die ihre Schwierigkeiten alleine tragen, da sie nicht geneigt sind, mit anderen darüber zu sprechen."

KÖRPERLICHE *SCLERANTHUS*-SYMPTOME

Er leidet häufig an Schwindel und Muskelzuckungen der Extremitäten und Tremor. Plötzlich wechselnde Gesichtsfarbe. Hilft bei Hitzewallungen, auch in der Praeklimax. Nach langen Flügen für Flugpersonal und Schichtarbeiter, die unter Schlafstörungen durch häufige Arbeitszeitverschiebungen leiden. Bei Reisekrankheit mit dem Star of Bethlehem. Nervöse Gesten, ruckartige Bewegungen, Gleichgewichtsstörungen durch Innenohrstörungen können auftreten. Plötzlich auftretender Heißhunger, der kaum gestillt werden kann. Schwangerschaftserbrechen, weil man noch schwankt, den Zustand zu akzeptieren. Schmerzen und Beschwerden wandern. Ein plötzlicher Nervenzusammenbruch ist möglich.

SEELISCHE *SCLERANTHUS*-SYMPTOME

Er hat Entscheidungsschwierigkeiten, ist aufgewühlt und verwirrt durch vielerlei Vorstellungen. Hilfreich zur Berufsentscheidung. Der Mensch kann sich nicht entspannen, ist unausgeglichen, sprunghaft, unentschlossen und labil. Seine wechselnde Laune zeigt sein mangelndes Selbstvertrauen und mangelndes Selbstbewußtsein. Zuweilen tränenreich, dann wieder still. Unbeständig, unmäßig, unkonzentriert, unsicher und unzuverlässig wie er ist, zeigt das seine innere Unruhe. Er wechselt oft seine Meinung, verhält sich meist zögerlich.

Die Barnards führen zu Scleranthus unter anderem aus: „Es heißt, daß wir auf der Erde geboren werden, weil wir den Wunsch zu leben haben, und wenn dieses Heilmittel in seiner negativen Form zum Ausdruck kommt, ist dieser Wunsch reduziert."

Wir alle wissen, daß das ungeborene Kind bereits ein vollständiger Mensch ist, sicher mit viel mehr charakterlicher Vollkommenheit als mit Schwächen. Diese Menschenseele mag sich zuweilen vor der anstehenden Inkarnation fürchten und möchte ihren Entschluß rückgängig machen. Im Falle einer drohenden Fehl- oder Frühgeburt gebe man der werdenden Mutter also Scleranthus.

Scleranthus gehört zu den Nelkengewächsen, ohne jedoch deren Blütenpracht oder gar Duft zu entfalten. „Nelkenwurz" zum Beispiel hat ihre Heilwirkung durch das ätherische Öl und die Bitterstoffe, die ein gutes Tonikum sind. Hier findet sich ebenfalls eine stabilisierende Heilwirkung, wie sie auch für Bachs Blütenmittel kennzeichnend ist.

HOMÖOPATHIE

Pulsatilla (Küchenschelle) - wechselnde Stimmungen, tränenreich, wandernde Beschwerden.

Crocus sativus (Safran) - tränenreich, wechselnde Stimmungen, hysterische Beschwerden.

Mercurius (Quecksilber) -

Natrium mur. (Kochsalz) - beide leiden unter wechselnden Stimmungen.

Medorrhinum (Gonokokkeneiter) - verhält sich sprunghaft und unstet.

Kalium bichromicum (Kaliumbichromat) - Wechsel von körperlichen Symptomen.

Anacardium (Elefantenlaus) - kann sich nicht zwischen zwei Alternativen entscheiden.

Tuberculinum (Nosode aus einem tuberkulösen Prozeß) - ist stark launenhaft.

FARBE

Hier steht unzweifelhaft die Farbe Grün in Korrespondenz. Sie hat auf der seelischen Ebene ein „Herzthema". Das heißt im Falle von Scleranthus, daß das Bedürfnis des Geistes nach Klarheit und der Fähigkeit zu unterscheiden nur durch die Erkenntnis des Herzens - der Seele - erlangt werden kann.

Der starke Einfluß von Saturn, verdeutlicht in den harten, stacheligen Blättern, vermittelt die nötige Stabilität, damit der Mensch nach seinen Erkenntnissen auch die Tat folgen lassen kann. Mars als zweiter Begleiter wird die gefaßten Entschlüsse mit seinem Durchsetzungswillen, seinem Kampfgeist beleben. So kann durch die Einstrahlung dieser Planeten, nach der Erlösung durch Scleranthus, das einmal gesteckte Ziel kaum verfehlt werden. Schließlich ist es die Sonne, die das Grün werden läßt, die Sonne, die Seele und Geist erhellt und kräftigt, die den Lotos unseres Herzens erblühen läßt.

TON

Der korrespondierende Ton ist das „H".

EDELSTEIN

Zu den heiligen Steinen, weil mit starker Heilkraft gesegnet, gehört der kostbare Jade. In China wurde er wie Gold (die Sonne!) geschätzt und galt als eng mit dem Prinzip Yang verbunden. Außerdem wurde er als ein Symbol der Vollkommenheit betrachtet, da er die fünf himmlischen Tugenden in sich vereinigt: Reinheit, Unwandelbarkeit, Klarheit, Wohlklang und Güte. Als Sinnbild für Lebenskraft und kosmische Kräfte unterstützt er seinen Träger und geht so einen ähnlichen Erlösungsweg mit ihm wie die Bach-Blüte Scleranthus.

AFFIRMATION

Ich vertraue meiner eigenen Meinung und gehe die Dinge meines Lebens mit Bestimmtheit an.

WILD OAT (WALD-TRESPE/HAFERGRAS)

- BROMUS RAMOSUS -

Nachdem Edward Bach im Jahre 1933 das Manuskript zu dem Buch „Die zwölf Heiler" niedergeschrieben hatte, machte er sich auf die Suche nach drei weiteren Heilpflanzen, die er zur Vervollständigung seiner Serie brauchte. Nora Weeks berichtet: „Für Menschen, denen es an Zielbestimmtheit und an dem Streben mangelt, wieder gesund zu werden und ihr Leben voll auszuleben, suchte er ein Mittel, das sie anregt, in sich klar umrissene und bewußte Wünsche zu entwickeln. Da er aufgrund seines tiefen Wissens um die menschliche Natur und infolge seiner eigenen Erfahrung zu der Überzeugung gelangt war, daß ein eindeutiger Lebenszweck, ein lebhaftes Interesse an einer Aufgabe oder Sache und eine uneingeschränkte Lebensbejahung für das Glück und das Wohlbefinden des Menschen unerläßlich sind, maß er diesem Heilmittel besondere Bedeutung bei.

Er wußte, daß viele Menschen freudlos dahinleben, sich langweilen, einer monotonen Beschäftigung nachgehen, in einer Art Schlafzustand dahindämmern und nur mechanisch und abgestumpft ihren beruflichen Verpflichtungen nachkommen. Und es war ihm klar, daß diese emotionale Haltung irgendwann im Leben dieser Menschen ihren gesundheitlichen Tribut fordert und sie ihrer Vitalität und Kraft beraubt.

Er sah diesen Mangel an Interesse und Lebensbejahung nicht nur bei älteren, sondern auch schon bei jungen Menschen; bei all jenen, die zunächst klare Vorstellungen von ihrem Lebensziel haben und auch sicher sind, dieses zu erreichen, dann jedoch auf Nebengeleise geraten, nicht mehr genau wissen, was sie wollen, und die sich schließlich von anderen Menschen oder den Umständen in eine Lebensform hineinmanövrieren lassen, die ihren Vorstellungen nicht im mindesten entspricht. Diesem Menschentyp fehlt es im Krankheitsfall an einem Ziel, das interessant genug wäre, den Wunsch nach Genesung aufkommen zu lassen. Und ihr mangelnder Kooperations- und Gesundungswille wiederum stellt ein großes Hindernis auf dem Weg ihrer Gesundung dar.

Edward Bach war sich bewußt, daß es bislang nichts gab, was diesen Menschen helfen könnte. Er hatte jedoch zu diesem Zeitpunkt bereits die Pflanze entdeckt, deren Wirkkräfte den beschriebenen Seelenzustand harmonisieren können, nämlich die Wald-Trespe – *Wild Oat*.“

Dieses Heilmittel entdeckte er im April 1934, als er von Cromer in das kleine Dorf Sotwell in der Grafschaft Berkshire gezogen war.

Das Hafergras kommt in der Natur recht häufig vor. Es braucht keine speziellen Bedingungen, was seine Anforderungen an die Bodenbeschaffenheit betrifft, liebt aber die Ränder von Feldern und bevorzugt seinen Standplatz in Hecken. Dem Betrachter mag es vorkommen, als hätte die Pflanze eine Warteposition inne. Ihr hoher Stiel mit der Blütenrispe wiegt sich im Atem des Himmels hin und her, läßt sich aber auch leicht zu Boden drücken, wenn schwerer Regen fällt – hat also kein klares Wachstumsmuster wie andere Gräser, die sich zu Matten und dichtem Rasen verflechten – ein Halm im Dienste des anderen. Die Wald-Trespe findet man vereinzelt, sie bildet niemals mit anderen Pflanzen eine Gemeinschaft, ist also kein „soziales" Wesen, wie auch der blockierte *Wild Oat*-Typ in seiner ihn isolierenden Unentschlossenheit kein der Gesellschaft dienendes Wesen ist. Diese Pflanze „hängt herum", als wüßte sie nicht um ihre Aufgabe, als könne sie sich zwischen vielen Möglichkeiten nicht entscheiden. Bach sagt: „Wenn wir die Natur erforschen, stellen wir fest, daß jedes Geschöpf, jeder Vogel, jeder Baum und jede Blume ihre bestimmte Rolle darin spielt, ihre eigene und besondere Aufgabe darin hat, mit der sie das gesamte Universum unterstützt und bereichert."

Von den Barnards wird uns auch von einer Notiz berichtet, die sich Bach in bezug auf einen Patienten gemacht hatte. Er schrieb, daß die Wald-Trespe „für diejenigen ist, die sich nicht immer in ihrem Körper befinden und deshalb nicht erkennen können, was ihnen als Lebensaufgabe zugedacht ist. Es ist ein Seelenzustand, der dem des *Clematis*-Zustandes folgt."

Im positiven Seelenzustand hat der *Wild Oat*-Patient den Willen, das Leben fest im Griff zu haben und die gebotenen Möglichkeiten nach den eigenen Begabungen voll auszuschöpfen. Im Gegensatz zum Einjährigen Knäuel, der erdverbunden ist und sich mit praktischen Dingen beschäftigt, sucht die Seele des *Wild Oat*-Typus nach dem Sinn des Lebens und der Bedeutung der eigenen speziellen Lebensaufgabe im Gesamtgefüge des göttlichen Planes.

Im negativen Seelenzustand ist der Wille, das eigene Leben fest im Griff zu haben, so weit geschwächt, daß der Patient den Kontakt mit der Erde und der physischen Realität verliert. Er verschließt sich der Notwendigkeit, den Sinn s e i n e s Lebens zu definieren, wozu gehört, die eigenen Talente und Möglichkeiten realistisch einzuschätzen, um sich danach mit Energie und Freude seiner erkannten Berufung zu verschreiben.

Wild Oat ist einer der sieben Helfer und hat eine besondere Stellung. Er kann immer wieder zu Hilfe genommen werden, wenn das Heiler-Mittel nicht greift oder die übrigen sechs Helfer den Patienten nicht so weit öffnen, daß er therapierbar wird.

Die Wald-Trespe gehört in die Reihe der Heilmittel, die für den an Unsicherheit leidenden Patienten gedacht sind.

Hier Bachs Definition: „Für jene, die den Ehrgeiz haben, in ihrem Leben etwas Außerordentliches zu leisten, die viel Erfahrung sammeln und alles genießen möchten, was das Leben ihnen zu bieten hat, die sich des Lebens in vollen Zügen erfreuen wollen. Ihre Schwierigkeit besteht darin, zu entscheiden, welcher Beschäftigung sie nachgehen sollen, denn obgleich ihr Ehrgeiz groß ist, fühlen sie sich von keiner Berufung besonders angezogen. Dies kann zu Verzögerungen und Unzufriedenheit führen."

Die Blütenrispen des Hafergrases hängen wie beim echten Hafer locker am biegsamen Halm. Die Stiele der Wald-Trespe werden etwa anderthalb Meter hoch, die Blätter sind breite Halme und stark behaart, Merkmale, die uns helfen, diese Pflanze von anderen Grasarten zu unterscheiden. Die Pflanze blüht im Juli und im August; die Essenz wird mit der Sonnenmethode hergestellt.

KÖRPERLICHE WILD-OAT-SYMPTOME

Freßsucht und außergewöhnlicher Hunger sind ein besonderes Merkmal. Daraus entwickelt sich Gastritis und Roemheld-Syndrom (kann auch alleine stehen). Erschöpfungszustände rufen Therapieresistenz hervor. Er ist nervenschwach, vorübergehende Bewußtseinstrübung (auch nach exzessiver Meditation). Reißende Schmerzen, unregelmäßiger Herzschlag, Kraftlosigkeit der Beine, „müdes Kreuz" werden oft beklagt. Haarausfall, die Nägel sind weich, reißen, wachsen schlecht. Die Haut ist empfindlich (brennt, eitert leicht usw.). Der Patient mahlt mit dem Unterkiefer als Zeichen der Unsicherheit. (Der *Aspen*-Typus tut das aus Angst.)

SEELISCHE WILD-OAT-SYMPTOME

Seine Ambitionen sind unbestimmt, er ist unzufrieden mit der Lebenssituation, will nicht gesund werden. Er kennt seine Berufung nicht, verschiebt wichtige Entscheidungen und ist meist passiv. Trotzdem kann er ein exzessiver Genießer sein. Er wird nicht erwachsen, erkennt sein Lebensalter nicht an. Sein Ehrgeiz verführt ihn zur Großmannssucht. Oft kann er sich nicht selbstverwirklichen. Durch sein Zögern bleibt er der ewige Junggeselle, der ewige Student, auch weil er sich für nichts endgültig entscheiden kann. Dabei verzettelt er sich, sein Lebensziel ist unklar. Pubertätsschwierigkeiten in der Jugend, der gammelnde Halbstarke. Hilfreich für Menschen in der Midlife-Crisis. Er wird wütend und unbeherrscht in seinen Reaktionen, wenn man ihm einen Weg weisen möchte.

HOMÖOPATHIE

Coffea cruda (Rohkaffee)
Sulfur (sublimierter Schwefel) – beide schmieden Pläne, die nicht verwirklicht werden.
Ignatia (Ignatiusbohne) – unbeständig
Chamomilla (echte Kamille) – weiß nicht, was es will.
Stannum (Zinn)– traurig, entmutigt, Beschwerden kommen und gehen.

FARBE

Wild Oat gehört zur mächtigen Familie der Süßgräser, die seit jeher Ernährung und damit Leben der Fauna und Menschheit unseres Erdballs bestimmt haben. (Man denke an den Weizen und den Reis). All diese „Ernährer" haben natürlich einen besonderen Bezug zur Sonne, die uns Urbild der Schöpferkraft, der Liebe, des Lebens ist und aus diesem gespendeten Reichtum heraus ein Sinnbild Gottes in Seiner Mutter- und Vatereinheit.

Hildegard von Bingen, die in ihren Schriften immer wieder von der „Grünkraft Gottes" spricht, hinterließ uns einen Vers an dieses Grün, der

uns wie ein Danklied an den ewigen Hymnus der Sonne anmutet und aus
dem Büchlein „O Grün des Fingers Gottes" stammt:

„O edelstes Grün,
in der Sonne du wurzelst,
du leuchtest in strahlender Helle
im Kreise,
den kein irdisches Sinnen begreift.
Umfangen wirst du von den Armen
der Geheimnisse Gottes.
Du schimmerst auf wie Morgenrot,
du flammst wie der Sonne Glut."

So steht die Farbe Grün für *Wild Oat*.

TON

Wie bei *Scleranthus* ist der korrespondierende Ton das „H".

EDELSTEIN

Die starke Licht- und damit Sonnenabhängigkeit der Süßgräser läßt sie als
Kieselsäure-Speicher wirken. Diese Ablagerungen sind zugleich greifbarer
Ausdruck einer uns zugänglichen Lebenskraft.

Im hell- bis dunkelbraunen und schwarzen Rauchquarz finden wir diese Chi-Energie, denn er birgt die höchste Lichtkraft in seinem Schwarz. Bei
seinem Träger wird der Selbsterhaltungstrieb geweckt, genauso wie das Bewußtsein für sein Erdenleben und den damit verbundenen Sinn. Dadurch
wird die Lebensaufgabe erkannt, die dann voller Verantwortung übernom-
men wird, gleich wie groß die Herausforderung erscheinen mag.

Einem schwachen, haltlosen Menschen, der sich wie ein Halm im Winde
verhält, wird eine Energie zuteil, die ihm hilft, den Sinn seines Lebens zu
entdecken und ihn zu verwirklichen, indem er die damit verbundenen Pflichten trotz aller Schwierigkeiten, die auftreten können, annimmt.

Es sind, zu unserem Trost, auch die großen Geister, die zuweilen von einer gewissen Unbestimmtheit in ihrer Zielsetzung, sei es im Kleinen, sei es im Großen, geplagt werden. Wer sich jedoch dieser Schwäche nicht hingibt, wird einen Weg finden, den „roten Faden" seines Tagewerkes nicht zu verlieren.

Kein Geringerer als Johann Wolfgang v. Goethe gibt – fast schelmisch – einen Hinweis: „Bei dem vielen Zeug, das ich vorhabe, würde ich verzweifeln, wenn nicht die große Ordnung, in der ich meine Papiere halte, mich in den Stand setzte, zu jeder Stunde überall einzugreifen, jede Stunde in ihrer Art zu nutzen und eins nach dem anderen vorwärts zu schieben."

Die Ordnung, die eigene, persönliche, ist sicher für manchen Menschen, und im Besonderen für den *Wild Oat*-Typus, ein gutes Stützkorsett.

AFFIRMATION
Ich finde im Leben die Aufgabe, die mich ruft und werde mich ihr ganz verschreiben.

CHESTNUT BUD (KASTANIENKNOSPE)
- AESCULUS HIPPOCASTANUM -

Bäume gehören zu den ältesten Geschöpfen der Erde und wurden in fast allen Kulturen als Ebenbilder der Menschen verehrt. Man glaubte sie auch mit besonderen Energien und Heilkräften ausgestattet. Das gilt bis in unsere Zeit.

Anton Mesmer zum Beispiel leitete den „Lebensmagnetismus" großer Bäume mittels Hanfseilen auf seine Patienten. Der Arzt Gustav Carus ließ seine Patienten mit nackten Füßen den Stamm einer alten Linde berühren, um ihre Nerven zu stärken und zu beruhigen. Andere Überzeugungen gehen dahin, daß diese Übertragung auch umgekehrt funktioniert: Ein Mensch mit positiver Ausstrahlung kann geschädigte Bäume durch gute Gedanken stärken und vielleicht sogar heilen.

Wenn wir diese Gedanken weiterverfolgen und noch geobiologische und baubiologische Be- und Entlastungen in unsere Erwägung mit einbeziehen, wird uns heraufdämmern, wo und wieviel wir zur Heilung unserer Erde beitragen können.

Die Roßkastanie, dieser Baum, der Edward Bach gleich zwei Heiler zur Verfügung stellte, ist in ganz Deutschland verbreitet. Damit er sich zu seiner ganzen Größe und Pracht entfalten kann, braucht er viel Licht und Raum. Beheimatet ist er in Westasien. Von der Türkei bis zum Himalaya wurde er aus besonderen Gründen geschätzt.

1576 wurde die Roßkastanie erstmalig in Mitteleuropa – und zwar in Wien – angepflanzt. Mediziner hofften damals, wegen der Bitterkeit der Rinde, einen Ersatz für Chinin zu haben, das durch den Import sehr teuer war. Einen Ausgleich für dieses das Malaria-Fieber senkende Mittel gibt die Rinde der Roßkastanie jedoch nicht. Immerhin enthält sie ebenfalls einen Fieber senkenden Stoff.

Etwa einhundert Jahre später begeistert sich der Sonnenkönig Ludwig XIV. für den gewaltigen Schattenspender und läßt ihn in seinen Schloßparks und Alleen anpflanzen. Andere Fürsten ahmen sein Beispiel nach. Auch in Deutschland, dem Land des schäumenden Gerstensaftes, erfreut sich der Baum zunehmender Beliebtheit, denn in seinem Schatten bleibt das in den Biergärten ausgeschenkte Getränk angenehm kühl.

Alte Kräuterbücher berichten von der Heilkraft der Roßkastanie, die den „keichenden Rossen behülflich sind". Auch Zigeuner, die bekanntermaßen mit uraltem Heilwissen begabt sind, geben ihren Pferden zerhackte Roßkastanien ins Futter, wenn diese an Husten oder Atemnot leiden. Am Beispiel einer alten Mähre, die bei tierlieben Menschen ihr Gnadenbrot fraß, aber deren Nachtschlaf durch lautes Husten störte, konnte die stark lindernde Wirkung ausprobiert werden. So ist die Kastanie, soweit landschaftlich bekannt, bei allen Reitervölkern ein geschätztes Heil- und Stärkungsmittel. Weise Kräuterkundige alter Zeiten sprachen von der Kastanie als dem „vegetabilen Roß". Sie glaubten, in den Blattnarben, welche die fallenden Blätter im Herbst an den jungen Zweigen hinterlassen, die Form eines Hufeisens und meistens sogar Nägel zu erkennen. Bereits im Winter sind an den Zweigenden des Kastanienbaumes dunkle Knospen ausgebildet. Phantasievolle Menschen entdecken in ihnen einen Pferdefuß samt Huf und schmaler Fessel.

Edward Bach hat zur Bereitung seiner heilenden Essenz die eben aufbrechenden Knospen (je nach Witterung Anfang April bis Anfang Mai) verwandt und die Arznei der Gruppe jener Mittel zugeordnet, die er hilfreich einsetzte, wenn der Patient „mangelndes Interesse an den gegenwärtigen Umständen" zeigte.

Den blockierten *Chestnut Bud*-Typus charakterisiert ein Seelenzustand, in dem wir immer wieder etwas gezeigt bekommen, aber die Botschaft nicht verstehen, die uns signalisiert wird. Aus diesem Grund ist es dann nicht möglich, alte Muster aufzulösen, um einen neuen Kurs einzuschlagen. Oder wir möchten ein vielleicht erträumtes Ziel erreichen, aber begreifen nicht, daß jede Reise beginnt, indem wir uns in Bewegung setzen.

Der *Chestnut Bud*-Typus ist ein Halbschläfer (kein Tagträumer wie *Clematis*!). Er fühlt nicht, daß er Entscheidungen treffen muß, die immer aus Wunsch und Notwendigkeit zusammengesetzt sind. Man kann etwas nur wünschen, dann bleibt man ein Träumer. Beugt man sich nur der Notwendigkeit, ist der Mensch taub für seine innere Stimme.

Für Edward Bach war es von dringender Wichtigkeit zu vermitteln, daß wir auf unsere Wünsche hören und deren Notwendigkeit herausfiltern. Er sagte: „Unsere wahren Instinkte, Wünsche, Vorlieben und Abneigungen sind uns gegeben, damit wir die spirituellen Ermahnungen unserer Seele deuten können, weil die Seele allein weiß, welche Erfahrungen für diese bestimmte Persönlichkeit notwendig sind."

Er bekräftigt also, daß hinter unseren Wünschen die „kleine, leise, innere Stimme" steht, deren Sprache zu vernehmen uns viele Bach-Blüten helfen. Es ist unbedingt nötig, daß wir uns dieser inneren Führung anvertrauen, denn sonst erwarten uns „Strafen" in Form von Unglück und Krankheit. In fast all seinen Vorträgen erklärt Bach Krankheit als Ausdruck unserer Seele, weil wir ihren Wünschen nicht genügend Aufmerksamkeit geschenkt haben. Dann nämlich geraten wir unweigerlich in Lebensbedingungen, die uns veranlassen sollten, unsere „Lektion" endlich zu lernen.

Aber Fehler, die wir begehen, sind keine wirkliche Katastrophe, solange wir in der rechten Weise damit umgehen. Ein erkannter Fehler sollte Grund sein, die Ursache zu betrachten, eine veränderte Handlungsweise daraus herzuleiten und diese in unser zukünftiges Tun zu integrieren. Dadurch werden sie eine wirksame Hilfe auf unserem Weg zur Reife. Durch dieses Ringen nach Erkenntnis, durch die Suche nach dem Sinn unseres Lebens, den zu erfüllen wir uns befleißigen, haben wir dann wohl auch das geleistet, was das Urchristentum als „tätige Reue" verstand, die aber heute im kirchlichen Gebrauch vielfach zu abgeplatteten Gebetsfloskeln degradiert ist.

Unser niederes Selbst, d. h. unsere Persönlichkeit im Gegensatz zu unserer Individualität, dem sogenannten „Höheren Selbst", möchte uns nun immer wieder verführen, diesen Lernprozeß zu umgehen. Hier sei nun ein Vergleich mit dem Pferd gewagt, das uns als treuer Kamerad, als Mitstreiter in Kämpfen, als Helfer bei Schwerstarbeiten (Grubenpferde), als inspirierendes Wesen aus der Mythologie (Pegasus) oder als Signum der Pracht reicher Fürsten bekannt ist. Bauern sagen noch heute, Pferde im Stall würden als erste herannahendes Unwetter spüren. Pferde sind kluge Tiere, und alte Bräuche und Märchen betrachten den Pferdekopf als Träger geistiger und intellektueller Kräfte, wie im Märchen „Die Gänsemagd". Jeder Reiter weiß, wie sehr ein Pferd Wachheit und Geistesgegenwart von ihm fordert. Ein guter Reiter entwickelt deshalb wachen Willen im Intellekt, also er ist einfühlsam und führend zugleich. Sonst wird er unweigerlich Opfer des sprichwörtlichen „Pferdehumors" und landet auf dem Boden, ehe er sich versieht.

Aber trotz aller eben gepriesenen Tugenden mache Pferde häufig immer wieder denselben Fehler. Ein einmal verweigertes Hindernis wird nicht mehr angenommen und bedeutet ein „out" für den Turnierreiter. Der einmal erlebte Schrecken an einem bestimmten Weg läßt ein Pferd unter Umständen noch jahrelang an der selben Stelle scheuen oder unruhig werden. Auch ihre ungewöhnliche Sturheit bringt manche Pferdebesitzer zur Verzweiflung. In England, dem Land der Pferdekenner, heißt es: „Du kannst ein Pferd zur Tränke führen, aber du kannst es nicht zwingen zu trinken." So haben wir im blockierten Seelenzustand des *Chestnut Bud*-Typus den Halbschläfer, der die Signale nicht entschlüsseln kann, welche ihm helfen, alte Muster aufzulösen. Er ist der Dämmernde, der nicht lernfähig ist und darum immer wieder in den selben Fehler verfällt, das „scheuende Pferd", das Gräben und Hürden verweigert und darum sein Ziel nicht erreicht.

Edward Bach erkannte in der aufbrechenden Kastanienknospe d i e Lebenskraft, die Fesseln sprengen kann und dem Wesen (der Seele) zur Vollendung verhilft. Er erinnerte seine Mitarbeiter und Freunde mehrfach, daß die B l ü t e das Zeichen der Vollendung der Pflanze ist. Unter diesem Aspekt wird auch die Wirkweise der Blütentherapie und ihr Denkansatz deutlich. Die Lebenskraft – das Chi in der chinesischen Medizin – findet in *Chestnut Bud* ihren perfekten Ausdruck. Dieses Blütenmittel wird helfen, alte Verhaltensweisen und Muster zu begreifen und wenn förderlich loszulassen. Ein lebendiger, offener Geist verarbeitet Erfahrungen zu dienlichen Erkenntnissen, die ihn mit ungebrochener Lebenskraft sicher zu seinem Ziel bringen.

Körperliche *Chestnut Bud*-Symptome

Bei allen chronischen Erkrankungen. Bei Streßsymptomen wie Magengeschwür, Zwölffingerdarmgeschwüre, Herzbeschwerden, dem sogenannten Manager-Syndrom. Hilft gegen Anfalleiden aller Art. Für Patienten in Dämmerzuständen oder für solche Patienten, die notwendige therapeutische Maßnahmen zurückweisen. Thrombose, schlaffe Venen, Varizen, Hämorrhoiden können den Patienten quälen. Ein ausgezeichnetes Mittel für hirngeschädigte Kinder. Kann eingesetzt werden bei a l l e n Organfunktionsschwächen und ist besonders hilfreich bei Nierenerkrankungen. Den Patienten kennzeichnet eine allgemeine schlechte Heiltendenz.

SEELISCHE CHESTNUT BUD-SYMPTOME

Die Beobachtungsgabe fehlt, seine Entwicklung ist verzögert. Er macht immer denselben Fehler (weiß das oft und kann es nicht abstellen). Das Interesse am Leben ist verlorengegangen, z. B. bei Patienten in Alten- und Pflegeheimen. Das Kind lernt langsam, hat Lernblockaden, es ist der sogenannte „Spätzünder". Der Mensch erleidet stets die gleichen Unfälle. Er ist ungeduldig, weil er sich in seinem „Halbschlaf" gestört fühlt. Meist vergißt er immer dieselbe Sache oder er wiederholt Handlungen, weil er vergessen hat, daß er das schon einmal ausgeführt hat. Er kann nicht zuhören, ist unaufmerksam, denkt an die Zukunft und „vergißt" die Gegenwart. Bei allem ist er sehr eigenwillig, bis hin zur Sturheit.

HOMÖOPATHIE

Acidum nitricum (Salpetersäure)

China (Chinabaum)

Lachesis (Gift v. Grubenottern)

Cedron (Same v. Simaruba Cedron) – Für Menschen, die körperliche oder geistige Fehler wiederholen.

Chestnut Bud ist besonders in der Kinderheilkunde vielfach einsetzbar.

Natrium mur. (Natrium chlorid) – Kind lernt schwer sprechen.

Calium carb. (Kohlensaurer Kalk)

Silicea (Kieselsäure) – Kind will nicht laufen lernen.

Agaricus (Fliegenpilz)

Barium carb. (Bariumcarbonat)- verzögerte Entwicklung des Kindes.

EDELSTEIN

Der T o p a s wird bezeichnet als Stein des Denkens und Atemholens. Ur-Energie wird zu Denkkraft, zu Bewußtsein transformiert. Man sagt, daß der Topas bei heraufziehendem Gewitter elektrisch wird und den Träger unruhig macht. Sein Kraftfeld kann sich dann sogar soweit erhöhen, bis ein empfangsbereiter Träger hellsehend wird. Menschen, die ihren Geschmackssinn verloren haben, auch etwas Hervorstechendes beim *Chestnut Bud*-Typus, können ihn wiedergewinnen, wenn sie einen Topas tragen.

TON

Der mit *Chestnut Bud* korrespondierende Topas ist der g e l b e Topas. Zur Farbe Gelb harmonisiert das „G".

FARBE

G e l b ist die Farbe des Gehirns, der Nerven – also des Denkens und Sprechens. Sie verleiht Kontaktfreudigkeit und macht austauschbereit. Gelb hat mit Arbeiten, Aufnehmen und Aufbauen zu tun und hilft dem Menschen, sowohl physisch als auch psychisch etwas zu verarbeiten. Diese Eigenschaften gehen dem *Chestnut Bud*-Typus ab, wenn er sich nicht im erlösten Zustand befindet.

Mellie Uyldert schreibt in ihrem Buch „Verborgene Kräfte der Edelsteine": „Der allzu passive, verträumte Mensch wird durch Gelb aktiviert und mehr ins volle Leben einbezogen. Gelb belebt, gibt Tempo, stärkt die Nerven, macht fröhlich und läßt Müdigkeit schwinden."

Die Farbe G e l b wird dem Planeten Venus zugeordnet. Aber gerade bei *Chestnut Bud* ist auch ein deutlicher lunarer Einfluß zu erkennen.

„Frage dich, ob deine Fehlschläge vielleicht Gottes Ratschläge sein könnten? Blicke nie mit Bedauern zurück. Schaue vorwärts ins Licht und bleibe unbeirrt in deinen Bestrebungen. Sei dankbar für jede Erfahrung, aus der du gelernt hast." (White Eagle, der große spirituelle Lehrer der „Weißen Bruderschaft").

AFFIRMATION

Ich bin bereit, meine Fehler anzunehmen und aus ihnen zu lernen.

CLEMATIS (GEMEINE WALDREBE)

- *CLEMATIS VITALBA* -

Clematis gehört zu den Blütenmitteln, die Edward Bach schon 1928 fand. Zunächst stellte er das Mittel aus den Samen der Pflanze her.

Die Waldrebe setzte er bei solchen Patienten ein, die durch ihre Gleichgültigkeit, fast Schläfrigkeit, besonders auffielen. Seine ersten Versuche mit der Essenz verliefen außerordentlich erfolgreich, aber bald entschloß er sich, die Tinktur aus den Blüten der Pflanze herzustellen. Wie er wußte, würden so die Heilkräfte voll entwickelt sein, was mehr Nutzen für die Patienten brächte.

Bach lehrt uns, wie an anderer Stelle bereits hervorgehoben, daß die Vollendung einer Pflanze in ihrer Blüte zu finden ist. In der Zeitschrift „Homoeopathic World" erschien 1930 ein Artikel von Edward Bach mit der Überschrift „Einige fundamentale Überlegungen zu Krankheit und Heilung". Ein Abschnitt befaßt sich mit der gemeinen Waldrebe.

„Clematis flora – der Ekstatiker. Für jene, die sich Träume zum Herrn gemacht haben, dem sie dienen. Sie leben in ihren Idealen, tun aber wenig praktisch. Oft sind sie Bücherfreunde und verlieren sich im Lesen, besonders in jüngeren Jahren. Sie lassen sich von religiösen oder patriotischen Bewegungen mitreißen, vorübergehend einnehmen und begeistern und vernachlässigen ihre gewöhnlichen Pflichten. Rasch wenden sie ihre Aufmerksamkeit von einem Abenteuer zum anderen.

Sie neigen dazu, sich sehr stark an andere Persönlichkeiten zu hängen und sich in deren Hände und Macht zu begeben. Das geschieht freiwillig und angstlos und ist vielleicht verbunden mit tiefer Zuneigung und dem Verlangen, niemals getrennt zu sein. Die stärkere Persönlichkeit kann Zeit des gemeinsamen Lebens ihren Einfluß schädlich zur Geltung bringen und selbst nach dem Tode noch den Partner rufen, ihr zu folgen. Deshalb findet man hier nicht die Neigung, die Krankheit zu bekämpfen.

Sie klammern sich ohnehin nicht ans Leben, da es ihnen nicht viel bedeutet. Sie zeigen wenig Abwehrkräfte und scheinen weder Angst vor dem Tod zu haben noch den Wunsch, wieder gesund zu werden. Sie sind still, ruhig, ergeben sich der Krankheit, aber nicht aus Geduld und Tapferkeit, sondern aus ihrer Gleichgültigkeit heraus. Sie zeigen sich also in zwei Phasen – in ekstatischer Begeisterung für ihre Ideale oder in stiller Ergebenheit in ihre Krankheit.

Die Arznei bringt Stabilität und stellt den Patienten auf eine mehr praktische Ebene, mit beiden Füßen auf den Boden der Tatsachen. So ermöglicht er ihnen, ihre Aufgabe in dieser Welt zu erfüllen."

Wie sieht diese Pflanze nun aus? Sie wächst vorzugsweise im Wald und ist ein Klettergewächs. Ihre Stiele sind manchmal bis zu dreißig Metern lang, und diese Stiele häkeln sich nun an Bäumen empor, um an den Zweigen Halt zu suchen, überwuchern Hecken, die dann durch die cremefarbigen Blüten völlig überschäumt werden. Das Schwache, sich nicht Selbsthalten-könnende, das Verschwommene, Märchenhafte, Unwirkliche kommt hier in der äußeren Erscheinung der Waldrebe zum Ausdruck, und sogleich wird uns deutlich der Seelenzustand des *Clematis*-Patienten gezeigt. *Clematis*-Blüten strömen übrigens einen betäubenden Duft aus. Auch hier zeigt sich wieder das Rauschhafte, Ekstatische, wie Bach es beschrieb.

Im Vergleich zu den bunten Träumen, in denen der blockierte *Clematis*-Typ sich aufhält, erscheint ihm die Realität farblos, mitunter sogar bedrohlich. Aber wir müssen diese Wirklichkeit meistern, dürfen uns nicht der Verantwortung für unser Leben entziehen, indem wir in herrliche Märchenwelten flüchten.

Diese Flucht aus der Realität mit einer Willenlosigkeit, die selbst zuweilen der äußeren Zerstörung keinen Einhalt gebietet, dies bezeichnete Edward Bach als „eine höfliche Form von Selbstmord". Wir sind aber nicht auf dieser Erde, um uns Träumen hinzugeben und unsere Aufgabe dadurch zu verpassen, daß wir auf Astralebenen abwandern, weil wir das Sein dort angenehmer empfinden. „Wenn wir dorthin gehören würden, wären wir dort hinein geboren worden", stellt Julian Barnard lakonisch fest.

Aber wer die sanft im Wind schwingende Waldrebe mit wachen Augen betrachtet, erkennt die Kraft, die in den Ranken steckt, wahrnehmbar in der Intensität, mit der sie sich an Bäume und Hecken anklammert. Welche Zielstrebigkeit kommt hier zum Vorschein, sich einen hohen Baum hinauf zu winden! Üppig blüht die *Clematis,* und verschwenderisch ist ihr Duft. Welch eine Verheißung liegt darin, wenn wir die Botschaft dieser Pflanze aufnehmen und in unserer Seele zum Wirken bringen: Wir können unser Leben meistern, indem wir der Sinnerfüllung dienen und so, in der Anbindung an eine höhere Ordnung, mit Fülle und Stärke gesegnet werden.

Bach hatte erkannt, daß diese für die Behandlung des gleichgültigen, schläfrigen Seelenzustandes geeignete Pflanze auch in Fällen von Ohnmacht und Bewußtlosigkeit äußerst hilfreich ist. Wenn er die *Clematis*-Tinktur auf das Zahnfleisch, die Stellen hinter den Ohren, die Unterseite der Handgelenke und die Handflächen auftrug und diese Körperzonen dabei sanft massierte, so gelangten Ohnmächtige bemerkenswert rasch wieder zu Bewußtsein.

Nora Weeks berichtet von zwei typischen Fällen. Es seien hier beide Fälle angeführt, um deutlich zu machen, daß ein und dasselbe Mittel bei unterschiedlichen Krankheiten und Symptomen angewandt wird, denen jedoch jeweils der gleiche Seelenzustand zugrunde liegt. „Rezeptmäßig" können wir also niemals verfahren, denn damit würden wir von Bachs Credo, nicht nach dem Namen der Krankheit, sondern nach dem Seelenzustand des Patienten zu fragen, abweichen. Daß er als Arzt und Forscher dennoch sehr wohl über Krankheiten und ihre Merkmale Bescheid wußte, beweisen seine zahllosen anerkannten Forschungsergebnisse. Er kannte die Wurzel, wußte, daß Heilung nur stattfinden kann, wenn sich die Schwäche in Stärke und das Üble in das Gute im Menschen verkehrt. Aus seinem Glauben heraus erkannte er die Gnade Gottes an, die zu jedem Augenblick Leben schenken kann, wie zwangsläufig vom schulmedizinischen Standpunkt aus auch manche Krankheiten den Tod mit sich führen.

„Eines Tages kam ein achtzehnjähriges Mädchen, dem sechs Monate zuvor einige große Zysten aus der Schilddrüse operativ entfernt worden waren, zu Edward Bach. Inzwischen waren die Zysten wieder nachgewachsen, und man hatte dem Mädchen erklärt, man könne nichts weiter tun, als zu warten, bis die Zysten wieder groß genug für eine erneute Operation seien. Das Mädchen war sehr sanft im Charakter und neigte zum Tagträumen. Wegen ihres Zustandes machte es sich kaum Gedanken.

Nachdem die junge Frau vierzehn Tage lang dreimal täglich *Clematis* erhalten hatte, hatten sich die Zysten völlig zurückgebildet. Die Beschwerden sind seither nie mehr aufgetreten.

Eine andere Frau von sechsunddreißig Jahren hatte ihr Leben lang an Asthma gelitten. Sieben Jahre zuvor hatte sie ihre kleine Tochter im Säuglingsalter verloren, und es gab immer noch Perioden, da sie lange weinend vor dem Photo des kleinen Mädchens saß. Sie lebte offensichtlich in einer Traumwelt und hatte kaum Interesse an den übrigen Familienmitgliedern.

Dieser seelische Zustand ließ die Anwendung von *Clematis* ratsam erscheinen. Nachdem sie zwei Fläschchen des Mittels eingenommen hatte, kehrte ihre Lebensfreude zurück, und sie nahm wieder Anteil an dem Schicksal der übrigen Familienmitglieder. Bereits nach dem ersten Fläschchen *Clematis* hörten ihre Asthma-Anfälle auf, und als sie drei Jahre später zu einer weiteren Konsultation erschien, berichtete sie, daß sie in der Zwischenzeit nicht einen Rückfall erlitten hatte." (Nora Weeks).

KÖRPERLICHE *CLEMATIS*-SYMPTOME

Zuweilen Drogensucht als Flucht aus der Realität. Oft ist er lärmempfindlich. Hervorzuheben sind Augenkrankheiten, z. B. Konjunktivitis, Gerstenkorn, Sehstörungen. Hände und Füße sind kalt, oft auch Blutarmut. Gedächtnisschwäche – behält keine Einzelheiten, dazu Vitalitätsmangel und Konzentrationsschwäche, Störungen des Gehörs, Taubheit. Erkrankungen der Atemwege, Schnupfen und Heiserkeit. Bei Kinderlosigkeit, hier besonders empfehlenswert in Kombination mit *Crab Apple* und *Mimulus*, wenn dem körperlichen Kontakt zum Partner eine gewisse Abwehr zugrunde liegt. Er kann sich unter Umständen schlecht konzentrieren, weil der innere Film ablenkt, wodurch er oft nervös reagiert. Ohnmachtsneigung beim Patienten, hier Bewußtlosigkeit als Flucht aus der Realität. Fühlt sich dauernd

199

schläfrig und hat einen Schlafzimmerblick. Stottern, besonders beim Kind, aus Konzentrationsschwäche.

SEELISCHE CLEMATIS-SYMPTOME

Hervorstechend seine Antriebslosigkeit. Oft geistig angestrengt durch übermäßige Tagträumereien. Apathie, besonders für Kinder aus gestörtem sozialen Umfeld. Sein Lebenstempo ist verlangsamt, er hat häufig das Gefühl zu schweben. Er hat keinen Sinn für die Realität, er flieht in Visionen, besonders in religiöse, aber auch erfüllt von Traumbildern. Er ist furchtlos aus Mangel an Einschätzung der Realität. Geht oft in Gedanken versunken einher. Langmütig seiner Umwelt gegenüber aus Desinteresse. Sein mangelnder Selbsterhaltungstrieb bringt eine starke Unfallgefährdung mit sich. Klagt über Leere im Kopf, aber sonst beklagt er sich nicht. Flieht in Krankheiten bei schwierigen Situationen, wünscht sogar zu sterben.

HOMÖOPATHIE

Wohl kaum ein anderes Mittel hat so viel Bezug zu Clematis wie

1. Cannabis indica (wilder Haschisch) und
2. Cannabis sativa (kultivierter Haschisch)

zu 1) Rege Phantasien, starke Emotionen, Zustand von getrenntem Niederen und Höheren Sein, Vorstellungen von Raum, Zeit und Ort sind verwischt.

zu 2) Starke Ermüdung wie von Überanstrengung, Erstickungsgefühl beim Schlucken (Globus hystericus), Verwirrung von Gedanken, Stottern.

Beide Mittel sind wie Clematis gefährdet, sich in ihren Traumwelten zu verlieren.

Kalium brom. (Kaliumbromid) - schläfriger Gesichtsausdruck (wie Cann. ind.), Versagen der Geisteskraft, Gedächtnisverlust.

Asarum (Haselwurz) - Gedankenflucht, Gefühl des Schwebens, Sensibilität gesteigert, sogar durch reine Einbildung, kalte Extremitäten.

Natrium mur. (Natrium chlorid) - zieht sich in seine Innenwelt zurück, um

Konflikten oder seinen Gefühlen zu entgehen. Neigt zu intensiven Tagträumen.

Ähnlich gelagert finden wir *Tuberculinum* (Nosode aus einem tuberkulösen Abszeß) - immer müde, Abneigung gegen Arbeit, hochsensibel, erschöpft sich in Phantasien und Gedanken.

Aufgrund der Bilderfülle und der eigenen intensiven Gedankenwelt sind Clematis-Typen auch sehr schlechte Gesprächspartner, weil sie sich nicht auf die Rede des anderen konzentrieren können. Und noch etwas anderes kann von Bedeutung werden: Thorwald Dethlefsen beobachtete in seiner Praxis, daß Männer, die sich während eines Liebesaktes Bildern und Phantasien hingeben, anstatt sich voll auf die Partnerin einzulassen (die Beweggründe spielen hier keine Rolle), letztlich impotent werden. Die Kluft zwischen Träumereien und der Realität lassen sich offensichtlich ab einem gewissen Zeitpunkt nicht mehr überbrücken. Man überprüfe also bei einem Krankheitsbild der Impotenz, das natürlich viele Gesichter haben kann, ob vielleicht ein blockierter Clematis-Zustand vorliegt.

FARBE

Die creme-farbenen Blüten mit dem zartgrünen Schimmer lassen die Symbolik der Farben G e l b und G r ü n zu.

Gelb ist Bewußtsein erweckend, macht aufnahmebereit für Neues, wirkt nervenstärkend und günstig auf die Verdauungsorgane. Man verarbeitet, 'verdaut' das Leben mit seinen Anforderungen im blockierten Zustand nicht. Auf unser unter- und übergeordnetes Sein hat es einen gleichermaßen belebenden Einfluß. Der Planet Venus mit seinem besonderen Aspekt Intelligenz steht bei der Farbe Gelb Pate.

Grün kräftigt den Geist, so daß er seine Arbeit mit Beständigkeit leisten kann und der Körper über ein ausreichendes Durchhaltevermögen verfügt. Die Farbe stärkt, wie Clematis, auch das Immunsystem. Ausgeglichenheit und Harmonie sind die Wesensinhalte von Grün und kennzeichnen u. a.

auch den erlösten Clematis-Zustand. Seine Ausgeglichenheit sucht und findet der Clematis-Typ gern in der Natur, wo er seine Ermüdungserscheinungen abbauen kann. Der Planet Sonne mit seinem Leben atmenden Wesen hilft diesen Patienten, ihre Verankerung im Hier und Jetzt zu finden.

TON

Die Farbe Grün korrespondiert mit der Sonne, dem Herz-Chakra, sie birgt das Geheimnis der „Grünkraft Gottes". Der Ton ist das „H". Die Farbe Gelb korrespondiert mit dem „G".

Sie können beide Töne nebeneinander, miteinander schwingen lassen.

EDELSTEIN

Mellie Uyldert beschreibt die Eigenschaft des Bernsteins: „Der Mensch, der seine Schöpferkraft, die ihm durch die Sonne geschenkt wurde, in sexuellem Genuß verschwendet, stirbt geistig."

Dies gilt mit Sicherheit auch für Menschen, die ihre geistige Kraft durch zielloses Tagträumen vergeuden, weil sie sich durch die Flucht in eine Scheinwelt der Konfrontation mit ihren Aufgaben und Pflichten entziehen. Hier hilft und heilt, wie die Bach-Blüte Clematis, der Bernstein.

Zur Zeit des Untergangs von Atlantis sind überall auf der Erde Meere in Bewegung geraten und Küstenstreifen mit dichten Nadelwäldern, wie die Ostseeküste, versunken. Dadurch wurden die Bäume beschädigt, sie zerknickten und Harz trat aus. Unter gewaltigem Druck entstand dann im Laufe von Jahrtausenden der Bernstein. Bereits bei 170° hat er seinen Schmelzpunkt, wobei er einen eigentümlichen, weihrauchähnlichen Geruch ausströmt. Auch hier sei wieder ein Vergleich zu Clematis gestattet. Diesen Duft machte man sich früher zunutze, um Ställe oder Stuben „auszuräuchern", wenn man meinte, daß Kobolde oder gar böse Geister dort hausen würden.

Schon in der Steinzeit wurde der Bernstein als Schmuckstein verwendet. Später erkannte man seine Heilkraft im Besonderen gegen Taubheit, Ohrenschmerzen, Schwindel, Magen- und Darmbeschwerden, Erkrankungen der Atemwege und den „bösen Blick". Im Seelischen schenkt er vor allen Dingen Kraft und Weisheit, die wir dann zum Nutzen unserer speziellen Lebensaufgabe einsetzen werden.

Der Anblick einer Hecke, die von der gemeinen Waldrebe (Clematis) überwuchert ist, mag uns an eine Braut erinnern, die, in kostbare Brüsseler Spitzen gehüllt, vor dem Altar steht. Und so wohnt dem Blüten-Wesen Clematis auch etwas Bräutliches inne. Wir können das träumende Dornröschen entdecken. In ihm schlummern alle Eigenschaften des klugen, lebenstüchtigen Menschen, der zukünftigen Königin über das eigene Reich. Noch schläft das Yin, das vom Yang ergänzt werden muß - oder umgekehrt, wenn wir einen schlafenden Prinzen vorfinden. Ein paar Tropfen Clematis auf die Lippen sind wie der Kuß des Märchenprinzen (oder der Prinzessin), der die Träumende (den Träumenden) in das Hier und Jetzt zurückholt.

Am Punkt, wo die Menschheit heute angekommen ist, kann sie nur überleben, hat sie nur eine Zukunft, wenn sie eine Vision hat, wenn alle Völker dieser Welt den Traum einer friedlichen Menschheit und einer heilen Erde pflegen. Es gilt dann aber, sich nicht in diesen wunderschönen paradiesischen Bildern zu verlieren. „Unsere oberste Aufgabe ist nicht, zu erkennen, was in vager Ferne liegt, sondern zu tun, was klar auf der Hand liegt", sagt Thomas Carlyle.

AFFIRMATION
Hellwach im Hier und Jetzt, erschaffe ich meine Zukunft.

CERATO (BLEIWURZ)
- CERATOSTIGMA WILLMOTTIANA -

Die Bleiwurz ist ein Strauch, der etwa einen Meter hoch wird. Auf Trauben von braunen, stacheligen Deckblättern, auf denen ineinander folgend ein paar Knospen sitzen, entfalten sich die Blüten, wovon jede nur einen Tag blüht.

Diese Pflanze ist keine Wildpflanze. Sie kommt aus Westchina und hat somit eine Verbindung zu Tibet. Nach England wurde sie 1908 zum ersten Mal gebracht, und als Bach sie 1930 in einem Garten entdeckte, war sie bereits in Europa heimisch. In freier Natur finden wir die Bleiwurz jedoch praktisch nicht.

Die fünfblättrigen Blüten sind hellblau mit einem zarten Schimmer ins Violette. So hat Edward Bach seine Intuition sicherlich genährt aus dem Farbspiel und dem Wissen um die Herkunft der Pflanze, dem geheimnisvollen Tibet mit seinen starken spirituellen Kräften. Dr. Bach wußte, daß eine Pflanze, die nur zaghaft blüht, die ein Fremdling ist unter den heimischen und kultiviert werden muß, damit sie nicht vergeht, all jenen helfen würde, die Schwierigkeiten haben, ihre eigene Individualität zu finden. Er dachte an jene, die hilflos dem Ansturm irgendwelcher Entscheidungen ausgesetzt sind, weil sie die Fähigkeit verloren oder nicht entwickelt haben, ihrer inneren Stimme zu lauschen. Bach ermahnte immer wieder, sein eigenes Leben gemäß dem inneren Ruf, der an uns ergeht, zu gestalten. Er warnte, in das Leben anderer mit noch so wohlgemeinten Ratschlägen und Vorschriften einzugreifen. Wir sollten frei von äußeren Einflüssen die große Gabe der Weisheit, die in uns ruht, zum eigenen und zum Nutzen der Menschheit einsetzen. Er selbst hat uns das mit aller Konsequenz vorgelebt. Aus dem gefragten Wissenschaftler, dem angesehenen und wohlhabenden Londoner Arzt ist ein armer Landdoktor geworden, der verrückt genug war, wie Kollegen später spöttisch meinten, Blüten zu sammeln und zu glauben, dies sei der Menschen Heilungsweg – und der sich von seinem „närrischen" Tun durch nichts abbringen ließ. Doch gerade durch seine

Konsequenz vermachte er uns ein großes Erbe. Er gab ein schlichtes Rezept, das zugleich ein Versprechen ist: „Wir alle sind Helfer, und mit Liebe und Mitgefühl in unserem Wesen vermögen wir auch jedermann zu helfen, der sich wirklich nach Gesundheit sehnt. Suche nach den herausragenden mentalen Konflikten im Patienten, gib ihm die Arznei, die ihm helfen wird, jenen bestimmten Fehler zu überwinden, und dazu allen Zuspruch und soviel Hoffnung, wie du aufbringen kannst, dann wird die Heilungskraft in ihm den Rest von selbst vollbringen."

In seinen Niederschriften, die er Ende seines Lebens – etwa im August 1935 – machte, findet sich ein Aufruf, der sein Herzensanliegen ausdrückt: „Bist du jemals auf den Gedanken gekommen, daß Gott dir eine Individualität geschenkt hat? Doch, das hat Er gewiß getan. Er gab dir eine ganz eigene Persönlichkeit, einen Schatz, den du ganz für dich allein behalten solltest. Er gab dir ein Leben, das nur du allein führen kannst. Er gab dir eine Aufgabe, die nur du allein erfüllen kannst. Er stellte dich, ein göttliches Wesen, Sein Kind, in diese Welt, damit du lernst, vollkommen zu werden und anderen zu helfen.

Hast du jemals darüber nachgedacht, wie Gott zu dir spricht, über deine eigene Persönlichkeit, über deine ganze eigene Aufgabe und darüber, wie du ein Schiff auf seinem richtigen Kurs halten kannst? Er spricht zu dir durch deine eigenen, echten, tief inneren Wünsche, die das Verlangen deiner Seele zeigen. Wie sonst sollte Er sprechen?

Wenn wir nur unseren tief inneren Wünschen lauschten und sie befolgten, würden wir immer richtig geleitet. Wir werden immer geführt sein, nicht nur auf dem Weg, der uns am Ende unserem Weiterkommen, unserer Vollkommenheit näherbringt, sondern auch, um unser Leben in jeder Hinsicht nützlich und hilfreich für andere werden zu lassen. Der Einfluß von den Wünschen anderer ist es, was uns von unserer Aufgabe abhält und Zeit vergeudet. Christus hätte seine Mission nie erfüllt, wenn er auf die Stimmen seiner Eltern gehört hätte, und wir hätten ein Heer von Welt-Helfern wie Florence Nightingale und viele andere verloren, wenn diese den Wünschen anderer Menschen nachgegeben hätten und dem Verlangen ihres eigenen Herzens nicht treu geblieben wären."

In seinem Büchlein „Befreie dich selbst" (1932) schildert Edward Bach den *Cerato*-Typ. Wie meist bei den Schilderungen der Seelenbilder seiner Blüten beginnt er, die *Cerato*-Persönlichkeit in ihrem vollkommenen, heilen Zustand darzustellen. Mit diesen positiven Aspekten im Vordergrund kann der Patient seinen blockierten Zustand eher erkennen, es fällt ihm leichter, den Fehler anzunehmen und ihn durch Bewältigung im Denken und Handeln zu meiden. Nur so kann der Mensch zu seiner Vollkommenheit zurückfinden.

Cerato erlöst Ignoranz zu göttlicher Weisheit, die schließlich ein Teil unseres vom Schöpfer geschenkten Erbgutes ist.

„Gehörst du zu jenen, die spüren, daß sie Weisheit besitzen, daß sie Philosoph sein und ihren Mitmenschen guten Rat geben könnten? Spürst du die Kraft in dir, anderen in ihren Schwierigkeiten beizustehen, ihren Kummer zu lindern und jederzeit in ihren Nöten zu helfen? Bist du, weil du zu wenig Selbstvertrauen hast, dabei nicht imstande, das zu vollbringen – vielleicht weil du zu sehr auf die Stimmen anderer hörst und auf die Konventionen der Welt zuviel Rücksicht nimmst? Erkennst du, daß das nur mangelndes Vertrauen in dich selbst ist, diese Unkenntnis über deine Weisheit, dein Wissen, die dich verleiten, zu sehr auf die Meinung anderer zu hören?

Dann wird dir Bleiwurz helfen, deine Individualität, deine Persönlichkeit zu finden, und sie wird dir ermöglichen, frei von äußeren Einflüssen die große Weisheitsgabe, die dir gegeben ist, zum Wohle der Menschen zu gebrauchen."

In der europäischen Heilkunde ist Bleiwurz weitgehend unbekannt. Lediglich in Frankreich, wo es Gegenden gibt, die mit Klima und Bodenbeschaffenheit den Bedürfnissen der Pflanze entsprechen – sie braucht karge, trockene, auch steinige Böden – wird ihre scharf schmeckende Wurzel bei Zahnbeschwerden eingesetzt. Darum für *Cerato* der französische Name „Dentalaire".

Die ayurvedische Medizin verwendet verwandte Bleiwurzarten z. B. bei Ödemen, Tumoren, als blasenziehendes Hautreizmittel – um nur einige Möglichkeiten zu nennen. Diese indischen Bleiwurzgewächse sind jedoch mit Bachs *Cerato* nicht identisch.

Mechthild Scheffer sieht, animiert durch die himmelblaue Blütenfarbe und die verhornten Tragblätter der Pflanze, einen Bezug zum Saturn, womit sie Recht hat. Sie unterstellt, daß der sensitive Edward Bach diesen Bezug sofort erfaßt habe. Dazu schreibt sie: „Am unteren Ende der Planetenleiter markiert der Mond die Grenze zwischen dem irdischen Lebensbereich und dem astralischen (seelenhaften) Bereich der Planeteneinwirkungen. Ebenso stellt Saturn, der äußerste sichtbare Planet, am oberen Ende der Leiter, jene Übergangszone dar, die von den Planeten in den Bereich der geistigen Urbilder führt, die in den Fixsternen zu Hause sind. Saturn stellt den äußersten Posten des Diesseits dar, der die Schwelle zum Jenseits hütet. Er erscheint den vergänglichen irdischen Wesen als grausamer Schnitter, als Knochenmann mit der Sanduhr, der alles Erschaffene wieder hinwegrafft.

Zugleich ist er auch der abgeklärte Meditierende, der in die jenseitige Leere hinein lauscht und dort die innere Stimme vernimmt, die aus kosmischen und geistigen Tiefen ertönt. Von den Urbildern nimmt er die Intuitionen entgegen, die Samen des Geistes, die in der Materie neue Gestalt annehmen werden."

Dies mag eine treffliche Erklärung für Astrologen sein, aber Bach verstand nur sehr wenig von Astrologie, wie er mehrfach bekannte. Es war eher auch hier der Gesamteindruck der Pflanze oder der Leiden, die er unmittelbar durchmachte, die ihn führten. Die azurblauen Blüten mit ihrem Hauch Violett mögen die Sehnsucht nach der Verbindung mit „Oben" beantwortet haben, das Blau, das mit dem Violett die Fähigkeit zur Verbindung mit dem allweisenden Geist verspricht.

Cerato-Menschen seien töricht, meinte Edward Bach, aber im blockierten Zustand ist es der Einfluß der Äußerlichkeiten, der sie unfähig macht, den eigenen Weg zu finden.

Cerato wird dem Menschen helfen, ohne Angst in die Stille zu gehen, um in kontemplativer (betrachtend) oder meditativer (versunken) Haltung die „leise, kleine Stimme" zu vernehmen, die in uns allen wartet, gehört zu werden, und deren einziges Ziel es ist, uns liebevoll zu geleiten, damit wir keinen Schaden nehmen.

KÖRPERLICHE *CERATO*-SYMPTOME

Er neigt zu Psychosen. Vegetative Dystonie kann zu häufigem, übermäßigem Schwitzen führen. Bei Zahn- und Kieferbeschwerden anzuwenden. Viele Formen körperlicher und geistiger Schwäche. Depressionen, weil das Ziel unklar wird. Migräne, Haarausfall, Schuppen, Epilepsie, Meningitis, Schlaflosigkeit, Hautausschläge sind Anzeichen seiner Nervosität. Schwerhörigkeit als signifikantes Symptom. Störungen im Lymphbereich sind häufig.

Und noch ein Rat: Ein „Veilchen" wird mit einem *Cerato*-Umschlag (sechs Tropfen auf ein halbes Glas Wasser) schnell „verblühen". Wie *Centaury*, *Olive*, *Clematis* und *Sweet Chestnut* stärkt auch *Cerato* die Abwehrkraft.

SEELISCHE *CERATO*-SYMPTOME

Er ist geschwätzig, aus Angst, etwas falsch zu machen. *Heather*, um sich in den Mittelpunkt zu stellen. Er fragt ständig, ist zweifelnd, mißtraut sich selbst. Trotzdem bleibt er beeinflußbar, weil er töricht ist, unselbständig und unter mangelnder Intuition und Kreativität leidet. Weil er leichtgläubig ist, wird er zum Modegeck. Kopflastig, weil ohne Einfälle. (*Hornbeam* ist ein ständiger Kopfarbeiter). Er handelt gegen seine Überzeugung durch den Rat oder das Beispiel anderer. Oft erschöpft er die Vitalität anderer, weil er deren Wissen und die Gefühle aufsaugt. Da die eigene Meinung fehlt, kennzeichnet ihn Wankelmut. Immer neugierig, weil er von den Ergebnissen und Überlegungen anderer profitieren möchte, aber zögernd, wenn es darum geht, eigenständig zu handeln.

Cerato ist ein Blütenmittel, dessen Wirkung wir manchmal mit anderen Mitteln verstärken müssen, z. B. mit *Larch* (mangelndes Selbstbewußtsein), *Elm* (dem vorübergehenden Gefühl, einer Aufgabe nicht gewachsen zu sein), *Hornbeam* (mentale Erschöpfung). Natürlich können auch andere Blüten infrage kommen, die genannten bieten sich jedoch von der Thematik her an.

HOMÖOPATHIE

Graphites (Reißblei) – töricht
Pulsatilla (Küchenschelle) – sehr anpassungsbereit im Tun und Denken.
Helonias bolata (Einhornwurzel) – Hochpotenz für besonders feminine Männer, die zu viel fragen und damit ihren Therapeuten quälen. (Monnica Hackl)
Thuja (Lebensbaum) – hat u. U. ebenfalls viele Unsicherheiten. Monnica Hackl empfiehlt bei einem solchen Thuja-Patienten, die Behandlung mit *Cerato* zu begleiten.

FARBE

Das geheimnisvollste, vielleicht spirituellste Land dieser Erde mag wohl Tibet sein. Darum sei für das ursprünglich tibetische *Cerato* als korrespondierende Heilfarbe V i o l e t t genannt. Violett beinhaltet Spiritualität und die Verbindung zum Kosmos, es verhilft zu tiefster Meditation. Diese Farbe hat ihre Wirkung hauptsächlich im geistigen und spirituellen Bereich. Wer die Aura sehen kann, weiß, daß unser Scheitel-Chakra violett erstrahlt. Wer mit violettem Licht meditiert, wird allmählich von tiefem Wissen erfüllt werden. Violett ist dem Saturn zugeordnet.

TON

Korrespondierender Ton ist das „A".

EDELSTEIN

Auf der Suche nach einem Edelstein, der die Gesamtschwingung vervollständigen könnte, kann der Onyx angewendet werden, auch er ist dem Saturn zugeordnet. Dieser Stein fördert das empfindsame Ohr und die Eigenschaft zuzuhören. Er wehrt für den Träger störende Einflüsse ab, was dessen Konzentrationsfähigkeit erhöht. Es wird auch gesagt, daß der Onyx dem Menschen hilft, sein Karma zu bewältigen.

Cerato soll uns helfen, unseren Weg unbeirrt und unbeeinflußt zu gehen, wie es unserer Aufgabe und dem Sinn unseres Lebens entspricht. Genau so, wie der kleine Hund seinem Herrn gefolgt wäre, über den Edward Bach 1935 schrieb: „Ich frage mich, ob Christus einen kleinen schwarzen Hund hatte, ganz lockig und wollig wie meiner, mit zwei langen, seidigen Ohren und einer Nase, rund und feucht, und zwei Augen, braun und zärtlich, die leuchten.

Ich bin sicher – wenn Er einen hatte –, daß dieser kleine schwarze Hund gleich von Anfang an wußte, daß Er Gott war, der keinen Beweis brauchte, daß Christus göttlich war, und einfach die Erde verehrte, über die Er schritt.

Ich fürchte, daß Er keinen hatte, denn ich habe gelesen, daß Er im Garten betete, allein, denn alle Seine Jünger und Freunde waren geflohen, selbst Petrus, den Er einen Fels genannt hatte. Und, oh, ich bin sicher, daß jener kleine schwarze Hund mit seinem Herzen so zärtlich und warm Ihn nicht verlassen hätte, damit Er nicht allein litte, sondern Ihm unter den Arm geschlüpft wäre, um die geliebten, im Schmerz verkrampften Finger zu lecken und, alles außer acht lassend, Ihm hinterher getrottet wäre, als sie Ihn mitnahmen, um bis hin ans Kreuz Ihm zu folgen."

Affirmation
Göttliche Weisheit führt und behütet mich auf allen Wegen.

STAR OF BETHLEHEM (GOLDIGER MICHSTERN)
- ORNITHOLAGUM UMBELLATUM -

„Das Hexagramm, Salomonssiegel, Davidstern – sechszackiger Stern, gebildet durch übereinander liegende oder verschlungene Dreiecke; begegnet
vor allem im Judentum, Christentum und Islam, liegt aber auch dem indischen Yantra zugrunde. (Yantra = zeichenhafte Veranschaulichung einer
Gottheit oder göttlichen Kraft). Das Hexagramm ist häufig im weitesten
Sinne ein Symbol der Durchdringung von sichtbarer und unsichtbarer Welt;
im Hinduismus Symbol der Verbindung von Yoni (= Symbol des mütter-
lichen Schoßes) und Lingam (= Symbol der göttlichen und männlichen
Schöpferkraft, auch der Weltachse. Das Lingam ist ein Symbol dafür, daß
alle dem Menschen bekannten Ebenen untereinander in Beziehung stehen
und um ein Zentrum angeordnet sind.). In der Alchemie ist das Hexagramm auch Symbol der Vereinigung aller Gegensätze, da zusammengesetzt aus den Grundformen der Zeichen für die Elemente: Feuer, Luft,
Wasser, Erde. – C. G. Jung sieht im Hexagramm die Vereinigung der Berei-
che des Persönlichen und des Unpersönlichen oder auch des Männlichen
und des Weiblichen versinnbildlicht." (Herder Lexikon der Symbole).

Demnach ist aus dem Hexagramm der Davidstern hervorgegangen, das
Symbol des Judentums mit all seiner vielfältigen Bedeutung. Und wie der
Davidstern mit seiner sechszackigen Geometrie weist uns auch der goldige
oder doldige Milchstern – mit dem lat. Namen Ornithogalum umbellatum
– der *Star of Bethlehem,* einen besonderen Weg.

Diese Bach-Blüte, die aufgrund ihrer geheimnisvollen, sehr tiefgreifenden Wirkkraft auch als „goldiger Milchstern" bezeichnet wird, hat als
einzige diese sechszackige Anordnung. Edward Bach übertrug – ob intuitiv oder weil er mit uraltem keltischen Geheimwissen vertraut war – die
Symbolik des Davidsterns auf die kleine, leuchtendweiße Blüte des *Star of
Bethlehem.* Ein Dreieck repräsentiert die göttliche Welt, welche die Erde
berührt, das andere die materielle Welt, die zu Gott strebt. In dieser wech-
selseitigen Durchdringung von Materie und Göttlichkeit entsteht das Le-

ben. Befinden sich die materielle Welt und die göttliche Welt in einer vollkommenen Beziehung zueinander, so herrscht im Leben eine tief verwurzelte in sich ruhende Harmonie. Ist diese „Geometrie" der Natur mit ihrer erstaunlichen Erklärung nicht im vorgegebenen Gleichklang, dann ergeben sich Disharmonien, Unordnung und Chaos. Die Gleichgewichtigkeit des Hexagramms – wiederholt im *Star of Bethlehem* – garantiert uns seine bestimmte, in tiefste Geheimnisse unseres Seins reichende Heilwirkung. Haben wir dieses Gleichgewicht verloren, behindert das unsere Lebenskraft. Wo diese aber gestört ist, hat das nachteilige Auswirkungen auf unsere Gesundheit und zwar auf der körperlichen, geistigen und seelischen Ebene.

Der *Star of Bethlehem*, der übrigens bezeichnenderweise besonders üppig auf den Feldern Palästinas und Syriens wächst, hat mit seiner leuchtenden, strahlenden Reinheit, welche die schneeweiße Blüte widerspiegelt, die Kraft, das Muster des Hexagramms, unser vom Schöpfer uns eingeprägtes Salomonssiegel, erneut zurechtzurücken, wenn wir unsere Ordnung verloren haben. Danach werden natürliche Heilprozesse nicht mehr aufgehalten.

Der *Star of Bethlehem* mag uns auch erscheinen wie ein sanfter Abglanz des Christus-Lichtes, dessen wir uns seit jener Nacht vor etwa zweitausend Jahren immer bewußt sein sollten.

Geben wir uns seinen harmonisierenden Schwingungen hin, fühlen wir uns alsbald getröstet und beruhigt, unser Schmerz verklingt und unsere Traumata werden gelöscht. Sehr oft ist zu beobachten, wie nach wenigen eingenommenen Tropfen der Blüten-Essenz sich mit einem tiefen Atemzug die Spannung auflöst. Spürbar beginnt die Lebenskraft wieder zu fließen und führt uns zu unserer Aktivität zurück. Unsere göttliche Natur hat erneut ihre Anbindung an ihren Ursprung geknüpft, hat ihren Platz in der Ordnung der Schöpfung zurückgewonnen.

Der goldige oder doldige Milchstern ist ein winterhartes Zwiebelgewächs und stammt aus der Familie der Lilien, und auch hier wiederholt sich der symbolhafte Bezug. Die Lilie steht für Reinheit, Unschuld und Jungfräulichkeit mit einer so hohen Kraft, daß sogar der Erzengel Gabriel sie in der Hand hielt, als er Maria die große Verkündigung brachte, wie wir auf vielen alten Gemälden sehen. Die Bibel spricht von „den Lilien auf dem Felde" und beschreibt in diesem Gleichnis, das uns belehren soll, die vertrauensvolle Hingabe an Gott.

Auf Darstellungen des Weltgerichtes, auf denen Christus als der Welten Richter erscheint, kommt aus Seinem Mund mitunter eine Lilie hervor – als Zeichen Seiner Gnade – und so gilt die Lilie auch als ein sehr altes und weitverbreitetes Lichtsymbol. Allein aus diesen Symbolen und Überlieferungen – übertragen auf den *Star of Bethlehem* – können wir ohne große Mühe ablesen, wann wir ihn heilend einsetzen sollten.

Der *Star of Bethlehem* hat eine Zwiebel, aus der die Blume wächst, deren Blüte sich entfaltet. Versuchen wir nun, uns sehr vereinfacht eine solche Zwiebel vorzustellen. Wir haben sicher einen Kreis vor Augen.

Ein Kreis führt in sich selbst zurück und ist daher ein Symbol der Einheit, des Absoluten und der Vollkommenheit. Damit zusammenhängend symbolisiert er den Himmel, im Gegensatz zur Erde, oder das Geistige im Gegensatz zum Materiellen. Als unendliche Linie gilt der Kreis auch als Zeichen der Zeit und Unendlichkeit.

Konzentrierte Kreise sind im Zen-Buddhismus ein Zeichen für die höchste Stufe der Erleuchtung, die die Harmonie aller geistigen Kräfte beinhaltet. C. G. Jung sieht im Kreis ein Symbol der Seele und des Selbst.

Mechthild Scheffer und Wolf-Dieter Storl schreiben in ihrem Buch „Die Seelenpflanzen des Edward Bach", daß die Vorstellungskraft der alten Griechen die weißen Lilien aus den Milchtropfen entstehen ließ, die aus den Brüsten der Hera, der Königin des Himmels, zufällig auf die Erde spritzten.

Anthroposophen sprechen von der Milch als der „frisch entstandenen Mondsubstanz". Demnach weist die weiße Lilie den Weg vom Himmel über den Mond auf unsere Erde. Durch seine botanische Einordnung zu den Liliengewächsen, steht also auch der Star of Bethlehem unter der Herrschaft des Mondes. Seine Signatur ist in der runden, wasserspeichernden Zwiebel und in der milchweißen Blüte abzulesen. Aber auch der Merkur zeigt beim Star of Bethlehem seine Patenschaft - die Blütengeometrie ist

213

ein exaktes Abbild der drei Schleifen, die der Planet beim Durchlaufen durch den Tierkreis entlang der Ekliptik zieht.

In der Weihnachtszeit - besonders zum Heiligen Abend - erwarten die Kinder den ersten Schnee. Vielleicht liegt dem heutigen Wissen um die Heilkraft des Star of Bethlehem und unserer abendländischen Sehnsucht nach Schnee eine unbewußte Ahnung zugrunde. Denn auch der Schnee-kristall schwebt als zierlicher Sechsstern zur Erde, und wenn er schmilzt, löst er sich zu einem Tropfen auf. Hier kann unsere Phantasie mühelos das Pflanzenbild des goldigen Milchsterns neben der Schneeflocke setzen, die in ihrem Dahinschmelzen ein zartes Rinnsal zieht - vergleichsweise dem Blütenstengel des Milchsterns - und sich in einem Tropfen sammelt, dessen Umriß leicht auf die Pflanzenzwiebel des Star of Bethlehem übertragen werden kann.

Normalerweise ist der Mensch flexibel genug, um Einflüsse von außen, auch wenn sie unvorhergesehen und erschreckend sind, abzufedern. Aber jede Elastizität hat ihre Grenzen, und so kann eine übermäßige Erschütte-rung, ein tiefer Schock, das harmonische Muster seiner feinen Strukturen verwirren. Der Mensch ist dann oft nicht mehr in der Lage, von allein auf seine Lebensbahn zurückzufinden. Eine ungewöhnliche „Verbiegung" sei-ner inneren Struktur, gewaltsam erfahren durch ein schwerwiegendes Er-lebnis, könnte dazu führen, daß sich das Leben fortan disharmonisch ent-wickelt und letztlich in eine Selbstentfremdung gerät. Auch eine seelisch belastende Dauersituation mit ihrem anhaltenden Druck kann weit vom eigenen Selbst entfernen. Alle Menschen leiden mehr oder weniger unter den Folgen unschöner Erlebnisse oder quälen sich mit den Nachwirkungen irgendwelcher Traumata. Darum sollten alle Patienten in ihre erste Blüten-Mischung den Star of Bethlehem verordnet bekommen.

Man sollte sich auch nicht täuschen lassen, denn einige Patienten mö-gen sogar erklären, daß sie sich an seelische Erschütterungen und schmerz-hafte Erlebnisse nicht erinnern können. Hier mag vielleicht noch nicht genug Vertrautheit zwischen Patient und Behandler entstanden sein, oder das Unangenehme wurde verdrängt und als Belastendes im Unterbewußtsein abgelagert. (Das Geburtstrauma, das wir alle erlitten haben, soll hierfür als Beispiel stehen). Im Unterbewußten liegt es nun als Bedrohung, als Fremdkörper, macht uns unfrei und ängstigt uns. (Der Aspen-Zustand hat einen ähnlichen Hintergrund. Aspen und der Star of Bethlehem sind eine ideale Kombination bei Ängsten, denen der Name fehlt).

Der Star of Bethlehem hat die Kraft, uns von unseren unsichtbaren, auch verdrängten Lasten zu befreien. Er verleiht auch Mut, so daß der Mensch sich in Zukunft mit einer Problematik auseinandersetzen kann, die er heute noch scheut.

Der Star of Bethlehem erlöst von einer starren Lebenserwartung. Mit seiner Hilfe lernt man, daß das Leben jederzeit eine andere Richtung nehmen kann, daß wir um unserer Harmonie willen - und Harmonie ist gleich Gesundheit - bereit sein müssen, alles, was das Schicksal uns bietet, anzunehmen. Wir sollten versuchen, in allem, das uns widerfährt, einen Sinn zu sehen und zu akzeptieren, daß Höchste Liebe uns formt und weiterentwikkelt. Wir können diesen Sinn, der hinter allem steht, oft nicht begreifen, aber wir dürfen sicher sein, daß wir, wenn wir „angekommen" sind, erkennen werden, wie gut alles war. Auf der Reise dorthin sollten wir uns bewegen wie die Weisen aus dem Morgenland: Sie zogen dem Stern nach, vertrauten seiner Führung und fanden schließlich das alles versöhnende Licht, das der ganzen Welt Heilung brachte.

In der H o m ö o p a t h i e kennen wir die Urtinktur aus dem Dolden-Milchstern „Ornithogalum umbellatum". Wir setzen sie allgemein ein bei chronischen Verhärtungen des Magens und Bauches sowie bei Verdacht auf Krebs des Magen- und Darmtraktes, besonders im Magen und Blinddarmbereich. Zentrum der Wirkung ist der Magenpförtner mit schmerzhafter Kontraktion bei Auftreibung des Zwölffingerdarms. Ornithogalum umbellatum ist ebenfalls ein Mittel gegen Depression und völlige Erschöpfung. Der Patient leidet unter nächtlicher Übelkeit, die ihn wachhält. Unter Umständen wird kaffeesatzartig erbrochen. Man verabreicht eine Einzeldosis der Urtinktur und muß dann die Wirkung abwarten.

EDELSTEIN

Suchen wir einen Edelstein, der eine ähnliche Wirkung erzielt wie der Star of Bethlehem, könnte man an den schwarzen Turmalin denken. Er leitet ungute Schwingungen aus dem Körper und ist ein guter Schutz gegen negative Energien. Der Turmalin hat eine Kraft, die nach oben gerichtet ist, wodurch er uns unserem spirituellen Bewußtsein näherbringt. Er hat die Stärke, den Geist mit der Materie zu versöhnen und hilft uns, den einmal gewonnenen Bewußtseinszustand zu bewahren.

FARBE

Im strahlend weißen Licht des Star of Bethlehem sind alle Farben des Regenbogens verborgen, und darum klingt er auch in allen Tönen, die den jeweiligen Farben entsprechen. Über Weiß als Heilfarbe gibt es eine Reihe Anmerkungen aus den Erfahrungen der Farbtherapie, die ihre sachliche, fachliche Richtigkeit haben.

Die Betrachtungen von White Eagle, dem spirituellen Seelenführer, sind aber hier wohl die aussagekräftigsten: „Weiß ist die subtilste und differenzierteste aller Heilfarben und nur äußerst schwer zu beschreiben, enthält sie doch das Wesen und die Eigenschaften aller Farben und besitzt zugleich doch ihren eigenen Charakter und ihre ganz besondere Schwingung. Vielleicht kann diese Heilfarbe am besten vergegenwärtigt werden als die Christus-Strahlung, welche von einer erhobenen, aufgestiegenen Seele ausgestrahlt wird, einer Seele, die in voller Schwere die Kreuzigung ihres niederen Selbst siegreich durchlitten hat, und der die Strahlkraft des auferstandenen Christus im Menschen zu eigen geworden ist. Perlmutweiß und Perlweiß vereinen in sich ein Sonnenlicht von blendender Schönheit, ein mildes, sanftes Licht des Mondes und ein Sternenlicht, das alle Farben des Himmels umschließt, scheinend, strahlend, leuchtend, in einer Schwingung alles verstehender Liebe und warmen, menschlichen Mitgefühls.

Heiler, die in Augenblicken tiefster und innigster Hingabe ein Lichtinstrument dieser Farbe sein dürfen, werden erfahren, daß der perlweiße Heilstrahl zur hohen Gnade der Wunder führen kann."

Die körperliche und seelische Symptomatik des Star of Bethlehem ist unbegrenzt und nicht zu trennen. Wir können dieses Heilmittel immer einsetzen und sollten es stets zur Hand haben. Hätte Edward Bach nur diese Blüten-Essenz entdeckt, schon das wäre ein großer Segen für die Menschheit.

TON

Da im weißen Licht alle Farben enthalten sind, mag hier leise die C-Dur-Tonleiter einer Harfe erklingen.

AFFIRMATION

Ich kann nicht tiefer fallen als in Gottes Hand.

VINE (WEINREBE)

- VITIS VINIFERA -

„Noah wurde der erste Ackerbauer
und pflanzte einen Weinberg."
(Gen. 9,18)

Demnach ist der Wein neben *Olive* die älteste Pflanze der Welt, denn sie hat ebenfalls die Sintflut überdauert. Die tiefe mystische Bedeutung, die dem Wein zukommt, finden wir in vielen Geschehnissen und Gleichnissen der Bibel. Sie begegnet uns auch in der Geschichte vom hl. Gral, jener sagenumwobenen, geheimnisumwitterten Schale, aus der Jesus bei seinem letzten Abendmahl trank und den Wein, lebenspendender, wärmender und lösender Saft der Trauben, in sein Blut verwandelte.

Die Gegenwart mit ihrer Hektik hat uns den Gral entrückt in eine unbestimmte Märchenferne, aber jene Schale hat es gegeben, und dem Wein ist von Jesus Christus durch Sein Wort die Kraft zur Versöhnung, Stärkung und Befreiung gegeben worden.

Wir können die Bach-Blüte *Vine* nicht verstehen und darum auch nur fehldeuten, wenn wir uns nicht ihren wahrhaften spirituellen Bezügen öffnen. Ganz sicher werden hier einige Erörterungen und Überlegungen im Gegensatz zur bekannten Literatur stehen.

M. Scheffer und W.-D. Storl führen in ihrem Werk „Die Seelenpflanzen des Edward Bach" aus: „Die tiefwurzelnde Weinrebe, die sich nicht in die Senkrechte erheben will, ist eine Mysterienpflanze des eisernen Zeitalters, des Kali-Yuga (Sanskrit: das schwarze Zeitalter). Ihr gegorener Saft, der lebenshemmend und mumifizierend wirkt, verstärkt die Egokräfte und kapselt die Persönlichkeit vom Übersinnlichen ab."

Wir wissen, daß das Kali-Yuga ein Zeitalter ist, in dem der verdunkelte Geist der Menschen keine Hinwendung zu spirituellen Welten und Wahrheiten finden konnte. Der Ausdruck dieser Finsternis eskalierte zu Auswüchsen wie z. B. der Christenverfolgung, den Hexenverbrennungen, der Inquisition oder dem Nationalsozialismus.

Ungemein tröstlich klingt, was Sathya Sai Baba, der große indische Heiler, der die Gleichheit a l l e r Religionen betont, solange sie die „Höchste Seele" zu ihrem Glaubensinhalt haben, sagt: „Kein Zeitalter, kein einziges, gleicht dem Kali-Zeitalter, indem durch das bloße Meditieren des Namens des Herrn das höchste Ziel verwirklicht wird. Oh, wie gesegnet es ist!" Und er erklärt uns weiter: „Die Rezitation der Namen Gottes hilft, die Atmosphäre zu reinigen, weil die heiligen Klangschwingungen von der Lufthülle der Erde aufgenommen werden. Die Kraft von Tonschwingungen ist hinlänglich bewiesen durch die Tatsache, daß Radiowellen über große Distanz gesendet und empfangen werden. Die von unreinen Klangschwingungen verschmutzte Atmosphäre kann wieder gereinigt werden durch das Singen der Namen Gottes.“

Rudolf Steiner behauptet, mit dem Erwachen des Wassermann-Zeitalters, das gerade heraufdämmert, sei die Mission des Weinstockes zu Ende. Hier bezieht sich Steiner auf die Kultur (= Christentum), in der der Wein eine sakramentale Rolle spielt, auf die Kultur, die sich andererseits mit der Materie und ihren Gesetzmäßigkeiten auseinandergesetzt hat, wobei das „Übersinnlich-geistige Erleben“ in eine weit untergeordnete Nebenrolle gedrängt wurde. Ego-ismus in negativster Wortbedeutung, nämlich als das verhärtete, von allem geistig-spirituellen abgekapselte Ego, ist Gesamtausdruck des im Ausklang befindlichen Kali-Yuga, dessen Nachwehen wir bei weitem noch nicht überwunden haben.

Edward Bach hat in seiner Liebe zu allen Geschöpfen unserer Erde dies erkannt. Er wußte, wie notwendig es für manchen Menschen ist, dem verkapselten Ego seine Hülle zu sprengen, damit es den Weg findet zu seiner höher entwickelten Entsprechung. „Sehr fähige Menschen, die sich ihrer Fähigkeiten gewiß sind und ihren Erfolg zuversichtlich erwarten. Bei all ihrer Sicherheit denken sie, daß es auch für andere gut wäre, wenn sie sich überreden ließen, so zu handeln wie sie selbst, oder wie sie meinen, daß es richtig sei. Selbst im Krankheitsfall werden sie denen, die ihnen helfen und sie pflegen, Anweisungen erteilen und sich besserwisserisch zeigen. In Notsituationen sind sie zu außerordentlichen Leistungen in der Lage.“

Er ordnete dieses Blütenmittel in die Rubrik: „Für jene, die um das Wohl anderer allzu besorgt sind.“ Es ist ein Helfer, der nach seinem Wirken den Weg für den Heiler bereitet. Die erste Blütenessenz von *Vine* ließ Bach sich von Freunden schicken, da er Wert darauf legte, die Heilenergien in der natürlichen Umgebung der Pflanze zu gewinnen. So bat er Freunde in Italien und der Schweiz, die Blüten, wie auch für *Olive*, nach der Sonnenmethode für ihn herzustellen.

Wie schon oft, ist Bachs Intuition auch bei der Weinrebe vom äußeren Bild zur Aussage über Wesen und Heilkraft gelangt. Die wildwachsende und die kultivierte Pflanze breitet sich nach allen Richtungen aus, wobei sie sich mit ihren Trieben an allem festklammert, was in ihrer Nähe ist.

Diese wilde Triebkraft gärt und braust später im Saft der Früchte. Wer jemals Federweißen oder Sauser genossen hat, kann von der „durchschlagenden" Kraft ein Lied singen. Dominierend, mit eisernem Willen und ehrgeizig, so wird der blockierte *Vine*-Typ beschrieben. Bach sagt, daß solche Menschen viel Hilfe und Führung benötigen, damit sie die große, universelle Wahrheit der Einheit erkennen und die Freude der Brüderlichkeit begreifen können.

Franz Alt beschreibt in seinem Buch „Jesus, der erste neue Mann" Jesus als einen Egoisten in des Wortes ursprünglicher Bedeutung – von „ich-stark". Er war eine Persönlichkeit mit einem Selbst-Bewußtsein, der seine Kraft aus dem unerschütterlichen Vertrauen und der Gewißheit seiner Gottessohnschaft zog und aus dem unbezwingbaren Glauben an seine Einheit mit seinem Gott-Vater. „Der Vater und ich sind Eins!" Nur so konnte Jesus uns Lehrer, Führer und auch Heiler werden. „Ich bin der Weinstock und ihr seid die Reben. Wer in mir bleibt und ich in ihm, der bringt viel Frucht; denn ohne mich könnt ihr nichts tun." (Joh. 15,5) Und so wie Jesus war – völlig im Bewußtsein seiner Ich-Bin-Kraft – sollten wir uns entwickeln als Teile des Weinstockes, als Reben, die sich um die Wirtpflanze schlingen und sich daran emporziehen – denn ohne Ihn können wir nichts tun.

Im erlösten *Vine*-Zustand ist der Mensch in der Lage, mit seinen Führungskräften zu dienen, indem er anderen mit viel Einfühlungsvermögen einen Weg weist. Er wird respektieren, wenn seine Erfahrungen und Lehren nicht angenommen werden, weil er die Gültigkeit des Begriffes „Gotteskindschaft" erkannt hat, von der keine Seele ausgenommen ist und die das Recht zusichert, das ein jeder auf Selbstbestimmung hat. „Wenn wir all unsere Fähigkeiten einsetzen, der menschlichen Gemeinschaft zu dienen, ist das die beste Gabe, die der Mensch Gott darbieten kann", sagt Sai Baba.

KÖRPERLICHE *VINE*-SYMPTOME

Es sind Krankheiten, die auf Erstarrung schließen lassen, wie Arteriosklerose, Hypertonie, verknöcherte Gehörknöchelchen, steife Gelenke. Verhärtungen und Verkrampfungen im Körper, auch Organverhärtungen.

Verknöcherungen der Wirbelsäule sind oft anzutreffen. Der Patient fällt durch heftige Gesten auf. Magersucht kann ein Zeichen einer gestörten *Vine*-Persönlichkeit sein. Ebenso alle Anfallsleiden.

SEELISCHE *VINE* SYMPTOME

Er lebt ständig in Anspannung. Dabei verhält er sich arrogant, autoritär, ist machtgierig und herrschsüchtig, weist auch einen übertriebenen Durchsetzungswillen auf. Sein Ehrgeiz setzt ihn unter Erfolgszwang. Obwohl hochbegabt, ist er unflexibel. Neigt zu fixen Ideen. In seinen Überreaktionen kann er gewalttätig und grausam sein. Weil er sehr von sich überzeugt ist, wirkt er sehr anmaßend. Obwohl ihn Mangel an Mitgefühl kennzeichnet, ist er hellwach in Notsituationen. Er gibt sich rechthaberisch, stur und streng gegen andere, mit militärischer Disziplin. Man glaubt, er sei ein verhinderter General oder Polizeichef. Da er sich nur auf sich selbst verläßt, überarbeitet er sich leicht. Seine Überzeugungen vertritt er mit heftigem Temperament, Widerspruch versetzt ihn in rasenden Zorn.

HOMÖOPATHIE

Aboratum (Eberraute)

Anacardium (Elefantenlaus)

Hepar sulfuris (Kalkschwefelleber) - haben mit *Vine* die Grausamkeit gemeinsam.

Kalium phos. (Kaliumphosphat) – für Menschen, die militärisch auftreten oder sich mit einem solchen Hintergrund identifizieren.

Lycopodium (Sporen v. Bärlapp) – gilt u. a. als machtliebend, unterdrückt aber nur Untergebene, da er feige ist.

Chelidonium (Schöllkraut) – will ebenfalls dominieren, hat aber eine stärkere Persönlichkeit als Lycopodium.

Dulcamara (Bittersüß) – ist herrschsüchtig und läßt keine andere Meinung gelten.

Belladonna (Tollkirsche)

Bufo (Krötengift)
Hyoscyamus (Bilsenkraut)
Tarantula (span. Tarantel) – alle bei Anfallsleiden
Stramonium (Stechapfel), *Belladonna* und *Hyoscyamos* gelten in der Homöopathie als „gewalttätige" Mittel.

Monnica Hackl weist in ihrem Buch „Bach-Blütentherapie für Homöopathen" darauf hin, daß der längere Zeit blockierte *Vine*-Typ auch der Patient sein kann, der ein Krebsgeschehen oder Metastasen entwickelt. (Körperliche Verhärtungen, die später einen bösartigen Charakter annehmen können.) Bezeichnend für *Vine* sind auch die 'Verschleppungen', d. h. ein Krankheitsgeschehen kann sich an einer Stelle des Körpers auflösen und sich an einer anderen Stelle wieder manifestieren.

Hildegard-Mediziner wissen um die zahlreichen Trunke und Mixturen aus den Rezepturen der hl. Hildegard, deren Basis ein edler Wein ist, der gekocht oder erhitzt mit Kräutern versetzt zur Arznei wird. Dr. Gottfried Hertzka weist in seiner rustikalen, humorigen Art auch auf die Bibel hin. Er meint, wenn Jesus Wasser in Wein und nicht etwa Wein in Wasser verwandelt habe, könne der Wein – ja nicht einmal der Weingenuß – etwas Schlechtes sein. Außerdem könne er sich Jesus schlecht mit einer Zigarre im Mund vorstellen, aber das Weinwunder zu Kana beweise, daß eine grundsätzliche Weinfeindlichkeit weit an der Wahrheit vorbeischießt. Allerdings rät Hertzka – und greift hier eine uralte Sitte auf – dem Wein, und sei er noch so edel, etwas Wasser hinzuzufügen oder vor dem Genuß ein Stück Brot hineinzutauchen. Dabei findet eine physikalisch-elektrische Veränderung seiner Molekularstruktur statt, wodurch er noch menschenfreundlicher wird.

Zum Thema Hildegard-Medizin nun das Rezept des Hildegard-Herzweins: Nimm acht große (oder auch mehr) frische Petersilienstengel (Blätter) und gib sie in einen Liter guten Wein und dazu noch ein bis zwei (je nach Geschmack und Süße des Weines) Eßlöffel reinen Weinessig, bringe alles zum Kochen und koche es zehn Minuten lang kräftig ab. Vorsicht, schäumt! Hernach füge noch ein gutes halbes Pfund (ca. dreihundert Gramm) reinen Bienenhonig zu und koche alles zusammen noch einmal vier bis fünf Minuten bei kleiner Flamme. Jeder echte Bienenhonig genügt; es kann auch ausländischer sein. Heiß und sorgfältig abseihen und heiß in gut gereinigte medizinische ½-Liter-Glasfläschchen (aus der Drogerie) mit Schraubdeckel abfüllen. Fertig.

Dosierung: Bei Bedarf ein – zwei – drei Eßlöffel voll pro Tag.

EDELSTEIN

Die Heilschwingung des Amethyst scheint am ehesten der Bach-Blüte *Vine* zu entsprechen. – Er verleiht dem Menschen spirituelles und schöpferisches Denken und fördert Demut, Menschenliebe und Freundschaften. Er wirkt besänftigend auf verhärtete Gemüter. Als Stein der Fische könnte der Amethyst auch in unserem Zusammenhang eine besondere Bedeutung gewinnen, denn Jesus ist ein Mann des Fische-Zeitalters gewesen. Die Bach-Blüte *Vine* wird unter dem Einfluß des Jupiter gesehen, aber auch Sonne und Mond haben eine, wenn auch abgeschwächte, Einstrahlung.

FARBE

Da nicht nur die Rebe grünt, sondern auch die Blüte eine grüne Farbe hat, regiert hier das Grün. Diese Farbe verspricht Ausgeglichenheit und Entspannung. Negativität, nervöse Probleme und Streß werden abgebaut. Grün mit seiner Heilschwingung erleichtert uns das Loslassen-können und gibt uns Vertrauen, ganz sicher auch in unsere Einheit mit der gesamten Schöpfung. Wie die Blüte *Vine* hilft sie unserem Herz-Chakra, sich zu öffnen.

TON

Der korrespondierende Ton ist das „I I".

Unsere Patienten haben, neben den Bach-Blüten *Holly* und *Beech*, mit der Annahme der Blüte *Vine* oft die größten Schwierigkeiten. Deshalb zum wiederholten Male die Bitte, den blockierten Menschen an sein wahres Sein heranzuführen, indem ihm die strahlende Helligkeit des infrage kommenden Blütenwesens geschildert wird und somit sein wahres Sein.

Mit Hilfe der Bach-Blüte *Vine* werden wir auch das rechte Maß finden – denn ein weiteres Thema dieser Blüte ist das Maßhalten, damit unser Handeln zum Heile dient. So wird sie zum Lehrer für uns selbst, der uns den Weg zur Liebe und Selbstlosigkeit weist, den wir im Bewußtsein unseres eigenen göttlichen Ursprungs und den unserer Schwestern und Brüder gehen können, gestärkt durch den verwandelten Inhalt des Abendmahlskelches.

Es ist die Bach-Blüte *Vine*, die uns bereit macht, der Aufforderung Jesu „Liebet einander" nachzukommen.

AFFIRMATION
Ich liebe meinen Nächsten und möchte seiner Freiheit dienen.

CRAB APPLE (HOLZAPFEL)
- MALUS SYLVESTRIS -

Als die „Reinigungsblüte" wird die Bach'sche Essenz von *Crab Apple* apostuliert. Uns steigt ein Bild auf, das mit fließendem Wasser, welches den Schmutz des Körpers hinwegnimmt, zu tun hat. Man denkt an den toxisch belasteten Organismus und erinnert sich an Schmarotzer, die ihren Wirt schwächen. Vielleicht haben wir auch von schamanistischen Reinigungszeremonien gehört, während derer der Mensch unter Umständen Fluten von Unrat von sich gibt.

Die Bach-Blüte *Crab Apple* kann uns zu allen solchen Reinigungsprozessen verhelfen, deren Symptomatik im körperlichen Bereich eben ein solches Clearing erfordert. Aber mit dieser Einordnung allein verrutscht uns zweifelsfrei das Verständnis vom wirklichen Wesen dieser wahrhaft hohen und mit Gottes Gnade erfüllten Blüte. Auch wenn wir den Begriff der Vokabel „reinigen" erweitern und darunter ein „sich befreien" verstehen, werden wir dieser Blüte nicht ganz gerecht.

Die Blüte selbst ist von kaum vergleichbarer Schönheit und Klarheit. Die Knospen sind rosa, aber wenn sich die Blüte öffnet, strahlt sie in reinem Weiß, wobei die fünf Blütenblätter einen zarten rosa Saum behalten. Ein wundervoller Duft entströmt ihnen, und sie locken im Frühjahr die Bienen an, die ein Symbol für Fleiß, Organisation und Reinheit sind, da sie alles Unreine meiden, was ihnen schließlich geholfen hat, in Millionen von Jahren nicht auszusterben. Ihre Unermüdlichkeit ließ die Bienen im Christentum zu einem Symbol der Hoffnung werden, und Bernhard von Clairvaux, Ordensgründer und Kreuzfahrer, sah in ihnen ein Sinnbild des Heiligen Geistes.

Mit dem Folgenden möge nun ein Bild entstehen, das hilft, das hohe *Crab Apple*-Wesen besser zu verstehen: Über der Wiese ist ein strahlend heller Frühlingstag aufgestiegen. Die drückenden Erinnerungen an die graue Trübnis winterlicher Zeiten verwehen in der klaren Frische dieser Landschaft. Der Geruch von Moder und Verwesung, im Herbst ausgeatmet und in den dunklen Monaten bewahrt, verschwindet. Grashalme sättigen sich mit einem kräftigen Grün, und erste Blüten öffnen in der Wiese ihre Kelche. Die Lerche ist bereits zurückgekehrt und eben stimmt sie, höher steigend, ein Jubellied an. Wir schließen die Augen, weil all die Freude und Harmonie uns fast trunken macht vor Glück. Ein süßer Duft umschmeichelt uns, voll intensiver Reinheit und Köstlichkeit, daß wir ihn fast zu schmekken scheinen. Gleich einem sanften Glockenton dringt das Summen unzähliger Bienen in unser Bewußtsein. Ganz in der Nähe steht der Holzapfelbaum in voller Blüte. Harmonie, Freude, Schönheit umfließen uns und werden Ausdruck göttlicher Vollkommenheit, mit der wir j e t z t für ein paar glückliche Augenblicke eins sind. Ewigkeit und Liebe – und wir gehören dazu.

Hier ist das Wesen von *Crab Apple* mit seiner Aufgabe als Heiler zu erkennen, nämlich uns auf den Weg und in die Nähe unseres kristallklaren Ursprungs zu führen, dem kein Fehl, kein Tadel, kein Irrtum anhaftet. Wie viele Leben werden wir benötigen, um unser aller endgültiges Ziel zu erreichen? Und je mehr die Sehnsucht nach jenem unendlichen, klaren Licht in uns glüht, je nagender der Schmerz wird, um die eigenen Unzulänglichkeiten, je erbarmungsloser der Kampf wird, den wir gegen uns und das führen, was wir als Chaos empfinden, um so mehr geraten wir in den blockierten *Crab Apple*-Zustand, der uns schließlich so herb und bitter macht, wie die Frucht des Holzapfelbaumes schmeckt. Vielleicht müßten wir sogar in diesem Meer der Bitternis und Verzagtheit ertrinken, wäre da nicht die immer brennender werdende Sehnsucht, sich von solchen Fesseln zu befreien, den Geist und die Seele von dem zu reinigen, was uns von der Milde und Güte, der Liebe und Schöpferkraft unseres Lebensquells fernhält. *Crab Apple* ist die Blüte, deren Versprechen hilft, daß unsere Seele irgendwann weit ihre Flügel ausbreiten kann, befreit vom Chaos menschlicher Fehlhaltungen und Irrtümer, gereinigt von dem, was als unsere „Erbschuld" bezeichnet wird, die nichts anderes ist als das Vergessen der Einheit mit unserem Schöpfer, den wir nicht irgendwo zu suchen haben, sondern der in uns ist und durch uns wirkt. Wenn wir in allem Sein Gott erkennen und akzeptieren können, sind wir bereit für den heiligen Geist, der einen jeden von uns mit dem Wissen seiner absoluten, individuellen Gotteskindschaft erfüllt. Dann endlich können wir strahlendes Licht und vollkommene Liebe sein.

KÖRPERLICHE *CRAB APPLE*-SYMPTOME

Hilfreich gegen einen Alkohol-Kater. Unterstützt das Ausleiten von schulmedizinischen Medikamenten. Gegen Ausfluß sowie andere übermäßige Ausscheidungen wie Schnupfen, Räuspern, Diarrhoe, letzteres auch chronisch. Für Behandler zur energetischen Abschirmung und Reinigung vor bzw. nach der Behandlung - eventuell mit *Red Chestnut* und *Walnut*. Zur Blutreinigung nach einer Chemotherapie. Bei beginnender Erkältung oder Grippe. Zur Einleitung und Unterstützung während einer Fastenkur.

Ekzeme, Herpes und andere virale Infektionen, auch allergische Reaktionen, werden positiv beeinflußt. Fließschnupfen, laufendes Ohr, Psoriasis und Warzen können behandelt werden. Es ist das Erste-Hilfe-Mittel bei Vergiftungen.

SEELISCHE *CRAB APPLE*-SYMPTOME

Er hat Abscheu vor sich selbst. Heftige Angst vor Ansteckung verursacht einen Waschzwang (dann mit *Mimulus*). Oft zeigt er sich als Perfektionist, Kleinigkeitskrämer, Ordnungsfanatiker und Putzteufel. Er küßt nur nach dem Zähneputzen, ist der Musterehemann, die Musterhausfrau, die „Streberleiche" in der Schule. Frauen haben manchmal Abneigung gegen das Stillen oder Abneigung beim Stillen oder kurz danach gegen den Partner. Das Empfinden schwindet rasch, wenn mit *Mimulus* kombiniert wird. Achtung! Neuerliche Empfängnis ist möglich! Das Mittel erfrischt die müde Seele.

In Kombination mit *Crab Apple* sollte man auch an *Mimulus*, *Pine*, *Beech*, *Vervain* und den *Star of Bethlehem* denken. Letzteres z. B. nach sexuellen Belästigungen oder Vergewaltigungen. Die Bach-Blüte *Walnut* in Verbindung mit *Crab Apple* wird dem Organismus helfen, Gifte besser auszutreiben. Letztgenannte Kombination hilft auch, eine verunreinigte Aura zu klären und ein geschwächtes Energiefeld wieder aufzubauen.

HOMÖOPATHIE

Arsenicum (Weißarsen) – extremes Bedürfnis nach Ordnung.

Lycopodium (Sporen von Bärlapp)

Staphisagria (Samen von Stephanskraut) – überbewertet Kleinigkeiten.

Sulfur (Sublimierter Schwefel)

Syphilinum (Nosode vom Syphilis Virus) – ekelt sich vor dem Schmutz anderer.

Natrium mur. (Kochsalz) – häufiger Waschzwang.

Medorrhinum (Gonokokkeneiter)

Pulsatilla (Küchenschelle)
Thuja (Lebensbaum) – Überbewertung von Kleinigkeiten.
Berberis (Berberitze)
Carduus marianus (Mariendistel)
Chelidonium (Schöllkraut)
Solidago (echte Goldrute) – sind wie *Crab Apple* Ausleitungsmittel und werden zur Reinigung und Entschlackung des Organismus eingesetzt.

FARBE

Nach den vorangegangenen Überlegungen und Einsichten über *Crab Apple* sei hier die Blüte dem Planeten Neptun zugeordnet, womit die Farbe Indigoblau korrespondiert. Indigo reinigt die Schwingungen der Aura, wirkt harmonisierend bei nervösen und geistigen Störungen. Es schärft unsere körperlichen Sinne und klärt und stärkt den Menschen in seelischen und spirituellen Bereichen. Das dritte Auge wird sich durch Einstrahlung dieser Farbe öffnen, und somit werden wir zu Größe und Weite geführt und verlieren die Verhaftung im Kleinlichen, Materiellen.

White Eagle sagt über den Indigoblauen bzw. amethystfarbenen Heilstrahl: „Ein wundersames Ineinanderblenden von göttlicher Liebe und Weisheit mit der Intensität göttlicher Macht wird sich deinem Bewußtsein offenbaren."

TON

Das „F" trägt die Schwingung der Farbe Indigoblau.

EDELSTEIN

„Alle Quarzarten bestehen aus Silicea, dem Stoff, der sozusagen festgewordenes kosmisches Licht ist, Geist im Stoff, und den man überall dort antrifft, wo man Idealismus findet – ein Aufstreben nach der Sonne." (Mellie Uyldert)

Zwei Tage nach einem hinweisenden Traum, auf der Suche nach einer Entsprechung zu *Crab Apple*, besuchten mein Mann und ich eine Edelstein-Ausstellung. Im Sonnenlicht, das den Garten an jenem Vormittag dort durchflutete und sich in tausenden von Kristallen und Steinen brach, schimmerte und funkelte plötzlich eine Quarz-Rosette auf, deren sanftes indigo Licht von leuchtenden weißen Strahlen gekrönt wurde. Das Streben nach Helligkeit, Klarheit und Wahrheit schien sich in diesem Anblick zu verdichten. Aber nicht nur das: Diese Quarz-Rosette wurde zugleich zum Symbol für unseren Anfang und unser Ziel, dem wir entgegenwandern.

Die Allgegenwart des Prinzips höchster Vollkommenheit waltet von Ewigkeit zu Ewigkeit, ist unvergänglich und wird darum immer das, was seine Form verloren oder noch nicht gefunden hat, heilen oder erschaffen. Dieses Gesetz der fortwährenden Erneuerung ruht nicht nur in unserem Schöpfer – ER ist dieses Gesetz.

Darum möge uns die Bach-Blüte *Crab Apple* von der Sorge um Kleinigkeiten befreien. Möge sie uns das Gefühl für die eigene Makellosigkeit zurückgeben, die verborgen in unserem Inneren lebt und unantastbar ist, weil wir Seine Ebenbilder sind.

Befreit von der Furcht vor Chaos und Unrat können wir die lebendigen Mitschöpfer an einem Neuen Himmel und an einer Neuen Erde werden, die unser Vater sich wünscht.

„Ordnung um der Ordnung willen beschneidet den Menschen seiner wesentlichen Kraft, der nämlich, die Welt und sich selber umzuformen. Das Leben schafft Ordnung, aber die Ordnung bringt kein Leben hervor." (Antoine de Saint-Exupery).

AFFIRMATION

Weil ich dem Quell höchster Reinheit entstamme, bin ich selber klar und rein.

SWEET CHESTNUT (EDELKASTANIE)
- CASTANEA SATIVA -

Wighard Strehlow, der uns als Verfechter der Hildegard-Medizin bekannt ist, deren Erkenntnisse er mit Gottfried Hertzka mit viel Einfühlungsvermögen den Bedingungen unserer Zeit angepaßt hat, sagt über die Edelkastanie, sie sei das unter den Bäumen, was der Fenchel unter den Stauden ist – hundertprozentig gesund von der Wurzel bis in die Spitzen, womit Früchte, Schalen, Blätter und Rinde gemeint ist.

Aber Hildegard von Bingen wußte auch um die geistige Kraft der Edelkastanie. In ihrer "Physica" empfiehlt sie: „Der Kastanienbaum ist sehr warm und hat aufgrund seiner Wärme eine große Kraft. Da er die discretio – das rechte Maß, die Mitte, das Firmament symbolisiert und alles, was in ihm ist und auch seine Frucht – ist er nützlich gegen jede Schwäche, die im Menschen ist. Die discretio ist eine starke Gegenkraft zur Maßlosigkeit, die in extremen Fällen zum Anarchismus führen kann."

In ihrem letzten Buch zur Biologie, dem „Divinorum operum", schreibt Hildegard, daß jedem Menschen von Gott sein Name und sein bestimmtes Maß zugeordnet wurde, und daß die Seele in allen Dingen das rechte Maß zu halten verlangt. „Denn der Mensch kann nicht ständig in himmlischer Fülle leben, der Teufel aber will solches Maßhalten nicht. Er strebt ins Übermäßige, sei es das Höchste, sei es das Niedrigste. Wenn ich meine Mitmenschen lieben will, muß ich darüber hinaus ihre Einmaligkeit, ihre Originalität und ihr eigenes Maß erkennen und lieben lernen."

Und damit gibt sie der Edelkastanie eine bedeutende Schlüsselrolle für Körper und Seele. Aufgrund ihrer Inhaltsstoffe und gespeicherten Sonnenenergie ist sie in der Lage, den Menschen so vollständig und harmonisch zu ernähren, daß er seine Ausstrahlung und Widerstandskraft zurückerhält.

Die Edelkastanie ist im Mittelmeerraum heimisch. Sie gehört zu den Buchengewächsen und ist eine alte Kulturpflanze, wie die Zusatzbezeichnung „sativa", das „angepflanzt" bedeutet, besagt. Der riesige, zwischen fünfhundert und tausend Jahre alte Baum ragt hoch in den Himmel hinauf und ist so Sinnbild seiner vermittelnden Kraft. Er liebt direkte Sonnenbestrahlung, deren Urkraft er ungeschmälert an bedürftige Menschen weitergibt.

Das Kastanienholz ist dem der Eiche ähnlich und war früher zur Herstellung von Möbeln oder Nutzgegenständen wie Faßdauben und Zaunpfählen sehr begehrt. In Deutschland wächst der Baum besonders in sonnigen Gegenden gut, wie beispielsweise am Oberrhein oder an den Hängen von Mosel, Saar und Nahe sowie im Südschwarzwald.

Eine Rindenkrankheit, der sogenannte Kastanienkrebs, hat in den Beständen Südeuropas verheerend gewütet. In jüngerer Zeit ist diese regelrechte Epidemie jedoch zurückgegangen. Der ursprünglich aus Ostasien eingeschleppte Erreger (1938 über Amerika), ein Pilz (Cryphonectria parasitica), scheint in seiner Virulenz schwächer geworden zu sein.

Gehen wir nun davon aus, daß Bachs Behauptung, in der Blüte aller Pflanzen läge die Vollendung, als Gesamtaussage ihre Richtigkeit hat, fällt es uns leicht, die Heilwirkung der Edelkastanie – in ihrer Blüte zusammengefaßt – zu akzeptieren.

Sweet Chestnut war die letzte Blüte, die Edward Bach im Sommer 1936 fand und deren Entdeckung und Einsatz als Essenz sein Lebenswerk abschloß.

Wie ist nun das Seelenwesen „*Sweet Chestnut*" beschaffen, welche blokkierten Kanäle kann es mit seiner speziellen Energie öffnen? Die Blüte *Sweet Chestnut* gehört zu jener Gruppe von Blütenessenzen, die für solche Menschen gedacht ist, die mutlos und verzweifelt sind. „Für jene Phasen, die manche Menschen zuweilen erleben, in denen die Seelenqual so groß ist, daß sie unerträglich scheint. Wenn man seelisch oder körperlich meint, bis zum Äußersten seiner Belastbarkeit geführt worden zu sein und jetzt nachgeben, zusammenbrechen zu müssen. Wenn es den Anschein hat, daß man nichts anderes mehr als Zerstörung und Auslöschung gewärtigen könnte."

Es ist bekannt, daß Dr. Bach besonders ab 1934, als er seine letzten neunzehn Blüten entdeckte, auf unvorstellbare Weise alle Negativzustände durchleiden mußte. Wir haben ihn aber auch kennengelernt als einen Men-

231

schen, der von allumfassender Liebe und einem unerschütterlichen Gott-
vertrauen geprägt war. Was könnte ihn also in einen *Sweet Chestnut*-Zu-
stand gebracht haben?

Gegen Endes seines Lebens hatte Bach zunehmend gegen Arroganz und
Ablehnung seiner Ärztekollegen zu kämpfen, denen die Art und Weise, wie
er seine Blüten fand, mehr und mehr suspekt wurde, da sie seine hohe
spirituelle Intuition nicht erfassen konnten. Er wurde angefeindet und geriet unter Beschuß der Ärztekammer. Besonders kritisiert wurde er, weil er
verlangte, daß alle seine Blüten-Heilmittel auch Laien zugänglich sein müßten und frei angewendet werden sollten – ohne ärztliche Diagnose, um die
bestehenden Krankheiten benennen zu können. Eine medizinische Befund-
erhebung erschien Edward Bach sogar unerwünscht, weil dadurch der Blick
auf seelische Ursachen verstellt würde.

„Niemand braucht Angst vor dem Namen zu haben, den die Schulme-
dizin bestimmten Krankheiten gegeben hat. Was ist schließlich schon ein
Name? Und es gibt keine Krankheit, die schlechthin unheilbar wäre. Dies
jedenfalls kann ich bestätigen, denn ich kenne etliche Patienten, die unter
den am meisten gefürchteten Krankheitszuständen litten und geheilt werden konnten. Und wenn dies bei einigen Patienten der Fall ist, dann gilt
das gleiche Prinzip für alle. Bisweilen dauert es in angeblich sehr schwierigen Fällen weniger lange, den Kranken zu heilen, als in sogenannten Baga-
telle-Fällen. Der Krankheitsverlauf hängt mehr von der Persönlichkeit des
Patienten ab als von der Benennung des Leidens."

Schließlich setzte sich Bach gegen die Ärztekammer durch, die am Ende
ihre Einwände unter Schweigen begrub.

Aber etwas anderes machte Bach noch zu schaffen. Wie Edward Bach
vorausgesagt hatte, sind im Laufe der Jahre immer wieder Versuche unter-
nommen worden, seine Heilmethode zu verändern – sie zu erweitern, sie
auf den „neuesten Stand" zu bringen oder sie zu „verbessern". Sogar an Dr.
Bach selbst wurden solche Änderungswünsche herangetragen, und über
einen derartigen Versuch hat er Victor Bullen brieflich berichtet. Der betreffende Vorschlag lautete, man solle alle achtunddreißig Essenzen zu einem Kombinationspräparat zusammenfassen, obwohl Bach dies ablehnte.

In seinem Brief betonte dieser, wie wichtig es sei, die Einfachheit der Methode beizubehalten, und daß seine Mitarbeiter ungeachtet aller Versuche, das Verfahren zu verändern oder bis zur Unkenntlichkeit zu entstellen, unbeirrbar an dessen Prinzip festhalten sollten.

Aber Bachs letztes Blütenmittel verfehlte seine Wirkung auch an seinem Entdecker nicht. Herausgehoben aus den Zuständen völliger Verzweiflung, dem Gefühl, die Grenzen seiner Kraft erreicht zu haben, schreibt Bach an Victor Bullen:

26. Oktober 1936 – Mount Vernon

Lieber Vic,

ich denke, inzwischen bist Du mit allen Phasen unserer Arbeit vertraut. Der kürzliche Zwischenfall mit dem besagten Dr. Max Wolf sollte uns willkommen sein, ist es doch nur ein Beweis für den Wert unserer Arbeit, wenn Kräfte sich erheben, die sie entstellen möchten. (Hier wird Bezug genommen auf das Ansinnen, ein Kombinationspräparat aus allen achtunddreißig Blütenmitteln zu mixen). Denn solche Entstellungsversuche sind viel gefährlicher als sämtliche Bemühungen, unser Werk zu vernichten. Sobald ein Meister seine Lehre an die Welt weitergereicht hat, tritt mit Notwendigkeit neben die richtige sogleich eine verzerrte Version der Botschaft.

Dies widerfährt sogar so geringen Gestalten wie uns selbst, die sich ganz in den Dienst ihrer Mitmenschen – aber auch des größten von allen, Jesu Christi – gestellt haben.

Eine solche entstellte Version der Lehre ist deshalb unvermeidlich, damit die Menschen die Möglichkeit haben, zwischen dem Gold und dem Flitter zu wählen.

Es ist unsere Aufgabe, unbeirrbar an der Einfachheit und Reinheit dieser Heilmethode festzuhalten. Und wenn eine neue Auflage der „Zwölf Heiler" nötig wird, dann müssen wir dem Buch eine ausführliche Einleitung voranstellen, in der wir noch einmal auf die völlige Ungefährlichkeit, die Einfachheit und die wunderbaren Heilkräfte der Essenzen verweisen, von denen wir durch eine Macht Kunde erhalten haben, die größer ist als unser Intellekt. Ich bin mir ganz sicher, lieber Bruder, daß Du Dich jetzt, da ich mich zeitweilig in die Einsamkeit zurückziehen muß, der Situation gewachsen zeigen und alle Angelegenheiten, die mit der Betreuung der Patienten und den bürokratischen Notwendigkeiten unserer Arbeit zusammenhängen, regeln wirst. Schließlich weißt Du, daß Menschen wie wir sich von ihrem Weg der Liebe und Pflichterfüllung nicht abbringen lassen, Menschen, die die Freude des Selbst-Opfers und der Hilfsbereitschaft kennengelernt haben und in deren Hände schließlich ein solches Juwel gelegt worden ist. Nichts kann uns von unserem Pfad der Liebe und Pflicht abbringen, dem Menschen diesen reinen, klaren Glanz zu zeigen."

Das Thema dieser Bach-Blüte, deren Energie uns transformiert, deren Zuruf „Stirb' und werde!" lautet, hat sich auch bei ihrem Entdecker bewahrheitet. Sein allerletztes Schreiben an seine Mitarbeiter, adressiert mit dem Datum von 1. November 1936, darf jeder, der ihn und sein Werk versteht und liebt, als eine persönliche Botschaft betrachten:

„Ihr lieben Menschen,
es kommt im Leben der Augenblick, da man in eine uns unbekannte Welt abberufen wird.

Und da in meinem Fall dieser Augenblick jede Minute eintreten kann, möchte ich Euch drei bitten, die wundervolle Arbeit, die wir begonnen haben, fortzuführen. Denn dieses Heilverfahren vermag die Macht der Krankheit zu brechen und den Menschen die Freiheit zurückzugeben.

Was ich geschrieben habe, sollte in der Einführung der nächsten Ausgabe der „Zwölf Heiler" aufgenommen werden."

Edward Bach

Nehmen wir diese Worte aber auch als Verpflichtung, sein Werk getreulich fortzusetzen, und lassen wir uns von den falschen Propheten, von den Profilneurotikern, die zwanghaft auch das Vollkommene noch verbessern müssen, nicht irritieren – mögen sie heißen und sich darstellen, wie sie wollen.

KÖRPERLICHE *SWEET CHESTNUT*-SYMPTOME

Hauptsächlich Galle- und Leberleiden. Herz- und Nierenschwäche sowie allgemeine Schwäche, auch Bindegewebsschwäche. Lindert bei Schmerzzuständen, die verzweifeln lassen, hervorragend bei Rheumaschmerzen und Milzschmerzen. Labilität des Magen- und Darmtraktes, mit Anzeichen von Verstopfung oder Durchfall.

SEELISCHE *SWEET CHESTNUT*-SYMPTOME

Er ist gequält von Schmerz und Pein, dabei untröstlich und extrem hoffnungslos. Es sind die Patienten, die sich aufgegeben haben. Sie befinden sich unmittelbar vor totaler Resignation. Seelenqual verzehrt sie. Gefühle völliger Verlorenheit und Zerstörung beherrschen Geist und Seele. Als Folge fallen sie in tiefste Depressionen.

HOMÖOPATHIE

Aurum (Gold) – tiefste Verzweiflung, ohne Suizidgefährdung, Schmerzen.
Arsenicum (Weißarsen) – falsch verstandener Opfermut.
Calcium car. (Kohlensaurer Kalk) – verzweifelt an der Welt.
Psorinum (Nosode-Krätzebläschen) – läßt sich tief in sein Leiden hineinfallen.

Monnica Hackl betont den Zustand absoluter Schwäche, den *Sweet Chestnut* aufgrund seiner anhaltenden Verzweiflung haben kann. Ein solcher Zustand ist immer ein ungeheurer Streßfaktor und hat eine erhebliche Schwächung des Immunsystems zur Folge. Sie schlägt bei schweren Allgemeinerkrankungen vor, den Patienten mit *Gorse* (der Mensch läßt sich gut zureden) und *Sweet Chestnut* zu behandeln. Es ist zu beobachten, daß der Patient sich bald wieder erfrischter fühlt.

Wie einige andere Bach-Blüten wird auch *Sweet Chestnut* wegen seiner Fähigkeit, Sonnenenergie zu speichern, dem Planeten Jupiter zugeordnet.

Wegen der vornehmlich cremefarbenen Blüten, die im Laubwerk des Baumes einen zartgrünen Schimmer aufnehmen, sei hier *Sweet Chestnut* mehr der Patenschaft der Sonne unterstellt.

FARBE

G r ü n mit seiner Fähigkeit, Balance, Ausgeglichenheit und Entspannung zu vermitteln und den verlorenen Bezug zur Natur wieder herzustellen, in welchem wir unsere Gesundheit erlangen und erhalten. Gesundheit – hier nicht als Abwesenheit von Krankheit betrachtet, sondern als harmonische Einheit mit allem Sein.

Die Farbe Grün hilft uns, Vertrauen zu gewinnen, loslassen zu können und schenkt uns das nötige Gleichmaß oder den Gleichmut, um in uns ruhen zu können.

TON

Zur Sonne korrespondiert das „H".

EDELSTEIN

„Der Smaragd ist stark wirksam gegen alle Schwächezustände und Hinfälligkeiten des Menschen.

Außerdem verwendete man diesen Stein zur Ausleitung von Giften – und wer hat nicht schon vom „Gift der Verzweiflung" gesprochen – indem er über einem Leinensäckchen z. B. auf Eiterherde gebunden wurde.

Smaragde haben eine mächtige Kraft, sie strahlen viel Licht und Harmonie aus. Warum wohl stehen zwei sechs Meter hohe Smaragd-Kristalle in einem ägyptischen Tempel, der aus dem Jahre 1650 vor unserer Zeitrechnung stammt?

Im Sonnentempel zu Cuzco lag ein riesiger Smaragd – die sogenannte Smaragdmutter – auf dem Altar. – Berühmt wurde die Halskette von Kaiser Atahualpa, die aus zweiundfünfzig taubeneigroßen Smaragden bestand.

236

Jeder der Steine war mit einer Mondphase graviert, und zwischen den Smaragden waren zweiundfünfzig große Saphire eingesetzt. Welch magische Strahlung muß von dieser Kette ausgegangen sein, was mag das Zusammenspiel dieser Kristalle bewirkt haben!

Wenn der Sommer begonnen hat und alles grünt und gedeiht, nimmt der Smaragd alles frische Grün der Natur und kristallisiert es in sich als „Stoff des Lebens" (viriditas), wie die hl. Hildegard es nennt. Sie preist die „Grün-Kraft" als die Schöpferkraft Gottes und die Erneuerung durch den Heiligen Geist, diese besondere Eigenkraft, ohne die kein Geschöpf ist, und selbst die lebendige Ewigkeit ist nicht ohne die Kraft zum Grünen.

„Der Smaragd wächst früh morgens bei Sonnenaufgang, wenn die Sonne auf ihrer Umlaufbahn mächtig ist, dann ist das Grün (viriditas) der Erde und der Pflanzen am kräftigsten, weil die Luft noch kalt und die Sonne schon warm ist; und dann saugen die Pflanzen das Grün so stark in sich ein wie ein Lamm, das Milch saugt, so daß die (Sonnen-) Hitze des Tages kaum ausreicht, das Grün des Morgens garzukochen und so weit zu reifen und zu Nährstoffen zu verarbeiten, daß sie fähig werden, Früchte hervorzubringen."

Sweet Chestnut beflügelt den Kranken, sich wieder um Genesung zu bemühen. Und der neuerwachte Wille, gesund zu werden, setzt die mächtige Heilkraft des inneren Arztes frei.

AFFIRMATION
Wie tief mein Tal auch ist, ich finde den Weg zum Licht.

HONEYSUCKLE (GEISSBLATT)

- LONICERA CAPRIFOLIUM -

In Betrachtung durch die Nachwelt werden die fünf Blüten, die Edward Bach im Jahre 1936 fand, als die Krönung seiner Entdeckungen bezeichnet. Es sind dies: Zwei blühende Kräuter, nämlich der „Wilde Ackersenf" mit seinen alchemistischen Inhalten, dem Schwefel, dem Gold = Sonne und dem Salz – insgesamt als „Bausteine des Lebens" zu bewerten. Wir sehen den „Goldigen Milchstern" *Star of Bethlehem* als Symbol der Lilie, der Reinheit und des Lichtes, wir haben die Heckenrose *Wild Rose* als Zeichen der Rose des Lebens. Beide, Lilie und Rose, verkörpern uns die irdischen und kosmischen Anteile unseres Höheren Selbst, unserer unbeeinträchtigten, individuellen Seele. Natürlich gehört auch die Blüte *Holly* in den Blütenkranz dieses leuchtenden Abschlusses, das heilige Hülsenholz der Druiden, dessen Erlösungsprinzip die Liebe ist, jene Liebe, die das körperliche, geistige und seelische Element beinhaltet. Wir können mit Hilfe dieser Bach-Blüte zu einer vollkommenen Liebe reifen, die zu jener Kraft erstarkt, die wir dann als alles verwandelnde und belebende bezeichnen dürfen. Die fünfte Kostbarkeit dieser letzten Entdeckungen ist die Blüte des Lianengewächses.

„Bei der Stechpalme (*Holly*) und dem Geißblatt (*Honeysuckle*) ist es so, als tauche der walisische Arzt noch einmal tief in das Mysterium der kollektiven Volksseele, das ihn mit der Weisheit und der Erlebniswelt seiner cymrischen Ahnen verbindet. Diese beiden Gewächse spielten im druidischen Kult, wie auch heute noch in der keltischen Volksbotanik, eine zentrale Rolle."

„Je länger je lieber" heißt das Geißblatt auch im Volksmund. Hier haben wir sofort die ganze Tragweite des blockierten Seelenzustandes. Irrend in vergangenen Zeiten, voller Heimweh nach Vergangenem, schwelgt der *Honeysuckle*-Tyus in seinen nostalgischen Erinnerungen, die um so leuchtender und glanzvoller werden, je länger er sich in ihnen verliert. Selbst wenn er ausnahmsweise Zukünftiges betrachtet, sind seine Visionen so sehr von den Bildern der Vergangenheit überschattet, daß er die Farbigkeit der Wirklichkeit nicht erfahren kann. Manche Liane – das Geißblatt ist ein Lianengewächs – erstickt seinen Wirt, läßt Fäulnis wachsen, weil dicht Wucherndes dem Sonnenlicht den Zugang verwehrt.

Wie viele der bunten Blüten solcher Schlingpflanzen strömt auch das Geißblatt einen betäubenden Duft aus, für manches Kleingetier zum giftigen Brodem werdend, der es vernebelt, lähmt und zu einer leichten Beute für seine wachen Feinde werden läßt. Auch in dem wie durch Vergangenes narkotisierten Geist, im schwelgerisch verströmten Aroma der Geißblatt-Blüte, das einem schier die Sinne rauben könnte, ist ein Aspekt des blokkierten *Honeysuckle*-Zustandes erkennbar.

KÖRPERLICHE *HONEYSUCKLE*-SYMPTOME
Die Schmerzen des Patienten brennen. Erschlaffungen sind deutlich, hier besonders erschlaffte Haut. Er hat oft eine schwache Lebensenergie, sehr gut für das Frühchen. Bei schwerem Sterben erleichtert es die Loslösung. Gegen Erstarrung nach einem Schock. Süchte und ihre Auswirkungen, besonders Alkoholismus, der Trinker vergißt die Sehnsucht nach dem Rausch-Zustand, sprechen gut auf *Honeysuckle* an. Bei Nierenkrankheiten – die Realität wird als Partner abgelehnt. Milzverhärtung als Folge einer Krankheit, Lymph- und Leberstau verursachen Kurzatmigkeit oder diese als Symptom allein. Ein uraltes Mittel gegen Ziegenpeter. Die Blüten auflegen oder aus der Essenz – verdünnt – einen Umschlag machen.

SEELISCHE *HONEYSUCKLE*-SYMPTOME
Er will nicht alt werden oder ist traurig über sein Alter. Gibt sich als der „ewige" Teenager. Beklagt immer Vergangenes, jammert dabei über verpaßte Chancen und schaut wehmütig auf frühere Erlebnisse. Er ist unachtsam, hat keine Beobachtungsgabe, keine Menschenkenntnis und findet sich

im Leben nicht zurecht. Auch sein Rentenalter kann er nicht akzeptieren. Ständige geistige Abwesenheit, denn er lebt in der Erinnerung. Leicht ermüdet er andere durch ständiges erzählen von „früher". Seine Fehler bereut er unaufhörlich (mit *Pine*).

Der Tod des Partners kann nicht überwunden werden, deshalb Sehnsucht nach dem eigenen Tod. Er befaßt sich kaum mit der Zukunft, weil sie nicht an die Vergangenheit heranreichen wird, wie er glaubt. Liebeskummer wird zur Tragödie.

HOMÖOPATHIE

Natrium mur. (Kochsalz) – nach Schock

Capiscum (Cayennepfeffer) – Heimweh und Suchtmittel

Hepar sulf. (Schwefelleber)

Carbo animalis (Tierkohle)

Phosphorus (Phosphor) – besonders für Frauen, die der ewige Teenager sein wollen.

Arsenicum al. (Weißarsen)

Aurum (Gold)

Coffea (Kaffee)

Causticum (Ätzstoff ohne Kalium) – verhindern, daß Bedauern in Schuldgefühle umschlägt.

Es empfiehlt sich, bei einigen Patienten *Honeysuckle* mit *Walnut, Pine, Willow* oder *White Chestnut* zu kombinieren, um die verhängnisvolle Gegenwartslosigkeit schneller zu beenden.

Phytotherapeutisch gibt es einige Ergänzungen aus der alten walisischen und chinesischen Medizin zu erwähnen.

Die Myddfai-Kräuterärzte stellten einen Sirup aus den Blüten her und verordneten ihn bei allen Erkältungen sowie Husten, Asthma, Rheuma und Leberstau. Die Medizin mußte teelöffelweise über den Tag verteilt eingenommen werden.

Die Waliser essen im Sommer die Blüten zur Vorbeugung auch einfach roh. In China ist das Geißblatt seit dem dritten Jahrtausend v. Chr. belegt. Hier verwendet man jedoch das nah verwandte Lonicera japonica. Es werden Kehlkopfentzündung, Rachenkatarrh, akute Bakterienruhr, Krebs, Hepatits u. a. therapiert. Wegen seiner entgiftenden Wirkung ißt man in China frische Geißblattriebe bei Pilzvergiftungen. Die Blüten, roh verzehrt, verlängern nicht nur das Leben, sondern befeuern auch die Sexualität.

FARBE

Das von Edward Bach zur Herstellung seines Heilmittels verwendete Geißblatt, Lonicera caprifolium, hat Blüten von länglichen roten Röhren, die innen weiß sind. So kommen die Farben Rot und Weiß zum Tragen. Da wir jedoch in seinem betäubenden, dahinwehenden Duft die Signatur des Merkur erkennen, tendiert dieses Rot in der Schwingungsähnlichkeit mehr zu Orange. Der winterharte und somit widerstandsfähige Charakter der Pflanze lassen einen zweiten, schwächeren Einfluß des Saturn erkennen.

Orange unterstützt Prozesse der Anpassung, regt den Kreislauf behutsam an – der Umgang mit dem blockierten *Honeysuckle* erfordert sehr viel Behutsamkeit, damit nicht durch eine plötzliche Wahrnehmung der erschreckenden Gegenwart neue Blockaden gesetzt werden. Die Farbe führt aus Depressionen heraus und befreit von gefühlsmäßigem Druck. Außerdem verleiht sie Lebensfreude und Dynamik, ein erquickender Quell für den „dahinsehnenden" Menschen.

Weiß symbolisiert unter anderem die unbewußte Ebene des Menschen, zugleich ist sie Abbild des Lichtes, in dessen Strahlkraft für uns unsichtbar alle Regenbogenfarben glühen. Licht ist Sinnbild der Sonne und zugleich Zeichen göttlicher Schöpferkraft und Liebe.

TON

Wir nehmen für Orange als korrespondierenden Ton das „E" und für die

Farbe Weiß das „H" (Grünkraft), das der Sonne zugeordnet wird. Zu diesen Tönen gesellt sich noch leise der Saturn, und so erhebt sich, kaum wahrnehmbar, bei dieser Blüte auch noch das „A".

EDELSTEIN

Fast scheint es, als hätten wir den gestirnten Himmel im *Honeysuckle* eingefangen. Im Mittelalter erkannte man für das Firmament den Lapislazuli. Er gehört zu den „heiligen Steinen" und zierte den Brustschild des Hohepriesters in Memphis und nach dieser Zeit den Brustschild des Hohepriesters der Hebräer.

Der Lapislazuli bringt Klarheit in unsere Gedanken und hilft uns, unsere Lebensaufgabe, an der wir fortwährend arbeiten und wirken sollen, zu erkennen. Er schenkt uns Glaubensstärke und Güte, und statt Vergangenem nutzlos nachzuhängen, öffnen wir uns der Inspiration, mit der wir Gegenwärtiges und Zukünftiges vorbereiten können. Schließlich verhilft er uns zu Weisheit, die wir im erlösten Seelenzustand von *Honeysuckle* erlangen, sobald wir die Erfahrungen aus der Vergangenheit voll Freude und Lebendigkeit in der Gegenwart nutzen, um so voll hoffnungsfroher Erwartung in die Zukunft zu schreiten.

Dem Geißblatt wird ein enger Bezug zum römischen Gott Janus eingeräumt. Dieser soll zwei Gesichter gehabt haben - eines, das in die Vergangenheit und eines, das in die Zukunft schaute. Das *Honeysuckle* umwindet mit Vorliebe Türen und Tore. Es hütet gleichsam den Eintritt und den Austritt auf eine andere Ebene im Leben. Es schlängelt seine Ranken im Uhrzeigersinn um die Bögen, uns still ermahnend, daß unsere Zeit eine fortschreitende ist, gleichwohl sie Vergangenheit, Gegenwart und Zukunft bietet. Lebendig können wir jedoch nur im Gegenwärtigen sein, bis die Ewigkeit uns unsere Unsterblichkeit erfahren läßt. Behüte du uns, *Honeysuckle*, damit wir nicht vor Anker gehen, bevor es uns geboten wird.

AFFIRMATION

Ich löse mich aus der Vergangenheit und begrüße jeden Tag als ein lebendiges Geschenk.

NACHWORT

Es ist die Einfachheit der Heilmethode durch seine entdeckten Blüten, die Edward Bach anstrebte. Er wußte, daß es den Menschen, die von Krankheit befallen werden, ihre Angst nehmen würde, wenn sie die Ursache der Krankheit erkennen, den Fehler korrigieren und mit Hilfe der entsprechenden Blüten wieder in Harmonie mit allem Sein kämen.

„Ich möchte es so einfach machen", sagte er. „Wenn ich Hunger habe, gehe ich in den Garten und hole mir einen Salat. Wenn ich mich verängstigt fühle, nehme ich eine Dosis *Mimulus*."

Solange er den Devas seiner „Good fellows of the field" zu begegnen suchte, im Kontakt mit diesen Wesenheiten die große Heilkraft der Blüten höherer Ordnung erfuhr, war er mit allen Sinnen der Schöpfung weit geöffnet, erlitt er das Leid seiner Mitmenschen an Körper und Seele, empfing und verströmte sich gleichzeitig. So verließen ihn langsam seine körperlichen Kräfte, und am 27. November 1936 starb er im Schlaf, glücklich in dem Bewußtsein, sein Werk vollendet zu haben.

„Er betrachtete das Leben als einen unaufhörlichen Prozeß, einen endlosen Strom, der auch durch das, was wir Tod nennen, nicht unterbrochen wird; unser körperliches Sterben war für ihn nichts weiter als der Übergang in einen anderen Seelenzustand. Und er war überdies davon überzeugt, daß wir manche Aufgabe nur hier auf dieser Erde, andere hingegen schließlich auf spirituellen Seinsebenen erfüllen können."

Ich danke Ihnen, daß Sie zu diesem Buch gegriffen haben, weil der Heiler in Ihnen Sie rief. Mögen Sie sich mit Edward Bachs „guten Freunden aus der Natur" wirklich befreunden und ihnen so nahe kommen, daß sie auch Ihnen in der Bewältigung von Leiden und Kummer zur Seite stehen.

Möge dein Weg dir stets entgegenkommen,
der Wind dir stets im Rücken sein.
Möge die Sonne dein Gesicht erwärmen,
der Regen sanft auf deine Haare fallen.
Und bis wir uns wiedersehen,
halte Gott dich im Frieden seiner Hand.

Mit diesem Reisesegen aus Irland wünsche ich Ihnen alle Zeit eine glückliche Wanderschaft auf unserer Erde.

BIBLIOGRAPHIE

Dr. Edward Bach - „Gesammelte Werke. Von der Homöopathie zur Bach-Blütentherapie", Grafing 1994

Philip M. Chancellor - „Das große Handbuch der Bachblüten", Grafing 1992

Gregory Vlamis - „Die heilenden Energien der Bach-Blüten", Grafing 1987

White Eagle - „Das große White Eagle Heilungsbuch", Grafing 1999

Dr. med. Götz Blome - „Mit Blumen heilen", Freiburg 1989

Dr. Gottfried Hertzka/Dr. Wighard Strehlow - „Die Edelsteinmedizin der heiligen Hildegard", Freiburg 1988

Antoine de Saint-Exupery - „Der kleine Prinz", Gütersloh 1956

Dr. Gottfried Hertzka -„So heilt Gott", Stein am Rhein 1989

Prof. L. Eberhard - „Heilkräfte der Farben", Ergolding 1994

Peter Lauster - „Lassen Sie der Seele Flügel wachsen", Wien, Düsseldorf 1978

Eileen Caddy - „Spuren auf dem Weg zum Licht", Kimratshofen 1986

dies. - „Herzenstüren öffnen", Gutach 1994

Dorothee Sölle - „O Grün des Fingers Gottes", Wuppertal 1989

„Herder Lexikon der Symbole", Freiburg, Basel, Wien 1978

Hildegard von Bingen - „Heilwissen", Freiburg, Basel, Wien 1990

Manfried Pahlow - „Das große Buch der Heilpflanzen", München 1979

ders. - „Meine Heilpflanzen-Tees", München 1989

Julian u. Martine Barnard - „Das Bach-Blüten Wunder", München 1989

Christa Muths - „Farbtherapie – mit Farben heilen", München 1990

Mechthild Scheffer / Wolf-Dieter Storl - „Die Seelenpflanzen des Edward Bach", München 1991

Nora Weeks - „Edward Bach", München 1988

Edward Bach - „Die nachgelassenen Originalschriften", München 1991

Antje und Helmut G. Hofmann - „Die Botschaft der Edelsteine", München 1988

Mellie Uyldert - „Verborgene Kräfte der Edelsteine", München 1985

Monnica Hackl - „Bach-Blütentherapie für Homöopathen",
    Regensburg 1990

Evelin Bürger / Johannes Fiebig - „Tarot – Wege des Glücks",
    Klein Königsförde 1993

Hildegard von Bingen - „Scivias", Augsburg 1991

Franz Alt - „Jesus – der erste neue Mann", München, Zürich 1990

Omraam Mikhael Aivanov - „Surya-Yoga", Pracht und Herrlichkeit von
    Tipheret, Fréjus 1986

Sir George Trevelyan - „Eine Vision des Wassermann-Zeitalters",
    Freiburg 1977

BACH-BLÜTEN
- ALLE KRANKHEITEN VON A - Z
- ALLE QUELLENWERKE
- REPERTORIUM

Die einzigartig hilfreichen Blütenmittel von Dr. Edward Bach sind inzwischen weltweit als wundervolle Heilungsgaben der Natur anerkannt. Entsprechend umfangreich ist inzwischen die Forschungsliteratur zu diesem Thema.
Mit dem Behandlungsbuch von Bettina Zenker liegt jetzt erstmals ein Werk vor, das es dem Therapeuten wie dem interessierten Laien ermöglicht, schnell und umfassend herauszufinden, welches Bach-Blütenmittel für welche Krankheit einzusetzen ist und welche Autoren in welchen Werken darüber geschrieben haben.
In alphabetischer Zuordnung lassen sich die Krankheiten mühelos nachschlagen und aufgrund der angeschlossenen Quellenangaben steht der Zugang zu sämtlichen bisherigen Veröffentlichungen zum Thema „Bach-Blütentherapie" offen.

Ein absolut unentbehrliches Nachschlagewerk für jeden, der mit Bach-Blütenmitteln arbeitet!

Bettina Zenker
Das Bach-Blüten-Behandlungsbuch
Paperback, ISBN 3-89427-119-1

SANFTE HEILWEISEN

Sanfte Wege
in die Gesundheit

Bisher standen die drei bedeutendsten sanften Heilmethoden - Aura-Soma, Bachblüten und Reiki - mehr oder weniger unverbunden nebeneinander. Jedes System war in sich wirksam und abgeschlossen. Mit ihrem bahnbrechenden Buch zeigt Anita Bind-Klinger erstmals Wege auf, diese drei großen Systeme sinnvoll zu verknüpfen. Auf diese Weise entsteht eine „Resonanztherapie", in der verschiedene Heilweisen miteinander eine harmonische Verbindung eingehen. Ergänzt wird dieser Ansatz noch durch eine Edelsteinzuordnung, die ein spezielles, Heilung förderndes Energiefeld aufzubauen hilft.

Mit dieser Veröffentlichung liegt damit ein erster Versuch für ein Gesamtkonzept der sanften Heilweisen vor, das dem Therapeuten wie dem privaten Anwender hilft, sinnvolle Kombinationen für eine ganzheitliche Gesundheit auszuwählen.

Anita Bind-Klinger
Aura Soma, Bachblüten und Reiki
Paperback, 220 Seiten, ISBN 3-89427-104-3